Der Schwabenspiegel

Gedruckt mit Unterstützung

Pro Suebia
Dr. Eugen Liedl Stiftung
Rechtsfähige Stiftung des bürger-
lichen Rechts – Sitz Neusäß

Bibliografische Information der Deutschen Nationalbibliothek
Die Deutsche Nationalbibliothek verzeichnet diese Publikation in der Deutschen Nationalbibliografie; detaillierte bibliografische Daten sind im Internet über http://dnb.dnb.de abrufbar.

ISBN 978-3-95786-246-4
© Wißner-Verlag, Augsburg 2021 | www.wissner.com
Druck: TZ-Verlag & Print GmbH, Roßdorf

© Bildnachweis Coverbilder:
Spiegel: Ilya Shapovalov
Pelz: Anna Graves
Mantel: Happy_Nati
Brustpanzer: whitehoune
Pergament: Lotus_studio
Handschuh: Celiafoto
Benutzung der oben genannten Bilder unter Lizenz von Shutterstock.com, 2019
Schwert: Kunsthistorisches Museum Wien
Composing: Lisa Schwenk

Das Werk und seine Teile sind urheberrechtlich geschützt. Jede Verwertung in anderen als den gesetzlich zulässigen Fällen bedarf deshalb der vorherigen schriftlichen Einwilligung des Verlags.

Jahrbuch für Literatur, Sprache und Spiel

Im Auftrag des Vereins Schwäbisches Literaturschloss Edelstetten
herausgegeben von Wolfgang Wallenta, Markus Würmseher und
Klaus Wolf
Redaktion: Felix Bircheneder

Jahrbuch 2019

Inhalt

Klaus Wolf	Vorwort	7
Martin Sailer	Geleitwort	8
Impressionen	vom Geschlechtertanz in Mickhausen	10
Markus J. Wenninger	Kaiser Maximilian I. als Jäger	12
Wolfgang Wüst	Maximilian I. in Schwaben aus landesgeschichtlicher Perspektive	58
Franz Körndle	Maximilian I. und die Musik in Schwaben	79
Wolfgang Wallenta	„Gedechtnus" – Das Nachleben Kaiser Maximilians I. in den schwäbischen Städten vom 16. Jahrhundert bis zur Gegenwart	86
Thomas Engelke	Skizzen zum Urkundenwesen Maximilians I.	92
Markus Würmseher	Städtische Baukultur im östlichen Schwaben um 1500	101
Eberhard Birk	Maximilian I. und die Landsknechte	130
Sieglinde Hartmann	Kaiser Maximilian als Literat	148
Ulrike Bergmann	Die alte Kunst vom Singen und Sagen am Hofe Kaiser Maximilians	162
Verena Gawert	Rezension zu „Geistliche Spiele der Barockzeit aus Oberbayern" von Klaus Haller und Wilhelm Liebhart (= EDITIO BAVARICA Band IV)	178
Bildnachweis		182

Klaus Wolf

Vorwort

2019 wurde europaweit des 50. Todestags von Kaiser Maximilian I. gedacht. Aus diesem Anlass fanden insbesondere in Österreich zahlreiche Ausstellungen und Tagungen statt. Sogar ein Musical im Passionsspielort Erl widmete sich dem Verhältnis von Maximilian I. zu seinen Ehefrauen. Die Stadt Augsburg gedachte ihres Bürgermeisters, wie er vom französischen König spöttisch genannt wurde, mit einer großen Ausstellung. Bislang eher unterbelichtet war die Rolle, welche der Habsburger auf dem sogenannten „flachen Land" in Schwaben außerhalb Augsburgs spielte. Dieser Forschungslücke nahm sich an Christi Himmelfahrt eine wissenschaftliche Tagung an, die von Dr. Wolfgang Wallenta und Dr. Markus Würmseher zusammen mit mir organisiert wurde. An zwei Standorten ließen zahlreiche Gelehrte in interdisziplinärer Perspektive den Kaiser für Schwaben wiederauferstehen. In Mickhausen, seinem Jagdschloss, erfolgte die Wiederbelebung mit seinem gespielten Einzug durch eine Aufführung des Ensembles „Augsburger Geschlechtertanz e. V.". An dieser Stelle sei auch Mickhausens Bürgermeister Biechele für seine vielfältige, logistische Unterstützung gedankt. Der Bürgermeister ermöglichte den Wiedereinzug des Kaisers in sein Jagdschloss. Der zweite Tagungsteil ereignete sich im Literaturschloss Edelstetten unter der bewährten Schirmherrschaft von Ursula Fürstin Esterhazy. Die Tagungsbeiträge in diesem Band mögen die Erinnerung an Kaiser Maximilian I. für Bayrisch-Schwaben lebendig erhalten.

Martin Sailer

Geleitwort

Maximilian I. und Schwaben: Kaum eine andere Region des ehemaligen Heiligen Römischen Reichs ist enger mit dem sogenannten „letzten Ritter" verbunden. Der Kaiser prägte über Jahrhunderte Kunst, Kultur und die schwäbische Identität. Auf seinen vielen Reisen nutzte Maximilian I. nahezu jede Gelegenheit, um in Schwaben Station zu machen. Sei es, um in den Reichsstädten vom Allgäu bis ins Ries Hof zu halten und Politik zu betreiben oder, um auf dem Land seiner Jagdleidenschaft nachzugehen – zum Beispiel bei Wertingen.

Das besondere Jubiläum seines 500. Todestags 2019 bot vielen Städten in Schwaben einen willkommen Anlass, um die kollektive Erinnerung an „ihren" Kaiser wachzuhalten. Augsburg ehrte seinen „Bürgermeister" mit einer großen Ausstellung im Maximilianmuseum, die die zweitgrößte nach der Ausstellung in Tirol und die einzige deutschlandweit blieb. In Bobingen, Memmingen und Mindelheim hielt man zu Ehren von „Kaiser Max" Festakte ab. Füssen rief sogar ein Maximilianjahr aus. Darüber hinaus ist Maximilian I. eine zentrale Figur verschiedener historischer Feste in ganz Schwaben und zieht mit seinen jährlichen Besuchen einzelner ehemaliger Reichsstädte wie Kaufbeuren immer noch viele Besucher in seinen Bann. Aber auch innerhalb der schwäbischen Wissenschaft hat Maximilian I. einen festen Platz, wobei dennoch einige Forschungslücken bestehen. Diese zu ergründen widmete sich der sechste literarische Salon auf Schloss Edelstetten, der vor allem die Beziehung Maximilians ins Schwabenland abseits der Reichsstädte untersuchte, ergänzt von den Tagungen der Bezirksheimatpflege im Januar 2020 in Irsee und im März 2020 in Günzburg, die sich den Habsburgern und ihren Verbindungen nach Schwaben widmeten – und damit auch Maximilian I.

Mit dem Tagungsort des Renaissanceschlosses in Mickhausen, das sich sogar kurzzeitig in Maximilians Besitz befand, verband der Kaiser seine Leidenschaft für die Jagd. Die reichhaltigen Jagdgründe und die vielfältige höfische Kulturszene Schwabens boten dem Kaiser Unterhaltung auch abseits der Politik. Maximilian förderte als Mäzen sowohl die Kunst mit Albrecht Dürer als auch die Musik und die Literatur. Mit seinem poetischen Schaffen und einer gezielten Selbstinszenierung sorgte er schon zu Lebzeiten für seine posthume Popularität in Schwaben, die bis heute anhält. Er nutzte das neue Medium des Buchdrucks geschickt, um die Öffentlichkeit für sich zu begeistern.

Der Bezirk Schwaben blickt auf ein reiches, maximilianisches Erbe zurück, welches das heutige Selbstbild des Bezirks und seine Vielschichtigkeit in Kultur und Landschaft prägt. Die Erinnerung an Maximilian I. ist fester Bestandteil unseres kollektiven Gedächtnisses in Schwaben. Umso wichtiger ist es, dass das Thema immer wieder auch wissenschaftlich bearbeitet wird – wie beim literarischen Salon auf Schloss Edelstetten. Dafür danke ich ganz herzlich.

Am 8. November 2018 wurde Martin Sailer vom schwäbischen Bezirkstag, dem er bereits seit 2013 angehört, zum Bezirkstagspräsidenten gewählt.
Martin Sailer trat damit die Nachfolge des langjährigen Bezirkstagspräsidenten Jürgen Reichert an, der ebenso wie sein Vorgänger, Dr. Georg Simnacher, dem Literaturschloss Edelstetten eng verbunden war

Impressionen vom Geschlechtertanz in Mickhausen

Abb. 1: Das Jagdschloss Mickhausen. Austragungsort der symbolischen Wiederbelebung Maximilians I.

Abb. 2: Der Geschlechtertanz am Jagdschloss Mickhausen.

Abb. 3: Alle Teilnehmer des Augsburger Geschlechtertanz e. V. an den Feierlichkeiten am Jagdschloss Mickhausen.

Markus J. Wenninger

Kaiser Maximilian I. als Jäger

Erweiterte Fassung des Referats beim Kolloquium „Kaiser Maximilian in Schwaben", Jagdschloss Mickhausen, 30. Mai 2019

Einleitung

Kaiser Maximilian I. gehört ohne Zweifel zu den bekanntesten Gestalten des Mittelalters. Das ist zunächst seiner Politik, insbesondere seiner Heiratspolitik, geschuldet, durch die er – auch wenn das so nicht geplant war – zum Begründer des habsburgischen Weltreichs wurde. Dazu kamen eine lange Regierungszeit, ein gewinnendes persönliches Wesen und eine schillernde Persönlichkeit an der Wende des Mittelalters zur Neuzeit, die rückwärtsgewandte Züge ebenso wie höchst fortschrittliche in sich vereinte – „Letzter Ritter" auf der einen Seite, „Erster Artillerist des Reichs", aber auch „Erster königlicher Medienprofi" auf der anderen, alles freilich erst wesentlich spätere Benennungen, obwohl sie auf Realität beruhen.

Ein weiteres, im volkstümlichen Nachleben vermutlich sein meistbeachtetes Persönlichkeitsmerkmal, war seine Leidenschaft für die Jagd, die selbstverständlich in jedem der vielen Bücher über Maximilian mehr oder weniger ausführlich zur Sprache kommt.[1] Über Maximilian als Jäger wurde eine umfangreiche Dissertation geschrieben[2] und es gibt kaum eine Arbeit zur Geschichte der Jagd, die Maximilian nicht wenigstens erwähnen würde. Werner Rösener widmet in seinem Standardwerk zur Geschichte der Jagd, das sich schwerpunktmäßig mit der Jagd im Mittelalter beschäftigt, nur zwei Personen einen eigenen Abschnitt mit jeweils mehreren Kapiteln: Kaiser Friedrich II. wegen seines Falkenbuchs zusammen mit der Beizjagd, einen deutlich umfangreicheren Abschnitt jedoch Kaiser Maximilian.[3]

Das ist insofern wenig verwunderlich, als seine Jagdleidenschaft schon zu seinen Lebzeiten „weltweit" bekannt war. Der weitgereiste Venezianer Marino Sanuto berichtet in seinen berühmten Tagebüchern zum Jahr 1510, der Kaiser habe einmal gefragt, was die Franzosen über ihn sagen würden. Über die Ant-

Abb. 1: Kaiser Maximilian (Grabmal in der Hofkirche in Innsbruck, Detail)

wort: „Sie sagen, Eure Majestät hat weder Geld noch Gehorsam, sie denkt nur an Jagd und an Frauen"[4] sei er jedoch wenig begeistert gewesen. Dabei war sie in jeder Hinsicht durchaus zutreffend.[5]

Es ist bezeichnend, dass Sanuto Maximilians Jagdleidenschaft vor jener für die Frauen nannte. Tatsächlich nahm sie in seinem Denken und Tun einen großen, vielleicht den meisten Raum in Anspruch, auch wenn ihn rein zeitlich gesehen Kriege – für die er ebenfalls eine beträchtliche Leidenschaft hatte – sicher mehr beschäftigten. Aber selbst in Zeiten, in denen er intensiv mit Kriegshandlungen beschäftigt war, ließ er sich nicht von der Jagd abhalten. Nachdem er am Wenzenberg bei Regensburg am 12. September 1504 die entscheidende Schlacht im Bayerischen Erbfolgekrieg gewonnen hatte, wollte er möglichst rasch die verlorene Festung Kufstein zurückerobern und schrieb ausdrücklich an das Innsbrucker Regiment, dass mit dem Beginn der Belagerung bis zu seinem Eintreffen gewartet werden solle.[6] Trotzdem frönte er auf dem Weg dorthin in der Umgebung von München, wohin er seinen Verbündeten

Herzog Albrecht von Bayern begleitet hatte, noch mit diesem zusammen mehrere Tage der Jagd.[7] Auch von gesundheitlichen Problemen ließ er sich nicht zurückhalten. Ein venezianischer Gesandter berichtete 1507, der König sei zwar grün im Gesicht, aber er gehe auf die Jagd.[8] Erst in seinen letzten Lebensjahren trat er, bedingt durch Lähmungserscheinungen aufgrund kleiner Schlaganfälle und andere Beeinträchtigungen, kürzer. Trotzdem äußerte er noch 1515, als er anlässlich der großen Wiener Hochzeit seiner Enkel mit den ungarischen Königskindern auch König Sigismund von Polen zu Gast hatte, einem solchen König zuliebe werde er in seinen alten Tagen noch einmal nach Polen reisen, um Auerochsen und Büffel zu jagen.[9] Realiter war dieser Spruch wohl mehr der Höflichkeit und auch einer Wunschvorstellung geschuldet, denn körperlich wäre Maximilian zu dieser Zeit zu einer so anspruchsvollen Jagd wahrscheinlich nicht mehr imstande gewesen. Hatte er doch seine königlichen Gäste in einer Sänfte empfangen müssen, da er wegen eines Fußleidens nicht reiten konnte.

Bezeichnend ist auch, dass er mehrfach Jagdsymboliken zur Selbstcharakterisierung benutzte und dabei Jagd und Krieg in eine unmittelbare Verbindung setzte. Wie seine Falken den Reiher fingen, so würde er seine Feinde überwinden, meinte er zu einem Jagdbegleiter. In einer Szene des „Weißkunig" unterhält sich nach Beginn der Winterpause im italienischen Krieg, als die Truppen des Weißkunigs vom Kriegsschauplatz abgerückt waren, eine Gruppe von italienischen Bürgern darüber, wie oder ob überhaupt im nächsten Jahr der Krieg weitergehen werde. Manche meinten, die Sache sei mit dem Truppenabzug erledigt, aber Maximilian als Autor legte den „Erfarn personen" unter ihnen die Aussage in den Mund: „der Jung weiß kunig, der ist der allerherttist krieger, dann uber hundert meil hetzt Er ainen hirschen", und er verfolge ihn, bis er ihn erlege, um mit diesem Vergleich darauf hinzuweisen, dass er ein einmal ins Auge gefasstes Ziel mit großer Zähigkeit zu verfolgen pflege.[10] Seine Jagdleidenschaft hat ihm auch als Kriegsvorbereitung gedient, könnte man interpretieren, denn weil er „fur vnd fur gejagt vnd gepaist vnd die hirschen vnd Raiger in seiner veindt Land insonderhait gern gefangen, sei er albeg zu kriegen berait gewest" und kein König konnte sich ihm „mit streiten, heerfueren, Jagen vnd paisen" vergleichen.[11] Wie auch immer – sicher ist, dass er Krieg und Jagd auf eine Ebene stellte.

Wollte man alle mit Kaiser Maximilian und der Jagd zusammenhängenden Aspekte ansprechen, wäre, auch im Hinblick auf die zahlreichen dazu vorhandenen Quellen, das Ergebnis ein nicht ganz dünnes Buch. Der gebotenen Beschränkung halber greife ich im Folgenden einige mir einerseits besonders wichtig erscheinende, andererseits bisher noch wenig bearbeitete Themen heraus.

Mein Hauptaugenmerk liegt auf Maximilians schon angesprochener Selbstinszenierung und Selbststilisierung als Jäger. Ein weiteres Kapitel gilt dem Umfeld, in dem diese Selbstinszenierung stattfand, also der gesellschaftlichen Bedeutung der Jagd im Mittelalter, insbesondere zu Kaiser Maximilians

Zeiten. Wenigstens kurz müssen im Zusammenhang mit diesen beiden Kapiteln Maximilians Aktivitäten als Autor und Auftraggeber von Jagd- und Fischereibüchern angesprochen werden und ebenso die zahlreichen Rechts- und Verwaltungsmaßnahmen, die er zum Schutz seiner Jagdinteressen setzte. Als Hommage an die Region und insbesondere an den Ort des Vortrags als ehemaliges Jagdschloss Maximilians in der Umgebung von Augsburg, aber auch zum Vergleich mit seiner angesprochenen Selbstinszenierung sollen schließlich einige Beispiele von Jagdorganisation und Jagdunternehmungen im Augsburger Raum vorgestellt werden.

1. Kaiser Maximilians Selbstinszenierung und Selbststilisierung als Jäger

Kaiser Maximilian hat sein Jägertum und seine Jagdleidenschaft in vielerlei Hinsicht bewusst herausgestrichen, da er damit nicht bloß persönliche Eigenschaften, sondern allgemein sehr positive und insbesondere einen Herrscher auszeichnende Qualitätsmerkmale verband. Insofern muss man tatsächlich von einer Selbstinszenierung und Selbststilisierung als Jäger sprechen. Das beginnt bei der Selbstbenennung als der große Waidmann im „Geheimen Jagdbuch" und dem von Maximilian wieder aufgenommenen, wenn auch leicht abgewandelten Titel eines „Obersten Jägermeisters/Jägers des Heiligen Römischen Reichs", und führt zu einer Reihe von literarischen Werken und Bildern bzw. Bildfolgen, in denen er selbst die Hauptrolle und die Jagd eine der wichtigsten Nebenrollen spielen.

Den Titel eines „Obersten Jägermeisters des Heiligen Römischen Reichs" hat Maximilian nicht aus der Luft gegriffen. Als sein Urgroßonkel Herzog Rudolf IV. 1359/60 das Fälschungskonvolut des so genannten österreichischen „Privilegium Maius" fabrizieren ließ, legte er sich darin nicht nur den Titel eines Erzherzogs zu, sondern nannte sich auch „sacri Romani imperii supremus magister venatorum" bzw. in deutschen Urkunden des „heiligen römischen Reichs obrister jægermaister".[12] Kaiser Karl IV. erkannte die ihm vorgelegten gefälschten Urkunden zwar nicht an und verbot Rudolf auch, die darin genannten Titel zu führen, aber mit der Bestätigung des „Privilegium Maius" durch Kaiser Friedrich III. 1453 erlangten sie mit einem knappen Jahrhundert Verspätung doch noch reichsrechtliche Gültigkeit. Maximilian hat diesen Titel im Detail etwas umformuliert. Allerdings hat er ihn, soweit ich sehe, in Urkunden nicht gebraucht, und unter seinen Nachfolgern geriet er wieder in Vergessenheit. Er mag aber neben Maximilians bekannter Vorliebe für die Jagd dazu beigetragen haben, dass die Stadt Wien, als sie 1512 für ihn eine beglaubigte Prachtabschrift des Privilegium Maius anfertigte, diese mit einem ganzseitigen Jagdbild einleitete. Ins Zentrum dieses Bildes wurde der österreichische Bindenschild mit dem Erzherzogshut gestellt, oben und unten begleitet von je einem Schriftband mit goldener Schrift (Abb. 2). Das obere bezog sich auf das Land (AVSTRIA COR ET / CLYPEVS SACRI RO. IMPER. – Österreich Herz und Schild des Heiligen Römischen Reichs), das untere auf dessen Herrn (ARCHIDVX AVSTRIAE / RO IMPERII SVPREMVS / VENATOR – Der Erzherzog von Österreich, des Römischen Reichs oberster Jäger).[13] Das letzte Wort der zweiten Inschrift, VENATOR, ist in eine eigene Zeile gesetzt und wesentlich kleiner, nicht einmal halb so groß wie die anderen Wörter, geschrieben, zudem vorne und hinten von längerem Rankenwerk eingerahmt, so dass man es auf den ersten Blick leicht übersehen konnte, und dann las: Der Erzherzog von Österreich, der Oberste/Höchste des Römischen Reichs – ein sicher bewusst so gestaltetes Bild, um den ohnedies schon hohen Rang des österreichischen Fürsten auf den ersten Blick noch höher erscheinen zu lassen.

Abb. 2: Prachtausfertigung des „Privilegium Maius" für Kaiser Maximilian, Detail des dem Text vorangestellten Jagdbildes.

Maximilian hat bekanntlich zahlreiche Ego-Dokumente hinterlassen, die für seinen Nachruhm sorgen sollten, damit seiner nicht mit dem „glockendon" vergessen werde, um seine vielleicht meistzitierte Aussage[14] auch hier zu strapazieren. Neben seinem Grabmal, den berühmten „Schwarzen Manndern" (Bronzestatuen von Vorfahren und realen wie fiktiven Vorgängern Maximilians) in der Innsbrucker Hofkirche, zahlreichen Porträts und Kryptoporträts gehört dazu auch eine Reihe von meist aufwändig illuminierten Handschriften und Druckwerken wie die Ehrenpforte und der Triumphzug als großformatige Bilder und Bildfolgen, diverse Jagd- und Fischereibücher,[15] sowie drei mehr oder weniger autobiographische Werke: das prächtig ausgemalte Turnierbuch des „Freydal" und, wahrscheinlich am bekanntesten, die reich mit Holzschnitten illustrierten Werke „Theuerdank" und „Weißkunig".[16] Bei letzterem handelt es sich um eine schon bei Maximilians Eltern einsetzende dichterisch ausgeschmückte Biographie. Ersterer – ursprünglich als Teil des Weißkunig konzipiert, aber im Zug der weiteren Arbeiten verselbständigt – schildert in Anlehnung an Ritterromane die mit Abenteuern und Gefahren gespickte Brautfahrt des Helden.

Maximilian war zwar nicht der unmittelbare Verfasser dieser Werke, aber die Pläne für Text und Bilder stammten von ihm, und auch auf die Ausführung nahm er, z.B. durch vielfältige Vorgaben und Korrekturen, großen Einfluss,[17] so dass sie tatsächlich viele Rückschlüsse auf seine Person zulassen. Trotzdem – oder vielleicht gerade deswegen – gelangten zu seinen Lebzeiten nach langen und oft langwierigen Vorarbeiten nur der „Theuerdank"[18] und die Ehrenpforte zum Druck. Zu sprunghaft war Maximilian in seinem Denken, zu groß angelegt seine Pläne, zu vielfältig sein Engagement, zu knapp das dafür zur Verfügung stehende Geld, zu groß wohl auch das Kontrollbestreben Maximilians bei der Durchführung all dieser Werke.[19]

Für das Thema „Kaiser Maximilian als Jäger" sind von den für den Druck konzipierten Werken vor allem „Weißkunig" und „Theuerdank" von Bedeutung, wenn auch in recht unterschiedlicher und deutlich voneinander abgegrenzter Art und Weise. Im zweiten Abschnitt des „Weißkunig" wird ausführlich die Ausbildung des jungen Weißkunig, also Maximilians, zum idealen König geschildert – oder doch zumindest zu einer Person, die in Maximilians Augen ein idealer König war.[20] Daher eignet sich der jung Weißkunig Kenntnisse und praktisches Können in allen möglichen Sparten an: Natürlich in allen ritterlichen Fertigkeiten, zu denen in erster Linie zwei ineinander übergehende Bereiche gehören: die Jagd und alles, was mit Krieg zu tun hat (die Beherrschung von Waffen jeglicher Art, diverse Kampfkünste, Geschützgießerei, der Umgang mit Pferden, das Bauen einer Wagenburg u.a.). Darüber hinaus lernt er mehrere Sprachen, was ihn später unter anderem in die Lage versetzt, bei Kriegsbesprechungen sieben seiner Söldnerhauptleute unterschiedlicher nationaler Herkunft jedem in seiner Sprache die nötigen Befehle zu erteilen[21] und damit sein Heer ideal zu koordinieren. Er lernt die sieben freien Künste, aber auch Sternkunde und die „Swartzkunst",[22] lernt die für das Führen eines glanzvollen Hofes wichtigen Dinge wie Musik und das Ausrichten von Banketten und Hoffesten, besonders auch der von ihm so geschätzten „Mummereien" (choreografierte Auftritte verkleideter Personen),[23] beschäftigt sich mit Medizin, Verwaltungstechnik[24] (an deren Regeln er sich in der Realität aber häufig nicht hielt), Malerei, verschiedenen Handwerken (Bauhandwerke, Plattnerei), Münzwesen, Bergbau, u. a.. Maximilian stilisiert sich hier geradezu als Universalgenie, das sich für alles interessiert, schnell lernt und immer wieder in der Lage ist, auch den Meistern des jeweiligen Faches noch etwas beizubringen, denn, wie er selbst sagt: „Nun het der Jung weiß kunig die aigenschaft, das Er in den Riterspilen ainen yeden ubertreffen wolt"[25] – und den Begriff der Ritterspiele fasste er ziemlich weit.

Abb. 3: Der junge Weißkunig lernt „auf hussärisch zu schießen" (Weißkunig, Bild 25).

Das wird auch und gerade im Zusammenhang mit der Jagd deutlich. Von den Husaren (leichte Reiterei ungarischer oder kumanischer Herkunft) am Hof seines Vaters lernte er mit dem „handtpogen zu Roß auf hussärisch zu schiessen", d. h. mit dem von den Reitervölkern verwendeten kurzen Reflexbogen im schnellen Ritt fliegende Vögel zu treffen (Abb. 3). Er wollte es jedoch nicht dabei bewenden lassen, dass er es darin den besten Husaren gleich tat, sondern lernte zusätzlich noch mit dem Englischen „handtpogen", dem von den englischen Fußtruppen gebrauchten Langbogen, zu schießen, und wurde auch hierin von keinem übertroffen – jedenfalls nicht, was die Kraft des Bogenspannens und die dadurch erzielte Durchschlagskraft betrifft: Sogar mit einem Pfeil ohne Eisenspitze durchschoss er ein drei Finger dickes Lärchenbrett.[26]

Darüber hinaus lernte er auch mit den „hurnein Armprust vnd mit den stachlin pogen" (Armbrust mit stählernem Bogen) zu schießen und übertraf auch hierin bald alle anderen. Maximilian demonstriert das an einem Beispiel, auf das er offensichtlich noch Jahrzehnte später stolz war: Bei einer Gemsjagd im Reichenauer Tal bei der Rax im heutigen Niederösterreich hatte sich ein Gemsbock in eine hohe Wand zurückgezogen, so dass er für keinen der Gemsjäger mit dem „Schaft" (dem dreieinhalb bis vier Klafter = etwa 6,5 bis 7,5 Meter langen Gamsspieß) erreichbar war. Auch ein besonders guter Büchsenschütze, der mit von der Partie war, mit „namen Jorg Purgkhart", meinte, er könne den Bock mit der Büchse nicht erreichen, da er zu hoch stünde. „Da nam der kunig seinen Stachlin pogen [Armbrust mit stählernem Bogen] in sein handt vnd sprach secht auf, Ich wil den Gemspockh mit meinen Stachlin pogen schiessen, vund erschoß also denselben Gemspock in dem Ersten schuß, worüber alle staunten, da der Bock auf hundert klaffter hoch" (= an die 180 Meter über dem Schützen) stand. Seither wurde diese Wand des „bemelten wunderlichn schuß zu ainer gedechtnus ... des kunigs schuß genannt" (Abb. 4).[27] Sie heißt übrigens immer noch Königschusswand; inzwischen führt ein in der Region bekannter Klettersteig durch.

Auch zahlreiche andere gute Schüsse mit Armbrust und Stahlbogen schrieb sich Maximilian zugute, einerseits auf Vögel, vor allem Enten und Reiher, andererseits bei der Pirsch nach vierfüßigem Wild. Er – bzw. der junge Weißkunig – wäre der „pest schutz im Ernst, vnnd der gewissist pierscher des wiltprets gewesen, vnd kainer ist Ime nye zukumen, der Ime darynnen geleihn hat mugen". Im Sellrain in Tirol schaffte er es einmal, mit Horn- und Stahlarmbrust in einem halben Tag zehn Hirsche zu schießen, die, wie im „Weißkunig" vermerkt wird, alle an der „Stat beliben" sein.[28] Das soll zwar in erster Linie seine guten Qualitäten als Schütze unter Beweis stellen, ist aber auf der anderen Seite auch ein Hinweis darauf, dass bei den damaligen Jagden Wild häufig nur angeschossen wurde, ohne es tödlich zu treffen, so dass es in weiterer Folge irgendwo verendete. Und auch wenn zehn in einem halben Tag erlegte Hirsche noch weit von den jagdlichen Massenschlächtereien des Barock und des

19. Jahrhunderts entfernt waren, so deutet sich darin diese Entwicklung doch schon an. Denn natürlich war ein solcher Erfolg nur möglich, wenn Treiber einem gedeckt postierten Schützen das Wild so weit zutrieben, dass dieser auch gut zum Schuss kam.

Weitere Kapitel im „Weißkunig" beschäftigen sich mit der Beizjagd und der Jagd auf Hirsche, Gemsen, Steinböcke, Wildschweine und Bären sowie mit Fischerei und Vogelfang. Insbesondere die Beizjagd betrieb Maximilian leidenschaftlich und jederzeit, wo immer er auch gerade unterwegs sein mochte, und ließ sich davon weder von schlechtem Wetter noch von miserablen Wegen und schon gar nicht von seinen zahlreichen Feldzügen abhalten. Er – bzw. der junge Weißkunig als seine Identifikationsfigur – „leget darauf grossen costen",[29] gab also viel Geld dafür aus, was er freilich nicht negativ meinte, sondern als Qualitätsmerkmal sah. Falken ließ er sich von allen Enden der Welt kommen, und

Abb. 4: Maximilians Meisterschuss an der "Königschusswand" (Weißkunig, Bild 29).

im „Weißkunig" stellt er fest, dass er an seinem Hof jederzeit 15 Falkenmeister und mehr als 60 Falknerknechte gehabt habe. Das änderte sich auch nicht wesentlich, als er gegen Ende seines Lebens krankheitshalber nicht mehr imstande war zu reiten, sondern sich in einer Sänfte tragen lassen musste. Als er in Wels starb, befanden sich in seinem Hofpersonal, das mit ihm unterwegs war, 29 namentlich genannte Falkner mit insgesamt 51 oder 52 Pferden und weiteren 12 oder 13 Begleitern zu Fuß.[30] Offensichtlich wollte Maximilian, wenn er sich schon selbst nicht mehr an der Jagd beteiligen konnte, wenigstens als Zuseher von der Sänfte aus daran teilhaben.

Neben den Kosten für die Falkner und ihre Gehilfen, die stets mit dem reisenden Königshof unterwegs waren, besoldete Maximilian noch weitere Falkner, die in verschiedenen Jagdgebieten fix angestellt waren. Weitere Kosten entstanden durch die Hege und Hut, die er Reihern und Enten überall in seinen Landen an geeigneten Orten zukommen ließ und wofür er eigenes Personal einstellte, um an möglichst vielen Orten gut bestellte Beizreviere zur Verfügung zu haben.

Ähnlich wie in anderen Bereichen beließ es Maximilian auch bei der Beizjagd nicht damit, nur das Althergebrachte zu übernehmen, sondern er experimentierte auch mit Ungewohntem. So berichtet er, dass er die Beize mit Geiern von „Newem ... aufpracht habe, die dann ain sonndere tapfere vnd lustige paiß ist."[31] Offensichtlich hatte er von dieser Möglichkeit gehört und wollte sie auch selbst ausprobieren. Tatsächlich scheint er sich bis zu seinem Tod damit beschäftigt zu haben. Jedenfalls befand sich unter seinen schon erwähnten bei seinem Tod in Wels gestrandeten Falknern auch ein gewisser Peter mit der zusätzlichen Benennung Geyermendel, die vermutlich kein Familienname ist (die Mehrzahl von Maximilians in dieser Liste genannten Falknern kam aus dem einfacheren Volk und hatte noch keinen Familiennamen), sondern seinen Aufgabenbereich umschreibt. Wie schon bei den früheren Versuchen hat sich die Geierbeize aber anscheinend nicht bewährt; jedenfalls hört man in weiterer Folge nichts mehr von ihr.

Wie schon Kaiser Friedrich II. in seinem berühmten Falkenbuch „De arte venandi cum avibus"[32] stellte auch Maximilian eine Verbindung zwischen dem idealen Falkner und dem idealen Herrscher her – für beides benötige man eine ausgewogene Kombination von Willensstärke und Fürsorge – und sah in der Falkenjagd eine Symbolik für politisches und militärisches Handeln.[33] Darüber hinaus war er bei der Beizjagd – wie auch bei anderen Jagden in kleinem Kreis – zugänglich für Leute aus dem Volk, worauf er sich viel zugutehielt[34] und was tatsächlich viel zu seiner Volkstümlichkeit beitrug. Deshalb musste bei der Jagd in der Regel auch ein Sekretär dabei sein, damit er vom Volk vorgebrachte Wünsche und Beschwerden notieren könne.[35] Und nicht zuletzt erklärte er die fürstliche Jägerei – nicht nur die Beize, sondern auch die Jagd auf anderes Wild – zu einer Tätigkeit, die den Fürsten davon abhalten würde, in die „suntlichn vnd weltlichen laster" zu fallen.³⁶ Das ist aber im Grund nur eine kurze Randbemerkung und macht – vor allem auch vor dem Hintergrund von Maximilians schon erwähnter zweiter großer Vorliebe für Frauen, die ohne Zweifel auch nach damaliger Sicht unter die weltlichen Laster zu zählen ist – eher den Eindruck, als wollte Maximilian damit sein übergroßes Engagement für die Jagd entschuldigen, vielleicht nicht nur vor anderen sondern auch vor sich selbst.

Denn jagen wollte er so ziemlich alles, was sich jagen ließ: Hirsche, Steinböcke, Gemsen, Wildschweine, Bären, Murmeltiere, Hasen, diverses Federwild und anderes. Dafür ließ er einerseits das Wild aufwändig und mit hohem Personaleinsatz hegen, andererseits in seinen Forsten und Jagdgebieten anderen die Jagd verbieten (dazu weiter unten mehr). Wenn er nicht so für das Wild gesorgt hätte, meint er, wären insbesondere die Steinböcke (Abb. 5) endgültig ausgerottet worden, denn mit dem Aufkommen der Handbüchsen habe man angefangen, damit die Steinböcke zu schießen. Die Bauersleute seien das gewesen, die dann, „wo sy uber das wiltpret kumen, kain maß halten, sonder Irer pawrnart nach ausöden" (= ausrotten). Denn es sei Art der Steinböcke, dass sie sich in die Steinwände der Hochgebirge zurückziehen, dort dann aber stillstehen. Vor Armbrüsten wären sie dort freilich sicher, aber die gebirgserfahrenen Bauern kämen ihnen doch nahe genug, um sie mit den Handbüchsen zu schießen. Als der junge Weißkunig mit der Hege der Steinböcke begonnen habe, seien deshalb nur mehr vier Stück übrig gewesen.³⁷

Abb. 5:
Steinböcke (Jagdbuch des Mittelalters, wie Anm. 65), fol. 21r, Detail).

Ganz so schlimm war es in der Realität wohl nicht, denn immerhin gab es in Tirol zu Maximilians Zeit noch mindestens sieben Steinbockreviere, weitere in Oberösterreich um den Almsee und in Salzburg in der Gegend von Mittersill.[38] Trotzdem ist diese Aussage in mehrfacher Hinsicht bemerkenswert. Zunächst steht sie in Bezug auf die behauptete Effizienz von Armbrüsten und Handbüchsen in einem deutlichen, hier nicht auflösbaren Widerspruch zur oben erzählten Geschichte von der Königschusswand, zum anderen ist sie ein klarer Beleg für die frühe Verbreitung von Handbüchsen auch unter der bäuerlichen Bevölkerung wie auch dafür, dass diese zur Jagd bis ins Hochgebirge kam, denn Steinböcke leben durchwegs oberhalb der Waldgrenze. An der Beinahe-Ausrottung der Steinböcke, für die Maximilian die Bauern hier in ständischer Überheblichkeit verantwortlich macht, hatten sie aber kaum einen größeren Anteil als die jagdbegeisterten Adeligen. Und schließlich belegt diese Stelle auch, dass die Steinböcke in größeren Teilen des Ostalpenraums schon im 15. Jahrhundert, also lange vor ihrer Ausrottung im 18. Jahrhundert, schon einmal an den Rand des Aussterbens gebracht worden waren. Die heute hier in manchen Regionen wieder zahlreiche Steinbockpopulation geht ja auf Wiederansiedlungsmaßnahmen im 20. Jahrhundert zurück, nachdem der Alpensteinbock im frühen 19. Jahrhundert bis auf knapp 100 Exemplare im Gebiet des Gran Paradiso im gesamten Alpenraum ausgerottet worden war. Erst ab 1821 wurden Steinböcke in Savoyen unter Schutz gestellt, so dass sich die Bestände allmählich wieder erholen konnten.[39]

Aufgrund der Hege- und Schutzmaßnahmen des jungen Weißkunigs hätten sich die Steinböcke jedoch, so dessen weitere Erzählung, wieder vermehrt. „Es were schad gewest, das dieselben Thier ausgeödt" worden sein sollen, meint der Autor. Allerdings wäre es verfehlt, einen frühen Naturschutzgedanken dahinter zu sehen, denn er fährt fort: „Darumb solle ein Jeder kunig auf die Edl Thier, das dem Adl zugeben ist, sein aufmerckn haben".[40] Entscheidend ist also der Gedanke, dass die Jagd auf ein so edles Tier wie den Steinbock von Natur aus, man könnte auch sagen gottgewollt, dem Adel vorbehalten sei und die bäuerliche Bevölkerung im Grunde gar kein Recht dazu habe.

Was Maximilian als der jung Weißkunig gelernt hat, insbesondere auch im Zusammenhang mit der Jagd, bildete quasi die Voraussetzung dafür, dass er im zweiten biographischen Roman – genauer: in einer poetischen Allegorie seiner Brautfahrt zu Maria von Burgund, in die zahlreiche Elemente aus seinem gesamten Leben eingearbeitet sind – als Held Theuerdank in der Lage war, in 86 von insgesamt 118 Kapiteln eine Unzahl von Abenteuern und gefährlichen Situationen mehr oder weniger bravourös zu bestehen.[41] Im Sinn eines mittelalterlichen Brautfahrtromans, aber auch mit vielen Elementen eines Erziehungsbuches und Fürstenspiegels versehen, hat sich der Held auch im „Theuerdank" in jeder Hinsicht zu beweisen, um seiner Braut würdig zu sein.

Im Gegensatz zur Ritterepik sind es allerdings nicht andere Helden, Riesen, Zwerge oder Drachen, gegen die er zu kämpfen hat, sondern er wird von seinen Gegnern bewusst und verräterisch in gefährliche Situationen gebracht, damit er darin Schaden erleiden oder überhaupt umkommen möge.

Diese drei Gegner, Fürwittig, Unfalo und Neidelhart, sind Personifikationen des (jugendlichen) Übermuts und unbedachten Handelns, der Gefahren des Lebens und des Neides der anderen. Im Werk treten sie als Hauptleute der Königin Ehrenreich auf, die um ihre Position fürchten, falls die Ehe der Königin mit Theuerdank zustande kommt. Nacheinander treten sie ihm daher entgegen, geben sich zwar freundlich, versuchen tatsächlich aber nach Kräften, ihn aus dem Weg zu räumen. Das Mittel dazu sind jede Menge gefährliche Situationen, in die sie Theuerdank bringen, aus denen er sich aber – oft nur mit Glück, das auf Dauer eben nur der Tüchtige hat – immer retten kann. Die Jagdabenteuer sind dabei in den Teilen 2 (Erlebnisse mit Fürwittig, Kap. 12–24) und 3 (Aktionen Unfalos, Kap. 25–74) konzentriert, während der Neidelhart-Teil (Teil 4, Kap. 75–97) vor allem militärischen Gefahren gewidmet ist und im abschließenden 5. Teil (Kap. 98–118) Theuerdank unter anderem noch sechs gefährliche Turniere unter den Augen seiner Königin Ehrenreich zu bestehen hat.

In insgesamt 37 Kapiteln, also etwas weniger als der Hälfte aller schon im Titel genannten 86 „Gefährlichkeiten",[42] erlebt der Held Situationen, die sich aus Jagdausflügen oder der Konfrontation mit wilden Tieren (zweimal, in Kap. 16 und 42, steht er gefangenen Löwen gegenüber) ergeben haben. Gefährlich können dabei die Tiere selbst sein, besonders wenn sie in die Enge getrieben wurden, oder die Umstände: Steinschlag, Lawinen, Sturz aus der Wand, Blitzschlag und anderes. Durch Können und Mut, manchmal auch durch Glück oder weil gewarnt, vermag sich Theuerdank aus allen diesen Problemen zu retten und nicht selten auch noch besondere Kostproben seiner Fähigkeiten abzugeben.

Im Folgenden gehe ich kurz auf einige dieser Geschichten ein, weil sie für die damalige Jagd und ihre Risiken typisch sind. Sie basieren ja auch nicht auf Erfindungen, sondern auf realen Erlebnissen Maximilians, die sich tatsächlich so ähnlich ereignet haben wie im „Theuerdank" geschildert. Melchior Pfinzing, der den Druck des Werkes organisierte, hat in einem Nachspann dazu nicht nur die hinter den allegorischen Figuren stehenden realen Personen aufgelistet, sondern ebenso die zugrundeliegenden Erlebnisse Maximilians samt den Orten, an denen sie sich ereigneten.

Als erstes geht es auf eine Hirschjagd, bei der Theuerdank einen meisterlichen Fangstich mit seinem Schwert anbringen kann. Dann lässt Fürwittig Theuerdank zu einer Bärenjagd verlocken, wozu es nicht mehr bedarf als der Erwähnung, dass in einem nahen Wald eine Bärin gesehen worden sei. Um ihn in eine besonders gefährliche Situation zu bringen, lässt Fürwittig von seinen Jägern die Jungen der Bärin töten, damit sie besonders wütend würde. Natürlich kann Theuerdank sie trotzdem gekonnt erlegen.

Daraufhin erzählt Fürwittig Theuerdank von seinem ausnehmend schönen Gamsrevier und verleitet ihn dadurch zu einer der von ihm besonders geschätzten Gamsjagden. Dem begleitenden Jäger befiehlt Fürwittig jedoch, Theuerdank auf einen besonders schlechten Weg zu führen. Theuerdank beweist zunächst seine Kenntnisse auch von der Gamsjagd dadurch, dass er Fürwittig um die nötige Ausrüstung, nämlich „Eisen" (das sind die bei der Gamsjagd verwendeten sechszackigen Steigeisen) und „Schaft" ersucht. Unterwegs versteigt er sich aber im steilen Fels und verliert dabei sogar seinen Schaft, wodurch er in eine beinahe ausweglose Situation gerät. Angesichts dieser Notlage sieht sich der ihn begleitende Jäger trotz des gegenteiligen Befehls Fürwittigs veranlasst, ihm durch Befreiung seines in einem Spalt eingeklemmten Fußes und Überlassung seines Schafts, der auch als Steighilfe dient, zu helfen (Abb. 6). Theuerdank, der sich durch das Missgeschick nicht entmutigen hat lassen, steigt daraufhin weiter und sticht einen von den anderen Jägern in die Wand getriebenen besonders schönen Gams dort heraus – die hohe Kunst der Gamsjagd.

Als nächstes lässt Fürwittig von seinen Jägern ein ungewöhnlich großes Wildschwein durch einen Pfeilschuss reizen, bevor Theuerdank ihm gegenübersteht, um ihm mit einem Schwert den Todesstich zu versetzen. Trotz der Wut des Schweines gelingt ihm das in meisterhafter Weise.

Abb. 6:
Theuerdank, der seinen Schaft verloren und seinen Fuß in einem Felsspalt eingeklemmt hat, kann sich mit Hilfe eines Jägers aus dieser gefährlichen Situation befreien (Theuerdank, Bild 15, Detail).

Auf einer weiteren Gamsjagd zeigt Theuerdank ein besonderes Kunststück, indem er nach mehreren vergeblichen Versuchen, dem in die Enge getriebenen „gembsen" nahe genug zu kommen, diesen mangels eines ausreichend großen Standplatzes auf einem Bein balancierend aus der Wand sticht (Abb. 7):

> Versůchet vil weg hin und har
> Ob Er möcht zů dem gembsen dar
> Zůletzt fand Er ein pletzlein klein
> Darauf Er mit eim füss allein
> Müste stan in der hohen wandt
> Dann er sonnst gantz kheinen weg fandt
> Seinen anndern füss hielt Er gar
> In den lüfften, und das ist war[43]

Abb. 7: Theuerdank sticht einen Gams auf einem Bein balancierend aus der Wand (Theuerdank. Bild 18. Ausschnitt).

Anschließend lässt sich Theuerdank zu einer weiteren Jagd auf ein besonders großes „hauendes Schwein" (Jägersprache für einen etwa 5- bis 6-jährigen, in diesem Alter besonders kräftigen und gefährlichen Keiler) anstacheln. In diesem Fall versucht Fürwittig ihn dadurch in besondere Gefahr zu bringen, dass er die Schweinejagd mit [langem] Schwert und Sauspieß als normale Jagd erklärt. Großes Ansehen könne aber derjenige gewinnen, der ein Schwein mit dem kurzen Schwert töten würde, „das ist warlich ein grosse sach". So etwas braucht man Theuerdank nicht zweimal sagen. Natürlich lässt er sich darauf ein, wird jedoch um den Erfolg gebracht – oder hat Glück – weil das Schwein gerade noch rechtzeitig reißaus nimmt.[44]

Doppelt zählen solche Abenteuer, wenn sie unter den Augen eines staunenden und bewundernden Publikums stattfinden, und noch mehr, wenn dieses Publikum weiblich ist. In richtiger Einschätzung dieser Gegebenheiten

Abb. 8: Unter den bewundernden Blicken des Frauenzimmers erlegt Theuerdank einen Gamsbock durch einen Wurf mit dem – für Würfe eigentlich ungeeigneten – Schaft (Theuerdank. Bild 20. Ausschnitt).

hat Fürwittig Theuerdank eine weitere Gamsjagd in einer knapp über dem Tal liegenden Wand vorgeschlagen, denn dort könne er unter den Augen des gesamten dorthin gekarrten Frauenzimmers seines Hofes jagen – „Den Jembs vor sovil schen frauen zůfellen", das wäre ganz besonders erstrebenswert. Bei der dort dann durchgeführten Jagd flüchtet sich ein Gemsbock auf einen für die Gamsspieße unerreichbaren Felsspitz, aber zu jedermanns Verwunderung schießt ihn Theuerdank durch einen Wurf mit dem Gamsspieß – der als reine Stichwaffe für Würfe eigentlich ungeeignet ist – aus der Wand (Abb. 8). In der Folge wird er auf Befehl Fürwittigs ein weiteres Mal in sehr unwegsames Gelände mit lauter glatten Steinplatten geführt. Tatsächlich rutscht er auf einer Felsplatte mit fünf Zinken seines Steigeisens ab, nur die sechste – und mit ihr Theuerdank – bleibt gerade noch hängen, obwohl auch sie sich völlig verbiegt, so dass auch dieses Abenteuer letztlich gut ausgeht.[45]

Die hier im „Theuerdank" geschilderte Schaujagd im Angesicht des Frauenzimmers erinnert in Text und Bild an die Martinswand bei Innsbruck, die tatsächlich zur Inszenierung – fast könnte man sagen: als Bühne – solcher Spektakel verwendet wurde. Schaujagden, insbesondere auf Gemsen, führte Maximilian auch bei anderen Gelegenheiten seinen Gästen gerne vor.[46]

Abb. 9: Als sich Theuerdank an seinem Schaft, der häufig als Kletterhilfe verwendet wurde, über eine Felsstufe hinunterlassen will, reißt ihn eine Sturmbö vom Fels, doch kann er durch Körperbeherrschung, geschicktes Handeln und mit Glück wieder festen Stand gewinnen (Theuerdank, Kap. 56, Ausschnitt).

Abb. 10: Eine gusseiserne Ofenplatte aus dem frühen 16. Jahrhundert im Tiroler Landesmuseum Ferdinandeum zeigt die Verwendung eines Schafts als Auf- und Abstiegshilfe und zahlreiche andere Szenen der Gamsjagd (Egg-Pfaundler, S. 58, Ausschnitt).

Über große Teile des „Theuerdank" folgt nun, unterbrochen von einzelnen Episoden mit anderer Thematik, ein Jagdabenteuer dem anderen, wobei sich die sachlichen Unterschiede oft in recht engen Grenzen halten. Entscheidend war vielmehr, dass Theuerdank/Maximilian dadurch Gelegenheit erhielt, in immer wieder neuen Varianten seine Jagdfertigkeiten und seinen Wagemut zu demonstrieren. Und besonderen Wert legte er dabei auf die bei Gamsjagden erlebten Gefährlichkeiten (Abb. 9 und 10), die volle 15 von insgesamt 35 Jagdabenteuern (plus zwei mit gefangenen Löwen, in denen es zwar um wilde Tiere, aber nicht um Jagd geht) betreffen.

Speziell im Zusammenhang mit den Gamsjagden war aber nicht nur die Jagdleidenschaft Anlass für seine vielen Jagdausflüge. Offensichtlich spielte auch das Natur- und Bergerlebnis eine wesentliche Rolle. Im „Weißkunig" stellt er nämlich fest, dass er viele schöne Gamsjagden (= Jagdgebiete) hatte, in denen er im Winter genauso gern jagte wie im Sommer. Denn sie seien zu „sölicher zeit [= im Winter] seltzsamlich zu sehen, vnd ain sonnderlicher lust".[47] Auch andere Bemerkungen zeigen, dass er für die Schönheiten der Natur sehr empfänglich war (s. dazu im letzten Abschnitt).

2. Die gesellschaftliche Bedeutung der Jagd im Mittelalter, insbesondere zu Kaiser Maximilians Zeiten

Die große Bedeutung, die Jagdangelegenheiten im „Weißkunig" und im „Theuerdank" zukommt, hat nicht nur mit der persönlichen Jagdleidenschaft Maximilians zu tun. Die Jagd war vielmehr schon seit dem Frühmittelalter die standesgemäße „Freizeitbeschäftigung" der Adeligen schlechthin, insbesondere die „hohe Jagd" auf größere Tiere, die vom Adel zunehmend monopolisiert wurde. Die Jagd war dabei nicht nur Selbstzweck, sondern ihr lagen stets mehrere Intentionen zugrunde, die in der Regel ineinander übergingen.

An der Spitze stand wohl in der Mehrzahl der Fälle das keineswegs nur bei Maximilian bis zur Leidenschaft gesteigerte Vergnügen. Dazu kamen einige praktische Seiten, die gerade für den kriegsaktiven Ritteradel von erheblicher Bedeutung waren. Die meisten praktizierten Jagdarten waren recht anstrengend und dienten daher auch der körperlichen Ertüchtigung. Außerdem waren sie ein hervorragendes Training für den Gebrauch verschiedener Waffen[48] und für intensiven Körpereinsatz.

Von großer Bedeutung war in diesem Zusammenhang das bewusste Eingehen von Risiken, wie es auch in vielen Episoden des „Theuerdank" zum Ausdruck kommt. Die Verwendung von Schwertern und starken, aber kurzen Spießen als Jagdwaffen führte notwendigerweise zu Nahkämpfen zwischen Mensch und Tier, wenn man sich dem gehetzten und in die Enge getriebenen, damit auch besonders gefährlichen Wild bis auf Spieß- bzw. Schwertlänge nähern musste. Damit sollte auch überlegtes und sicheres Handeln in gefährlichen und stressgeladenen Situationen geübt werden. Noch wichtiger scheint aber gewesen zu sein, dass die Jäger durch das bewusste Eingehen von Risiken Furchtlosigkeit und Tapferkeit demonstrieren wollten. Nicht umsonst zog man regelrechte Schaujagden, gerne auch vor den bewundernden Blicken der Damenwelt, ab (vgl. oben das entsprechende Abenteuer Theuerdanks). Außerdem waren Frauen meist zu dem die Jagd abschließenden Bankett geladen, so dass sich hier ebenso wie bei der gemeinsamen Jagd mit Frauen (dazu unten) viele Möglichkeiten zu mehr oder weniger erotischer Unterhaltung auftaten.

Auch politische und wirtschaftliche Kontakte ließen sich schon damals gut pflegen, indem Fürsten, Diplomaten oder andere wichtige Personen zur Jagd geladen wurden. Die Atmosphäre war lockerer, als das am Hof in der Regel möglich war, und diplomatische Gespräche konnten wohl auch weniger leicht belauscht werden. Genau das ließ andererseits gelegentlich die Gerüchteküche brodeln. So berichtete der päpstliche Legat Leonello Chieregati am 4. August 1497 vom Königshof in Innsbruck an Papst Alexander VI., dass bei einer geheimen Jagd König Maximilian angeblich den türkischen Gesandten noch einmal empfangen habe, und knüpfte verschiedene Vermutungen daran.[49] Gemeinsame Jagden waren öfters Bestandteile hochpolitischer Treffen und die Einladung zur Teilnahme an der königlichen Jagd, insbesondere zur Falkenbeize, galt als besondere Auszeichnung. Darüber hinaus zählte Jagdbeute zu den beliebten diplomatischen Geschenken.[50]

Spezielle Schaujagden konnten aber auch als politisch-militärisches Symbol-Theater inszeniert werden wie bei jener Treibjagd, die Maximilian zum Abschluss der Verhandlungen, die er mit den Vertretern der gegen die französische Italienpolitik ins Leben gerufenen „Heiligen Liga" im Juli 1496 im Vinschgau führte, am 22. Juli am Wormser Joch veranstaltete. Während manchen Gästen angeblich schon vom Zusehen schwindlig wurde, wurden unter Beteiligung des Königs hoch über ihnen die Gemsen durch die Wände getrieben, schließlich an den Gästen vorbeigehetzt und vor ihren Augen von Hunden zerrissen, als deutliches Bild dafür, wie es den von allen Seiten umstellten Franzosen gehen solle. Nicht von ungefähr hatte Maximilian schon ein Jahr zuvor den beabsichtigten Kriegszug gegen die Franzosen in Italien als „ungeheure Gamsjagd" angekündigt.[51]

Fleischgewinnung, ursprünglich Hauptzweck der Jagd, war bei der adeligen Jagd des Mittelalters eher nur mehr angenehmer Nebeneffekt. Zwar war im Gegensatz zum bürgerlichen und bäuerlichen Bereich Wildfleisch nach wie vor integraler und auch repräsentativer Bestandteil der adeligen Tafel. Die Auswertung von Tierknochenfunden auf Burgen zeigt aber regelmäßig, dass auch hier der Verzehr von Haustieren jenen von Wildtieren bei weitem überwog.[52]

Von diesem breiten Spektrum kann ich nur selektiv auf einige wenige Punkte eingehen, zunächst und vor allem auf die Aspekte Repräsentation und sich-in-

Szene-Setzen, weil sich dabei die schon genannten beiden größten Leidenschaften Maximilians, Jagd und Frauen, miteinander verknüpften.

Die Bedeutung von Frauen als passive Zuseherinnen männlicher Jagden wurde schon angesprochen. Ähnlich wie bei einem Turnier konnten sich kühne und geschickte Männer bei diesen Gelegenheiten vor größeren Gruppen von Frauen ins rechte Licht rücken. Voraussetzung war natürlich ein entsprechend präpariertes Gelände, das es erlaubte, den Abstand zwischen der zusehenden Weiblichkeit und dem Jagdgeschehen möglichst gering zu halten.

Ein intimerer Rahmen konnte hergestellt werden, wenn Männer und Frauen in kleineren Gruppen, vielleicht sogar nur zu zweit (abgesehen von Dienern und nicht standesgemäßen Jägern, die bei adeliger Zweisamkeit unter der adeligen Wahrnehmungsschwelle blieben) zur Jagd ausritten.

Abb. 11:
Herr Werner von Teufen mit einer Dame bei der Falkenbeize (Manessische Liederhandschrift, fol. 69r).

Als Frauenjagd schlechthin gilt vor allem, auch schon in der mittelalterlichen Jagdliteratur, die Beizjagd, weil sie weniger gefährlich war und in ihrem meist lockeren Dahinreiten mehr Möglichkeiten zu vertraulichen Gesprächen – und wohl auch mehr – bot als andere Jagdarten. Das Bild Herrn Werners von Teufen in der Manessischen Liederhandschrift (Abb. 11),[53] die auch noch viele andere Jagdbilder enthält, zeigt das recht deutlich. Frauen jagten dabei teilweise mit speziell abgerichteten Sperbern, sogenannten Damensperbern.[54] Andere Quellen zeigen jedoch, dass eine nicht ganz kleine Zahl von Damen auch an Hetzjagden großen Gefallen fand.[55] Als sich im Frühjahr 1503 Königin Bianca Maria in Augsburg aufhielt, nahmen sie und ihre Hofdamen beritten an einer Hirschjagd teil, die vom Bürgermeister Hans Langenmantel veranstaltet wurde, und erlegten dabei zwei Hirsche.[56]

Vielfältig waren die Gefahren der Jagd, selbst wenn die Jäger kein besonderes Risiko eingingen. Häufig waren Reitunfälle mit schweren Verletzungen oder Todesfolge, wie bei Maximilians erster Frau Maria von Burgund. Durch brechende Jagdspieße bei der Jagd auf Bären oder Eber konnte der Jäger in den Bereich der Waffen der Tiere kommen und tödliche Verletzungen davontragen: Das Stift Kremsmünster führt seine Gründung legendenhaft auf einen entsprechenden Unfall eines – historisch nicht nachgewiesenen – Sohnes Gunther des Bayernherzogs Tassilo III. zurück und führt noch heute den von einem gebrochenen Spieß durchbohrten Eber im Wappen. Jagden im Gebirge bargen das Risiko eines Absturzes, von Steinschlag oder Lawinen in sich, wie es Maximilian ja mehrfach im „Theuerdank" schildert.

Dazu kam, dass man die Jagd im Mittelalter oft bewusst „sportlich" anging, indem man die direkte Konfrontation mit dem gejagten Wild suchte: Wildschweine und Bären ging man mit den kräftigen, aber relativ kurzen Jagdspießen (erst seit dem 18. Jahrhundert als „Saufedern" bezeichnet) oder mit dem Schwert an, auch die Parforcejagd auf Hirsche sollte ihr Ende mit einem gut gesetzten Schwertstich finden. In allen diesen Fällen musste man sich den in die Enge getriebenen Tieren auf gefährlich kurze Distanz nähern, wie bei einer Bärenjagd Theuerdanks mit den Worten deutlich gemacht wird: „Vnnd stach damit das thier geyl / Mit seinem perenspiess zů todt / Das Er wurde von dem plůt rot (Abb. 12)".[57] Auch die hohe Jagd auf Gemsen erfolgte nicht aus der Distanz mit Armbrüsten, sondern mit „Schäften", langen Spießen, mit denen die Gemsen aus der Wand gestochen wurden. Dazu musste man ihnen aber ausreichend nahekommen, also selbst klettern. Außerdem versuchten Tiere, denen jeder andere Ausweg versperrt war, oft am Jäger vorbei zu entkommen und konnten diesen dabei aus der Wand stoßen.

Die Geschichte von Maximilian in der Martinswand[58] wirft ob der Bekanntheit ihres Protagonisten ein Schlaglicht auf die besonderen Gefahren der Gamsjagd, bei der tatsächlich nicht selten Jäger verunglückten. So stürzte der Tiroler Kaspar Gramaiser, genannt Lechtaler, der als einfacher Gemsenjäger in den Dienst Maximilians getreten war, es dort über mehrere Zwischenstufen bis zum obersten „Pirg- und Gembsjägermeister" der niederösterreichischen Länder brachte und 1507 schließlich sogar – mit einem springenden Gemsbock im Wappen – geadelt wurde, 1514 bei einer Gemsjagd mit dem Kaiser oberhalb der Bacheralm in den Rottenmanner Tauern 200 Klafter (ungefähr 350 Meter) weit ab (Abb. 13). Maximilian nahm persönlich an seinem Begräbnis teil.[59]

So verwundert es nicht, dass zahlreiche Fürsten an den Folgen von Jagdunfällen starben. Ich nenne hier nur eine Auswahl von Königen:

König Favila von Asturien wurde 739 auf der Jagd von einem Bären getötet.

Der westfränkische König Karlmann starb im Dezember 884 bei einem Jagdunfall.

Kaiser Lambert starb 899, als er, wie es nach Liudprand von Cremona Brauch war, Eber auf ungezügeltem Pferd verfolgte, dabei stürzte und sich den Hals brach.[60]

König Ludwig IV. von Westfranken starb 954 durch Sturz vom Pferd.

Abb. 12: Bärenjagd Theuerdanks (Theuerdank, Bild 14, Ausschnitt).

Kg. Wilhelm II. Rufus von England, der Sohn Wilhelms des Eroberers, wurde während der Jagd am 2. August 1100 von einem Pfeil tödlich getroffen. In diesem Fall dürfte es sich jedoch nicht um einen Jagdunfall im eigentlichen Sinn gehandelt haben. Wahrscheinlicher ist ein Mordkomplott; die Jagd bot allerdings eine gute Gelegenheit, sich mit den erforderlichen Waffen in der Nähe des Königs aufzuhalten.[61]

Am 5. April 1143 starb der byzantinische Kaiser Johannes II. Komnenos, nachdem er sich bei einer Wildschweinjagd im Taurusgebirge mit einem eigenen vergifteten Pfeil verletzt hatte – zumindest berichten das zwei byzantinische Historiographen. Nach anderen Quellen hätte es sich dabei aber nicht um einen Unfall, sondern um ein Attentat gehandelt.[62]

König Fulco von Jerusalem stürzte im November 1143, als er sein Pferd spornte, um einen Hasen zu verfolgen, den er angeblich mit der Lanze erlegen wollte, mit dem Pferd und kam unter dieses zu liegen. Dabei zog er sich tödliche Kopfverletzungen zu.[63]

Abb. 13: Ein Führer Theuerdanks stürzt beim Queren einer Schneerinne (auch heute noch Anlass für zahlreiche Unfälle) ab; Theuerdank sucht sich daraufhin einen anderen Weg (Theuerdank, Kap. 66, Ausschnitt).

König Philipp IV. von Frankreich starb 1314 an den Folgen eines Sturzes vom Pferd bei der Wildschweinhatz (in späteren Chroniken als tödliche Verletzung durch einen Eber dargestellt).[64]

Gaston Phoebus, Graf von Foix (gestorben 1391) und Autor des berühmtesten Jagdbuchs des Mittelalters, beschreibt darin unter anderem ausführlich die Gefahren, die gerade bei der Wildschweinjagd drohen, und warnt darüber hinaus, er habe „manchen großen Herren und Junker sterben sehen."[65] Von den Jägern und Dienern spricht er erst gar nicht. Dabei kamen von diesen sicher wesentlich mehr bei der Jagd ums Leben als von den großen Herren, auch wenn sie nur selten Eingang in die Quellen fanden. Ein Beleg dafür sind die vier „ewigen Jagdkerzen", die Kaiser Maximilian nach dem Tod des oben erwähnten Kaspar Lechtaler am 19. November 1514 in die Pfarrkirche von Wilten bei Innsbruck stiftete, damit „wir, unser hofgesind, gembs- und ander jäger an den gejaiden und sonst vor ungefallen und schaden verhüet werden".[66]

Auch Maximilian geriet, wie im „Theuerdank" dokumentiert ist, bei Saujagden mehrfach in kritische Situationen. Einmal wurde er selbst verletzt, sein Pferd getötet (Abb. 14), ein anderes Mal brach das gejagte Schwein seinem Pferd ein Bein, so dass dieses stürzte.[67]

Abb. 14:
Ein gejagter Eber verletzt Theuerdank und tötet sein Pferd (Theuerdank, Bild 61, Ausschnitt).

Die Eberjagd mag, was Gefahren und Verletzungen betrifft, am spektakulärsten gewesen sein. Der häufigste Anlass für tödliche Jagdunfälle war aber ein Sturz vom oder mit dem Pferd, wie er nicht nur bei Parforcejagden, sondern auch bei der relativ harmlosen Beizjagd immer wieder einmal passierte. Auch bei vielen anderen Gelegenheiten konnte man in kritische Situationen geraten, die mit etwas Glück glimpflich, mit etwas Pech tödlich ausgingen. Maximilian konnte viele Lieder davon singen; die einschlägigen Abenteuer Theuerdanks gingen ja, wie schon erwähnt, auf entsprechende reale Erlebnisse Maximilians zurück, und auch wenn Theuerdank/Maximilian selbst sie alle mehr oder weniger unbeschadet überstand, so galt das für seine Begleiter keineswegs immer. Die größte Gefahr bei Gemsjagden waren Stürze, eine weitere war Steinschlag (Abb. 15); immerhin bewegte man sich, um Gemsen erreichen und aus der Wand stechen zu können, in einem Klettergelände, das nach heutigen Kriterien dem Schwierigkeitsgrad II–III entspricht. Theuerdank selbst konnte sich mehrfach nur mit viel Glück vor einem Absturz bewahren,[68] einige seiner Jäger stürzten tatsächlich.[69] Andere gefährliche Situationen entstanden durch brechende oder ungesichert getragene Armbrüste, Blitzschlag, vor allem aber durch die gesuchte Nähe zum zu jagenden Wild auf Schwertes- oder Spießlänge. Im Übrigen zeugen zahlreiche zeitgenössische Bilder davon, dass die Jagd besonders auch für die Hunde gefährlich war, wenn sie, was zu ihren Aufgaben gehörte, das gestellte Wild bis zur Ankunft des Jägers attackierten. Tote oder schwer verletzte Hunde gehören bei Bildern von Eber- oder Hirschjagden geradezu zum üblichen Sujet.

Abb. 15: Theuerdank gerät in einen durch Starkregen ausgelösten Steinschlag (Theuerdank, Bild 49, Ausschnitt).

3. Maximilian als Autor bzw. Auftraggeber von Jagd- und Fischereibüchern

Kaiser Maximilian hat nicht nur für seinen literarischen Nachruhm als Jäger gesorgt, er ließ auch mehrere Jagdbücher schreiben und mit Illustrationen versehen, und stellte sich damit in die Tradition königlicher und hochfürstlicher Autoren von Jagdbüchern.[70] Im Gegensatz zu diesen stellte er aber weniger die Jagd als solche, sondern Informationen über diverse Jagdreviere für seine fürstlichen Nachfolger in den Mittelpunkt. In seinem besonderen Focus stand sein Lieblingsland und -jagdrevier Tirol, für das er im Jahr 1500 ein Jagdbuch („Gejaidpuech", eigentlich nur der erste Teil eines auf drei Bände angelegten Werks) und 1504 ein Fischereibuch zusammenstellen ließ. 1515 folgte noch ein Österreichisches Jagdbuch.[71]

Das Tiroler Jagdbuch[72] verzeichnet 150 Hirsch- und 179 Gamsreviere im Inntal und seinen Seitentälern. Bei jedem dieser Jagdreviere wurden die Zahl der einstehenden Tiere, die Erreichbarkeit bzw. Entfernung von einer möglichen Unterkunft und bezeichnenderweise auch die Eignung für einen Ausflug mit dem Frauenzimmer angegeben. Für diesen Zweck musste ein einigermaßen guter Weg möglichst nahe an die Felswände, in denen die Gemsen gejagt wurden, bzw. an jenes Gebiet, das für den Abschluss einer Hetzjagd auf Hirsche vorgesehen war, heranführen, damit die Damen möglichst gute Sicht auf die Jäger hatten und ihren Einsatz und Wagemut entsprechend bewundern konnten.[73]

Weniger schön und umfangreich, aber inhaltlich vielleicht noch interessanter ist das sogenannte „Geheime Jagdbuch" Maximilians.[74] Darin hat er eine ausführliche Anleitung für Kleidung und Ausrüstung, die man für verschiedene Arten der Jagd sommers wie winters benötigt, zusammengestellt, beschreibt Vor- und Nachteile einzelner Ausrüstungsgegenstände, empfiehlt wo diese deponiert werden sollen, damit man sie parat hat, wenn sie benötigt werden, u.a.m. Eine kleine Auswahl seiner Hinweise:

Im Winter soll man eine Horn-Armbrust verwenden, keine mit Stahlbogen, da dieser bei Kälte brechen kann (vgl. Abb. 16).

Im Normalfall soll der Jäger leichte Handschuhe tragen, bei Regen oder Kälte aber wollene, weil diese am Schaft haften, während die leichten abgleiten. Kleidung und Schuhe sollen hochgeschlossen sein, damit beim Gehen entlang steiler Felsen keine Steine hineinfallen.

Der fürstliche Jäger soll nicht in einer engen Rinne oder unter einer Wand entlang gehen wegen des Steinschlags. Gegen diesen soll sich der Fürst auch immer eine „Hiern Hauben" (Hirnhaube, eine Art Eisenhut) in einem Waidsack nachtragen lassen und an gefährlichen Stellen aufsetzen. Auch ein gutes Seil soll stets dabei sein.

Der Jagdgruppe weit voraus sollen zwei Jäger zur Rekognoszierung gehen. Die Gruppe selbst soll aber beim Anstieg der Fürst führen, beim Abstieg beschließen, damit er nicht die von den anderen losgetretenen Steine abbekommt.

Für einen zu längerem Aufenthalt gedachten Anstand soll der Fürst „eine kleine grüne Hütte" [= Zelt] mitnehmen, in der er auch unbeobachtet sein Wasser abschlagen kann, und einen zusammenschraubbaren Sessel.

Auch ein „Buch wunderbarer Jagdgeschichten" wollte Maximilian schreiben lassen. Den erhaltenen Notizen nach, die dafür angefertigt wurden, wäre es wohl eine Mischung von tatsächlich stattgefundenen erstaunlichen Ereignissen mit einem tüchtigen Schuss Jägerlatein geworden.[75]

Abb. 16: Der Stahlbogen einer Armbrust bricht beim Schuss; ein Bruchstück schlägt Theuerdank das Barett vom Kopf, ein anderes verwundet einen hinter ihm stehenden Diener schwer an der Stirn (Theuerdank, Bild 34, Ausschnitt).

4. Rechts- und Verwaltungsmaßnahmen Maximilians zum Schutz seiner Jagdinteressen

Maximilians Bestrebungen gingen dahin, durch Einrichtung einer entsprechenden Verwaltung und zum Teil auch durch rechtliche Maßnahmen abzusichern, dass er so weit möglich an jedem seiner Aufenthaltsorte jederzeit in ein vielversprechendes Revier zur Jagd aufbrechen konnte. Darüber hinaus lag ihm daran, vor allem in jenen Gegenden, in denen er sich aus Regierungs- oder anderen Gründen häufig aufhielt, besondere Jagdreviere einzurichten.[76] Dazu benötigte er auf der einen Seite ein umfangreiches Kontingent von Jägern und Falknern und ihren Knechten, die ständig mit dem reisenden Hof unterwegs waren, auf der anderen in seinen Erbländern eine eigene Verwaltungsstruktur, die das Wild und damit auch die zugehörigen Wälder schützen sollte.

Falkner gehörten, wie oben schon erwähnt, auch dann noch in erheblicher Zahl zum königlichen Tross, als Maximilian aus Krankheitsgründen nicht mehr reiten und damit auch nicht mehr selbst jagen konnte, sondern sich in einer Sänfte transportieren lassen musste. Ein – wahrscheinlich nicht einmal vollständiges – Verzeichnis, das über den bei seinem Tod in Wels im Jänner 1519 vorhandenen Hofstaat angefertigt wurde, nennt 28 bzw. 29 berittene Falkner mit 12 oder 13 Begleitern zu Fuß. An letzter Stelle wird unter ihnen ein „Doctor Hanns" genannt;[77] d. h. die Falkner waren Maximilian so wichtig, dass ihnen eigens ein angestellter Arzt zur Verfügung gestellt wurde.

Gute Falkner hatten freilich auch ihren Preis. Für Leute aus dem einfachen Volk, aus dem die Mehrzahl von ihnen dem Namen nach kam,[78] waren sie sehr gut bezahlt und offensichtlich in der Lage, sich erhebliche Rücklagen zu bilden. Dafür sprechen jedenfalls diverse Einträge der Hofkammerbuchhaltung, hier zum Jahr 1500, über Zahlungen in diesem Jahr an königliche Falkner. Diesen Einträgen nach erhielten nämlich mehrere von ihnen nicht nur ihren Sold, der sich bei den meisten auf etwa 80 bis 120 Gulden im Jahr belief, sondern Beträge in einer Gesamthöhe von ungefähr 1.000 Gulden für Sold und Schuld.[79] Anscheinend hatten sie – durchaus kein ungewöhnlicher Vorgang – der königlichen Kammer erhebliche Beträge vorgestreckt, die ihnen nun zurückerstattet wurden.

Noch wesentlich mehr Aufwand als für Falkner und Hofjäger trieb Maximilian für den Unterhalt und die Organisation seiner zahlreichen Jagdgebiete, in denen überall eine mehr oder weniger große Zahl von Jägern, Jagdaufsehern, Jagd- und Forstknechten angestellt war, und weiteres Personal in der übergeordneten Verwaltung.

Zur spezifischen Verwaltung der Jagdangelegenheiten trennte Maximilian 1503 diese von der bis dahin auch für die Jagd zuständigen Forstverwaltung und richtete in seinen Erblanden eine neue und umfassende Jagdorganisation ein. Über diese sind wir unter anderem durch eine ausführliche Instruktion unterrichtet, mit der Maximilian am 15. Januar 1503 in Xanten den Niederländer Jan

Hilland, genannt Kniepis, zu seinem obersten Jägermeister des Fürstentums Tirol und der oberösterreichischen Länder[80] ernannte[81] und umfassend über seinen Aufgabenbereich informierte.[82] Zu dessen Erfüllung erhielt Hilland diverses Fachpersonal zu seiner Unterstützung, unter anderem einen eigenen Jagdschreiber, einen Murmeltiermeister und einen Otterjäger, Hundehalter und andere, und darüber hinaus Maximilians natürliche Tochter Margarethe von Edelsheim zur Frau. In der Grafschaft Burgau, in der erst im Jahr 1500 durch Erbschaft an Maximilian gelangten Grafschaft Görz und in anderen Ländern wurden neue Überreiter (Kontroll- und Aufsichtsorgane) und Forstknechte bestellt. Einige der zahlreichen und teilweise umfangreichen Bestimmungen seien im Folgenden genannt:

Ganz allgemein sollten keine Zäune errichtet werden, an denen sich das Wild verletzen könnte, weshalb die Bauern auch nur Zäune aus Schindeln und Ästen errichten durften; Forstknechte, die verbotene Zäune duldeten, sollten dafür mit einem Monatslohn bestraft werden. Zudem sollten alle Zäune von Herbst bis Ostern geöffnet werden (damit in dieser Zeit die Jagd nicht behindert würde). In Rottenburg am Inn sollten unter einem eigenen „rudenknecht die ruden" (Rüden, Jagdhunde) gehalten werden; abgesehen davon soll Hilland bei Strafe verbieten, im Inntal Hunde zu halten, und die Ablieferung streunender Hunde mit 3 Kreuzern belohnen. Für das Inntal wird ein eigener „Gebirgsmeister" bestellt, der für die Gams- und Hirschjagd und deren Schutz vor unberechtigten Jägern zuständig ist, und niemand soll dort mit der Armbrust ins Gebirge gehen dürfen. Auch die Jagd auf Füchse und Hasen soll nicht allgemein gestattet werden. Alle Jäger- und Gebirgsmeister sowie die Forstknechte und Überreiter sollen Kopien ihrer Instruktionen in einem Buch besitzen [wie viele von ihnen diese tatsächlich lesen konnten, ist eine andere Frage]. In Südtirol sollte der Bestand der Rehe erkundet und an Maximilian berichtet werden. Bezüglich des im letzten Winter tot aufgefundenen Wildes sollen Zeugen verhört und eine Untersuchung geführt werden, ob es von Wilderern getötet worden sei. Dazu kamen zahlreiche weitere Anweisungen zur Pflege des Wildes in verschiedenen Herrschaften, zu den Jagdrechten bestimmter Personen und anderes.

Die Kontrollmöglichkeiten waren zwar in der Praxis für viele dieser Bestimmungen vorerst noch recht begrenzt, aber sie zeigen doch deutlich die Absicht, einerseits Behinderungen, die der adeligen Jagd im Wege stehen könnten, abzubauen, und andererseits die seit alters bestehenden allgemeinen Jagdrechte mehr und mehr einzuschränken. Letzteres galt auch bezüglich der Hasen und anderem Niederwild, das bisher von der bäuerlichen Bevölkerung weitgehend frei gejagt werden durfte. Die für die Betreuung des Wildes in der Markgrafschaft Burgau zuständigen Überreiter sollten ausdrücklich „alles Wildbret, auch Hasen, Reb- und Haselhühner, Reiher etc." hegen; zwischen Kreuzenstein und Wien ließ Maximilian den Bauern das Jagen von Niederwild, ausgenommen auf ihrem eigenen Grund, verbieten, und ähnliches mehr.[83]

Trotz aller Bevorzugung seiner Jagdinteressen muss man Maximilian verschiedene Rücksichtnahmen auf die Bedürfnisse der Bauern zugestehen. Die genannte Anordnung über die Öffnung der Zäune im Winter deutet darauf hin, dass im Sommer gewisse Einschränkungen für die Jagd bestanden. 1518 ordnete er sogar definitiv an, dass wegen der dadurch entstehenden Schäden an Getreide und Wachtelbrut vor dem 10. August nicht gejagt werden solle.[84] Ob ihm dabei das Getreide oder die Wachtelbrut wichtiger war, sei dahingestellt. Mehrfach ließ er auch über Klagen der Stadt Wien wegen der von Wildschweinen in den Weingärten angerichteten Schäden an gefährdeten Orten die Wildschweine jagen und erlaubte die Errichtung von Zäunen. Gegen von Rotwild angerichtete Schäden erlaubte er ebenfalls Zäune und das Halten kleiner Hunde, um das Wild zu vertreiben. Große Hunde blieben den Bauern aber nach wie vor verboten.[85]

Nicht nur in dieser Jagdordnung sind zahlreiche Bestimmungen zur Hege des Wildes enthalten. Auch in vielen anderen Instruktionen traf Maximilian entsprechende Anordnungen zur Anlage von Salzlecken, Winterfütterungen, Ruhezonen[86] und anderen Hegemaßnahmen, wozu z. B. in der Umgebung von Wien neben der Einrichtung von großräumigen Hasengehegen – eine Art Schutzzone für das Niederwild – auch der Bau eigener Hasengärten gehörte, die zum Schutz gegen Füchse, streunende Hunde und andere Tiere ummauert waren. Die Existenz eines solchen Hasengartens ist für 1495 belegt,[87] und 1504 ordnete er an, die Mauer eines Hasengartens beim Stubentor wieder so herzurichten, dass die Füchse nicht hineinkommen könnten, so dass man dort die „kunigle" (Karnickel) unterbringen könne.[88] Nach Notizen von 1502 sollten auch in Innsbruck, Donauwörth und Augsburg Hasengehege angelegt werden.[89] Auf der Welser Heide und in anderen Hasengehegen wurde den Bauern das Abhacken der Wacholdersträucher verboten, weil sich sonst (mangels Deckung) die Hasen nicht halten würden.[90] Ebendort sollte der oberösterreichische Gegenschreiber Wolfgang Schwarzberger unter anderem auf die Hege der Hasen ein Auge haben; dafür erhielt er eigens eine Gehaltsaufbesserung, damit er sich davon ein Pferd für seine Kontrollritte halten konnte.[91]

Die Hege sollte damals wie heute einerseits das Wohlergehen der Tiere gewährleisten, andererseits für die Bestandsicherung und oft auch für Bestandserweiterung sorgen. Aber was auch immer an Hegemaßnahmen getroffen wurde, letztlich dienten fast alle in erster Linie einem Zweck: der Gewährleistung, dass für den König – und allenfalls seine Jagdgäste oder besonders privilegierte Personen – stets genügend jagdbares Wild zur Verfügung stand. Für diesen Zweck ließ Maximilian mehrfach Niederwild aus der weiteren Umgebung von Wien, wo es offenbar ausreichend Bestände gab, nach Tirol und in die Markgrafschaft Burgau bringen.[92] Aus den Hegemaßnahmen leitete Maximilian aber auch sein moralisches Anrecht auf alleinige Jagdausübung ab: Er ließ hegen, er schützte das Wild; die anderen, Bauern wie Landleute, schossen nur. Aus diesem Grund gingen auch die Hegemaßnahmen stets parallel mit Jagdvorbehalten für den König und Jagdverboten für andere.[93]

In diesem Zusammenhang scheint auch ein Vergleichsblick auf die Wildbestände damals und heute sinnvoll. Zumindest in einigen Revieren ist ein solcher Vergleich insofern möglich, als Maximilian in seinen Tiroler Revieren das Gamswild, teilweise auch anderes, zählen ließ. Diese Zählungen nennen zwar genaue Zahlen, tatsächlich handelt es sich klarerweise nur um Näherungswerte.[94] Zumindest einen groben Vergleich mit den Beständen des 20. Jahrhunderts erlauben sie aber allemal. Je nach Revier ergibt sich dabei für das 20. Jahrhundert ein mehrfach bis vielfach höherer Bestand als um 1500.[95]

5. Beispiele für Jagdorganisation und Jagdunternehmungen Kaiser Maximilians in der Umgebung von Augsburg

Augsburg war um 1500 eine der größten Städte des Deutschen Reichs und vor allem seine Finanzmetropole schlechthin, in der auch Maximilians wichtigste Financiers lebten. Zudem lag die Stadt relativ zentral zwischen allen Erbländern Maximilians und war damit prädestiniert, um hier Reichstage abzuhalten, die hier unter Kaiser Maximilian so zahlreich wie nie zuvor stattfanden. Interessant für Maximilian war zudem, dass mit der Markgrafschaft Burgau – im Wesentlichen das Gebiet südlich der Donau zwischen Augsburg und Ulm – eines seiner Erbländer unmittelbar vor den Toren Augsburgs lag und er dementsprechend in der Umgebung Augsburgs über eine Reihe von Jagdrevieren verfügte, die insbesondere für Hirschjagden und Beize interessant waren. Genannt werden insbesondere die Wälder um die südwestlich von Augsburg gelegenen Schlösser Wellenburg und Reinhardshausen, etwas weiter entfernt Seifriedsberg (bei Ziemetshausen, Landkreis Günzburg) und Krumbach, schließlich Weißenhorn und Roggenburg (beide Landkreis Neu-Ulm) sowie Angelberg (bei Tussenhausen im Unterallgäu); dazu kamen westlich und nordwestlich von Augsburg die Reviere um Günzburg, Scheppach (bei Burgau) und Dillingen an der Donau.[96] 1498 hatte er zusätzlich das ebenfalls nicht weit von Augsburg entfernte Schloss Mickhausen samt dem zugehörigen Forst erworben. Von den 3.000 Gulden Kaufpreis konnte er zwar nur 1.000 sofort bezahlen, so dass er für den Rest den Verkäufern das Schloss samt Zubehör gleich wieder verpfänden musste, doch behielt er sich dabei Forst und Jagd, auf die es ihm wohl hauptsächlich ankam, vor.[97] Zu allen genannten Revieren befanden sich von Augsburg aus auch Maximilians geliebte Tiroler Gamsreviere in noch gut erreichbarer Entfernung.

Aus den genannten Gründen hielt sich Maximilian häufig in Augsburg auf und zog dann von hier aus auf die Jagd. Der Augsburger Rat kam ihm dabei insofern noch entgegen, als er zumindest während mancher Aufenthalte Maximilians in der Stadt Jagdverbote für die Forste in der Umgebung der Stadt erließ, damit das

Wild für die kaiserliche Jagd besonders gehegt und gehütet werde. Darüber hinaus wurden für den König im Umfeld der Stadt verschiedene Gebäude für Jagdzwecke, Falkenzucht (darunter ein Brutofen) und anderes errichtet.[98] Maximilian revanchierte sich dafür unter anderem durch eine Großzügigkeit nach seiner Art: Im Herbst 1503 ließ er im Revier bei Wertingen 34 Wildschweine fangen und schenkte sie lebend dem in der Stadt anwesenden Adel und den Herren der Bürgerstube.[99]

1514 bereitete der Rat dem Kaiser noch eine weitere, ganz ungewöhnliche „Bequemlichkeit": Da Maximilian oft bis in die Nacht jagte (dazu unten mehr), ließ er ihm in der Nähe seines üblichen Quartiers in der Stadt einen eigenen "Einlass" zwischen dem Klinker- und dem Göggingertor durch die Mauer brechen und dazu eine eigene Brücke über den Stadtgraben errichten, damit er nach Belieben zu später Stunde heimkehren könne, ohne dass deswegen eines der großen Tore geöffnet werden musste.[100]

Aus der Fülle einschlägiger Quellen habe ich im Folgenden einige herausgegriffen, die mir für die geschilderten Verhältnisse wie für das Denken und Handeln Kaiser Maximilians in Bezug auf die Jagd besonders typisch erscheinen. Sie betreffen alle das Jahr 1500 und sollen damit auch Kaiser Maximilians Existenz am Übergang vom Mittelalter zur Neuzeit symbolisieren. Zudem hielt sich Maximilian aufgrund des in diesem Jahr in Augsburg gehaltenen Reichstags besonders lange in der Stadt und ihrer Umgebung auf.

Als vor Beginn des Reichstags Königin Bianca Maria von Freiburg kommend Augsburg erreichte, wurde sie – wie es sich für die Ankunft der Gattin des Königs gehörte – von den bereits in Augsburg anwesenden Fürsten und Bischöfen in feierlicher Prozession eingeholt und zum Dom geleitet, wo ihr zu Ehren ein feierliches Te Deum gesungen wurde.[101] Ausdrücklich vermerkt der Augsburger Chronist, der uns aus eigener Anschauung über diese Ereignisse berichtet, dass ihr auch Maximilian entgegen geritten war. Im Gegensatz zu den Fürsten und Bischöfen hielt er sich aber nicht lange bei ihr auf, sondern ritt weiter zum Sandberg (6 km westlich von Augsburg bei Steppach) zur Beizjagd und kehrte erst am späteren Abend wieder in die Stadt zurück.

Im „Weißkunig" hält Maximilian fest, dass er die Beizjagd häufig bis in die Nacht auszudehnen pflegte, so dass er anschließend im Finstern noch eine oder zwei, auch drei Meilen bis in sein Nachtquartier reiten musste[102] – Deutsche Meilen wohlgemerkt, von denen eine ca 7,5 km hat. Die Königin musste sein Verhalten freilich als einen Affront empfinden. Ein solcher war von Maximilian zwar kaum beabsichtigt, aber man sieht daran doch deutlich seine Prioritäten. Seine Ehe mit Bianca Maria Sforza war von vornherein politisch bedingt gewesen, sollte ihm das Mailänder Geld zuführen und weitere legitime Kinder bringen. Beide Hoffnungen hatten sich inzwischen zerschlagen, und so sah Kaiser Maximilian möglicherweise keinen Anlass mehr für eine besondere Rücksichtnahme. Immerhin ging das Ehepaar vorher wie nachher des öfteren gemeinsam auf die Jagd, und gelegentlich jagte Bianca auch ohne Maximilian.[103]

Bianca Maria war außerdem nicht die einzige Königin, die Maximilian der Jagd wegen versetzte. Auch der Himmelskönigin Maria war schon einige Jahre früher während des Wormser Reichstags von 1495 dasselbe Schicksal widerfahren. „uf den Ostermitwoch" dieses Jahres traf sich Maximilian vor der Liebfrauenkirche in der Mainzer Vorstadt mit den Reichsfürsten. Sie warteten aber das Eintreffen der Prozession mit dem Sakrament, mit der man nach altem Brauch an diesem Tag zur Verehrung Marias zur Liebfrauenkirche zog, nicht ab, sondern die Fürsten versammelten sich zu Beratungen im Rathaus, während es Maximilian vorzog, zur Jagd zu reiten.[104] Auch Fürsten und Gesandte mussten während der Reichstage oft auf Maximilian warten, nicht selten mehrere Tage, bis er von einem Jagdausflug wieder zurückkehrte.

Da es in der Markgrafschaft Burgau an Hasen und anderem Niederwild mangelte – man hatte es wohl beim Beizen zu heftig bejagt; zudem galt es, für ausreichend jagdbares Wild während des Reichstages zu sorgen –, ließ Maximilian Nachschub aus dem Wiener Raum, in dem es anscheinend Niederwild in Mengen gab, kommen. Am 28. April 1500 befahl er von Augsburg aus dem österreichischen Vitztum Sigmund Schnaitpeck, 50 Hasen hinaus „Wiener Perg werts" und nicht zu nahe bei der Stadt [also etwa im Gebiet des heutigen 10. Wiener Bezirks] fangen zu lassen (vgl. Abb. 17) und diese sowie 70 lebende Feldhühner [= Fasane], die im letzten Winter und davor gefangen worden waren, mit dem

Abb. 17: Hasenfang mit Netzen und einer Glockenschnur, um die Hasen gemeinsam mit den seitlichen Treibern in das Netz zu scheuchen; Ausschnitt aus einem Bild im Jagdbuch des Gaston Phoebus (Jagdbuch des Mittelalters, wie Anm. 65), fol. 119r.

ersten Schiff, das sie auftreiben können, „heraufzuschicken". Sie sollen dazu ein Traunschiffl,[105] das man hinter die großen Schiffe hängt, für die Tiere herrichten lassen. Dieses „schiffl soll mit leinin plachen" überzogen werden, damit sich die Tiere nicht stoßen. Es soll ihnen auch jemand Geeigneter beigegeben werden, der sie in Verwahrung nimmt, damit sie lebendig „heraufgelangen".[106]

Damit es diesen importierten Tieren, denen alle Jahre ein weiteres Schiff mit lebenden Hasen folgen sollte, bis zur nächsten Jagd gut gehe,[107] bestellte Maximilian am 14. Juli Clemens von Greiffenstein zu seinem Überreiter (= verantwortlichen Kontrollor) in der Markgrafschaft Burgau mit der Aufgabe, in Maximilians Hasengehege in Burgau die Hasen samt den Neuankömmlingen zu hegen. Nur Edelleute, Chorherren und Bürger von Donauwörth sollen dort jagen dürfen. Greifenstein soll auch Oberaufseher über die Reiher- und Entenpflege sein und gegen ein kleines Trinkgeld Bauern zur Überwachung aufnehmen. Leute, die trotz des Verbots Hasen, Reiher, Enten, Hühner oder Tauben schießen, sollen bestraft werden; die Strafgelder sollen sich die Aufseher teilen. Greifenstein soll mit den Forstknechten alle Hütten auf den Gewässern, welche die Bauern errichtet haben, abbrechen und alle Bäche und Gewässer säubern lassen.[108] Wenige Wochen später nahm Maximilian mit Sebald von Knöringen noch einen weiteren Überreiter für die Markgrafschaft Burgau auf; auch er sollte alles Wildbret, auch Hasen, Reb- und Haselhühner, Reiher usw. fleißig hegen.[109] Die Tendenz, die bäuerliche Jagd zurückzudrängen und große Gebiete für die Jagd des Königs zu reservieren, wird auch hier deutlich.

Am 22. August 1500 wurde der Augsburger Reichstag im dortigen Rathaus feierlich geschlossen. Maximilian hatte sich mit seinen Plänen nicht durchsetzen können, sondern war ganz im Gegenteil im Reich völlig entmachtet worden.[110] Entsprechend frustriert verließ er wenige Tage später die Stadt, um sich in die Gegend von Seefeld zur Gemsenjagd zu begeben. Es scheint sogar, dass er einigermaßen überstürzt dorthin aufgebrochen ist, oder vielleicht auch noch mit der Verarbeitung seiner Niederlage beschäftigt war. Jedenfalls stellte er erst im Nachhinein und auf Raten fest, dass er für die Jagd noch dieses und jenes benötigen würde, wie aus seinen in dieser Zeit an seinen Kammermeister Ulrich Möringer in Innsbruck gerichteten Schreiben hervorgeht.

Zunächst teilte er am 25. August der Raitkammer in Innsbruck mit, dass er am kommenden Dienstag (= 1. September) mit etlichen Fürsten zur Jagd ins Gleirschtal (im Karwendel nördlich von Innsbruck) kommen würde und befahl, alles Notwendige für 150 Pferde und 100 Personen für drei Tage rechtzeitig in die umliegenden Dörfer bringen zu lassen.[111] Kurzfristig änderte er anscheinend das Ziel, denn am 31. August schrieb er aus Bad Tölz an Möringer wegen einer geplanten Jagd auf dem „Seefelld", wohin er schon unterwegs sei. Dorthin soll er ihm neben anderen genannten Dingen zwei „zinnerne gembsenflaschen und einen schönen neuen karnier" (Ledertasche) schicken. Außerdem soll ihm der Schuhmachermeister Ludwig möglichst rasch zwei Paar

Gemsenschuhe machen und schicken.¹¹² Zwei Tage später schrieb er von der bei Seefeld (nordwestlich von Innsbruck) gelegenen Burg Fragenstein, er habe seinem Hauskämmerer Rudolf Harber vor drei Tagen geschrieben, 100 „geschoß platen unnd gembsen pheil" und sechs Paar Schuhe hierher zu schicken, was aber noch nicht geschehen sei. Er verlangt daher, die Geschoßplatten und Gemsenpfeile „noch dise nacht", also dass die morgen vor sechs „urn vor mittag gewislich hie sein", und die sechs Paar Schuhe von gleicher Form wie Meister Ludwig schon zwei Paar gemacht und gestern geschickt hat, verlässlich bis zum Abend zu schicken.¹¹³ Anscheinend hatte er inzwischen noch einige Gäste zur Jagd eingeladen, denen es an Ausrüstung mangelte, vielleicht einige der am folgenden Tag genannten „Welschen".

Am nächsten Tag folgte das nächste Schreiben mit dem Auftrag, unser „Peggelhewblin so wir gewondlich auf dem gembsengejaid geprauchen" (Pickelhaube gegen Steinschlag), suchen zu lassen und durch einen geschworenen Boten zu schicken. Außerdem soll er diverse Fische senden, denn Maximilian wollte tags darauf während oder nach der Gamsjagd „den Welschen" (= Gesandten aus Italien) ein Bankett geben (Abb. 18).¹¹⁴

Einen weiteren Tag später der nächste Auftrag: Möringer solle sofort graues Tuch für „zwayen pyrssrocken und zwayen praiten kappen" kaufen, nass machen und scheren lassen (das heißt, es sollte stärker verfilzt und geglättet werden, um noch wettertauglicher zu sein), damit es morgen zur Vesperzeit fertig

Abb. 18: Bankett nach einer Jagd am Plansee (Tiroler Fischereibuch, Detail).

sei. An diesem morgigen Tag ließ Maximilian das Tuch durch einen weiteren Boten mit eigenem Beglaubigungsschreiben abholen.[115]

Die nächsten Tage scheint sich Maximilian der Jagd gewidmet zu haben, denn – wie oft in solchen Fällen – lässt sich aus den Quellen kein konkreter Aufenthaltsort erschließen. Am 9. September war er jedenfalls wieder in Augsburg.

6. Maximilian als Jäger – Bewertung und Ausblick

Ein hohes Maß an Liebe zur Natur war bei Maximilian ohne Zweifel vorhanden. Er nahm ihre Schönheit wahr, beobachtete nicht nur aus jagdlichem Interesse das Verhalten der Tiere, erfreute sich am Gesang der Vögel in freier Natur wie bei im Käfig gehaltenen, von denen er stets welche im Zimmer haben wollte.[116] Er jagte im Winter gleich gern wie im Sommer und nahm dabei auch die spezifische Schönheit der winterlichen Landschaft wahr[117] – was unter anderem zeigt, dass im Gegensatz zu einer weit verbreiteten Ansicht auch im Mittelalter und selbst bei eher unwirtlichen äußeren Bedingungen Menschen durchaus freiwillig im Gebirge unterwegs waren.

Auf seinen Jagdausflügen in Tirol kam Maximilian bis in die Gletscherregion und zeigte sich von diesem Erlebnis, auf den Berg gekommen zu sein, „ohne das Erdreich und den Berg zu berühren", tief beeindruckt; „es sei auch weder vor noch nach ihm keiner höher oben und näher dem Himmel gewesen als er".[118]

Aber Maximilian jagte nicht nur gern. Seine Gedanken kreisten auch dann, wenn er gerade nicht auf der Jagd war oder sein konnte, häufig um Jagdangelegenheiten, wie viele Aufträge an seine diversen Beamten, aber auch eigenhändige oder diktierte Notizen belegen.[119] Darüber hinaus hörte er – bzw. der junge Weißkunig als sein alter ego – bei jeder Gelegenheit gerne Geschichten über die Jägerei und Falknerei „vnd was Ime ain sonderer lust vnd ergötzlichait".[120] Daran schließt Marx Treitzsaurwein, Maximilians Sekretär und in seinem Auftrag Verfasser des „Weißkunig", eine ausdrücklich persönliche Bemerkung („Ich wil jetzo fur mich selbs Reden"): Er glaube nicht, dass es je einen König gegeben habe, der „ain solicher Jeger gewessen sey, vnd in kunfftig zeit kein solicher Jeger dermassen nit sein werde, denn er wäre kain Jeger aus gewonnhait oder hoffart gewesen, Sonnder Er ist ain Jeger gewesen aus seiner angeborn Natur vnd kunigclichem gemuet". Ich lasse dahingestellt, ob das wirklich nur eine rein persönliche Bemerkung Treitzsaurweins war; des Wohlwollens Maximilians konnte er sich damit jedenfalls sicher sein.

Für einen Aufsatz über Kaiser Maximilian als Jäger könnte dieses Zitat ein geradezu idealer Schluss sein. Es scheint mir aber doch notwendig, auch auf negative Seiten von Maximilians Jagdleidenschaft hinzuweisen.

Der materielle Aufwand, den er trieb, um möglichst immer und überall jagen zu können, war enorm, und er wurde auch in Zeiten ausgesprochen klamm Kassen kaum reduziert. Eine nicht unbeträchtliche Anzahl an Jägern, Hunden und Falknern hatte Maximilian so gut wie immer in seinem Gefolge.[121] Noch wichtiger war es ihm aber, gute Jagdreviere einzurichten und diese auch zu sichern. Dafür waren vor Ort lebende Aufsichtsorgane, Jäger, Falkenmeister und ihre Knechte ebenso notwendig wie große Hundemeuten – alles in allem hat Maximilian nach eigener Aussage über 1500 Jagdhunde gehalten.[122] Jeweils für ihre Aufgaben spezialisierte Hunde benötigte man zum Aufspüren und Aufstöbern des Wildes, zum Apportieren von geschossenem Feder- und Niederwild, zum Finden angeschossenen Wildes, in größerer Zahl aber vor allem zur Hetzjagd, bei der sich abwechselnden Meuten die Aufgabe zufiel, das Wild so lange zu hetzen, bis es aus Ermüdung den berittenen Jäger herankommen lassen musste. Da diese Hetze oft über weite Strecken ging und viele Jäger und Hunde daran beteiligt waren, waren besonders bei dieser Jagdart auch die angerichteten Flurschäden hoch. Und damit die Jäger bei ihrer Jagd nicht behindert wurden, durften auf solchen Strecken keine Zäune aufgestellt werden, was für die Bauern zusätzliche Feldschäden in jagdfreien Zeiten durch äsendes Wild bedeutete. Auch der Holzeinschlag in den Wäldern wurde eingeschränkt, damit die Hege nicht behindert und das Wild nicht in seinen Einständen aufgescheucht werde. So überrascht es nicht, dass man auch Klagen hörte, Hirsche und Gemsen seien dem Kaiser wichtiger als die Bauern.

Böses Blut machte auch die oft ungemein strenge Bestrafung von Wilderern, bis hin zu Körperstrafen wie dem Abhacken von Daumen, Blendung und Todesurteilen. Im Beschwerdelibell der Tiroler von 1518 beschwerten sich sogar die Adeligen darüber und forderten, der Kaiser solle ein ordentliches Gesetz gegen Wilderer erlassen anstatt sie im Zorn willkürlich und über Gebühr zu strafen.[123] Ähnliche Vorhalte in der Steiermark wies Maximilian mit der – sicher nicht auf ungeteilte Zustimmung stoßenden – Bemerkung zurück, wenn er „wildprätschediger … umb solich pös hanndlungen strafe …, so beschehe doch soliches alzeit mit guettem grundt"[124] Als 1519 in Tirol des Kaisers Tod bekannt wurde, begannen die Bauern, die unter der Überhegung des Wildes und der Jagd schwer gelitten hatten, die Hirsche und das sonstige gefreite Wild massenhaft abzuschießen. Auch Drohungen gegen die Obrigkeit wurden laut.[125] Der wenige Jahre später ausbrechende große Bauernkrieg kündigte sich hier bereits an.

So verwundert es nicht, dass nicht nur die durchaus auch jagdliebenden Franzosen Maximilians Jagdleidenschaft als übertrieben empfunden haben (vgl. o.). Auch seine eigenen Nachkommen haben sich diesbezüglich deutlich zurückgehalten. Ein Vergleich mit den verschiedenen Hofstaatsverzeichnissen aus der Zeit König Ferdinands mit jenen Maximilians zeigt nämlich, dass die mit der Jagd zusammenhängenden Teile des Hofstaats besonders stark reduziert und auch in ihrer Zusammensetzung stark geändert wurden: Gegenüber den mehr als 60 Personen, die in Maximilians Hofstaat für die Jagd zuständig waren, hatte Ferdinand 1527/28 nur mehr zehn, darunter vier Falkner, und nur mehr 33 Hunde.¹²⁶ Das ist zwar nur die Mindestzahl, die sich aus den Hofstaatsverzeichnissen erschließen lässt, und auch Ferdinand hatte neben diesen „Hofstaats-Hunden" zahlreiche weitere, die stationär in den Jagdgebieten gehalten wurden. Aber die Gesamtzahl war doch weit entfernt von jenen oben genannten mehr als 1.500 Hunden, die Maximilian verteilt über seine Erblande unterhalten hatte.

Auch gesellschaftliche Folgen der adeligen Jagdleidenschaft – keineswegs nur jener Maximilians – gab es. Die oben in verschiedenen Zusammenhängen angesprochene Tatsache, dass die Adeligen Wald und Wild immer stärker exklusiv für sich beanspruchten¹²⁷ und immer weniger Rücksicht auf durch Jagd und Wild bei den Bauern angerichtete Schäden nahmen,¹²⁸ war einer der wesentlichen Gründe für den Ausbruch des großen deutschen Bauernkriegs der Jahre 1524–1526. In diesem forderten z. B. die oberschwäbischen Bauern im vierten ihrer weit verbreiteten „Zwölf Artikel" die freie Jagd. Der Bauernaufstand wurde allerdings brutal niedergeschlagen, und die adeligen Vorrechte bei der Jagd blieben noch Jahrhunderte weiter in Gebrauch.

Anmerkungen

1 Bei Hermann Wiesflecker: Kaiser Maximilian I. Das Reich, Österreich und Europa an der Wende zur Neuzeit. 5 Bde., Wien: Verlag für Geschichte und Politik 1971–1986, Überblick in Bd. 5, S. 580–582, mit Verweisen auf andere Stellen; umfassender Erich Egg, Wolfgang Pfaundler: Kaiser Maximilian I. und Tirol. Innsbruck – Wien – München: Tyrolia 1969, S. 54–68, und Michael Forcher: Kaiser Max und sein Tirol. Geschichten von Menschen und Orten. Innsbruck: Haymon 2019; über Jagd und Jagdverwaltung vgl. Hermann Wiesflecker: Österreich im Zeitalter Maximilians I. Die Vereinigung der Länder zum frühmodernen Staat. Der Aufstieg zur Weltmacht. Wien: Verlag für Geschichte und Politik – München: Oldenbourg 1999, S. 260 f., 284, 333; Ausstellung Maximilian I. Innsbruck. Katalog, hg. v. Erich Egg. Innsbruck: Tyrolia [1969], S. 69 ff.; s.a. die folgenden Anmerkungen.

2 Hans Helmut Geringer: Kaiser Maximilian I als Jäger und die Jagd seiner Zeit. 2 Bde., Diss. Masch. Graz 1970.

3 Werner Rösener: Die Geschichte der Jagd. Kultur, Gesellschaft und Jagdwesen im Wandel der Zeit. Düsseldorf – Zürich: Artemis & Winkler 2004, S. 233–251.

4. „Dicono vostra majestà non haver danari ni obedientia, e atende a caze et a done", Marino Sanuto: I Diarii, Tom. 11, Venezia 1884, Sp. 179.

5 S. Sabine Weiss: Die vergessene Kaiserin. Bianca Maria Sforza, Kaiser Maximilians zweite Gemahlin. Innsbruck – Wien: Tyrolia 2010, S. 202.

6 Regesta Imperii, Bd. XIV: Die Regesten des Kaiserreichs unter Kaiser Maximilian. Online-Version (weiterhin: RI XIV), Bd. 4,2, Nr. 21529 (18. Sept. 1504).

7 Nach einem Bericht des Sekretärs Herzog Albrechts wären es volle elf Tage gewesen (RI XIV,4,1, Nr. 19150; s.a. RI XIV,4,1, Nr. 19155, RI XIV,4,1, Nr. 19156f.). Das bezog sich aber wahrscheinlich nur auf Herzog Albrecht, denn Maximilian befand sich bereits am 25. September in Tegernsee, am 26. in Jenbach und am 27. in Schwaz (vgl. RI XIV,4,1, Nr. 19160 und 19164), um die Leitung der Belagerung von Kufstein zu übernehmen; s.a. Wiesflecker: Maximilian (wie Anm. 1), Bd. 3, S. 193.

8 Wiesflecker: Maximilian (wie Anm. 1), Bd. 3, S. 444, und Bd. 5, S. 400.

9 Wiesflecker: Maximilian (wie Anm. 1), Bd. 4, S. 188.

10 „Der Weiß Kunig". Eine Erzehlung von den Thaten Kaiser Maximilian des Ersten von Marx Treitzsaurwein ... Ndr. d. Ausgabe Wien: Kurzböck 1775, Leipzig: Edition Leipzig 2006, S. 86 bzw. 89; Wiesflecker: Österreich (wie Anm. 1), S. 452, meint, Maximilian habe diesen Vergleich öfter benutzt.

11 Weißkunig (wie Anm. 10), S. 90.

12 S. z. B. Urkundenbuch des Landes ob der Enns, bearb. V. Erich Trinks, Bd. 7, Wien 1876, Nr. 652, S. 662f. (1359 Okt. 2), bzw. ebd. Nr. 659, S. 669 (1359 Nov. 14) sowie den Revers seines ersten Reitersiegels; zur Sache Sabine Haag [u.a.] (Hg.): Falsche Tatsachen. Das Privilegium Maius und seine Geschichte. Wien: Kunsthistor. Museum 2018 (= Technologische Studien; 13). Der Titel ist keine Erfindung Rudolfs und seines Umfeldes, sondern geht auf einen beim Geschichtsschreiber Johann von Viktring erwähnten Titel des Herzogs von Kärnten zurück.

13 Und eben nicht „Jägermeister", wie das in Übernahme des Privilegium-maius-Titels auch hier durchwegs übersetzt wird (z. B. Ausstellung Maximilian (wie Anm. 1), S. 71f., Nr. 284). Die Seite ist sowohl in Farbe wie in SW in verschiedenen Publikationen abgebildet, farbig z.B. Ausstellung Maximilian, Farbt. XI.; Wiesflecker: Österreich (wie Anm. 1, Umschlagbild); Michael Forcher / Christoph Haidacher: Kaiser Maximilian I. Tirol – Österreich – Europa 1459–1519. Innsbruck: Haymon 2018, S. 122; Sabine Weiss: Maximilian I. Habsburgs faszinierender Kaiser. Innsbruck-Wien: Tyrolia 2018, S. 17; im Internet https://de.wikipedia.org/wiki/Privilegium_Maius#/media/Datei:Privilegium_maius_detail.jpg.

14 Dazu Wiesflecker, Maximilian (wie Anm. 1), Bd. 5, S. 307; zum Zitat und seiner Bedeutung s.a. Jan-Dirk Müller: Einleitung. In: Jan-Dirk Müller, Hans-Joachim Ziegeler: Maximilians Ruhmeswerk. Künste und Wissenschaften im Umkreis Kaiser Maximilians I. Berlin-Boston: de Gruyter 2015 (= Frühe Neuzeit; 190), S. 1–6; das Zitat selbst im „Weißkunig" (wie Anm. 10), S. 69.

15 Zu ersterem weiter unten mehr, zum letzteren Wolfgang Hohenleiter (Hg.): Das Fischereibuch Maximilians I.: Faksimile und Transkription. Faksimile nach dem Original der Österr. Nationalbibliothek in Wien Cod. 7962. Kitzbühel: AquaTech Publ. 2013.

16 Zu den von Maximilian teils in Auftrag gegebenen, teils selbst verfassten Werken, auch den Jagdbüchern, und zur Charakteristik Maximilians als Autor bzw. Auftraggeber von literarischen Werken s. Wiesflecker: Maximilian (wie Anm. 1), Bd.5, S. 306–320; Hans Rupprich: Das literarische Werk Kaiser Maximilians I. In: Ausstellung Maximilian (wie Anm. 1), Beitragsteil S. 47–55; Manfred Hollegger: Maximilian I. (1459–1519). Herrscher und Mensch einer Zeitenwende. Stuttgart: Kohlhammer 2005, S. 244–248.

17 Jan-Dirk Müller: „Gedechtnus". Literatur und Hofgesellschaft um Maximilian I. München 1982 (= Forschungen zur Geschichte der älteren deutschen Literatur; 2); bezeichnend dafür ist in mehrfacher Hinsicht Abb. 20 im „Weißkunig", zum einen, weil hier Maximilian in seiner Personifikation als junger Weißkunig dem Maler – es handelt sich um den berühmten Augsburger Hans Burgkmair – in dessen Atelier konkrete Anweisungen gibt, zum anderen, weil es beim Bild, an dem Burgkmair gerade arbeitet, um Tier- und Jagdstudien geht.

18 Auf der Basis späterer Editionen hat sich die Schreibweise „Theuerdank" eingebürgert. In der ersten Auflage von 1517 lautet sie jedoch durchwegs „Tewrdannckh" mit verschiedenen Schreibvarianten des zweiten Wortteils, aber immer ohne Th am Beginn; „ew" ist eine zur Zeit Maximilians häufig verwendete Schreibvariante von „eu".

19 Vgl. dazu etwa seinen Brief an Sigmund von Dietrichstein über den Stand der Arbeiten an diversen Werken vom 14. Okt. 1512, gedr. in: Inge Wiesflecker-Friedhuber (Hg.): Quellen zur Geschichte Maximilians I. und seiner Zeit. Darmstadt: Wiss. Buchges. 1996 (= Ausgewählte Quellen zur deutschen Geschichte der Neuzeit; 14), Nr. 60, S. 212f.

20 Zum in drei Abschnitte (Vorfahren – Erziehung – Leben und Taten) gegliederten Werk insgesamt s. Wiesflecker: Maximilian (wie Anm. 1), Bd. 5, S. 315–318, zu Maximilians Kindheit und Erziehung ebd., Bd. 1, sowie Hermann Wiesflecker: Maximilian I. Die Fundamente des habsburgischen Weltreichs. Wien: Verlag für Geschichte und Politik – München: Oldenbourg 1991, S. 26–35.

21 Weißkunig (wie Anm. 10), S. 74 mit Bildtafel 19 („Windisch" = Slowenisch, und „Behamisch" = Tschechisch); S. 117–122 mit Bildtafel 52–56 (Französisch, Flämisch, Englisch, Spanisch und „Welsch" = Italienisch).
22 Weißkunig (wie Anm. 10), S. 64–68, mit Bildtafel 15.
23 Kapitel „Wie der Junng Weyß kunig mit pannggeten unnd Mumereyen uber anndere kunig was", Weißkunig (wie Anm. 10), S. 80 mit Bildtafel 24. Besonders ausführlich mit vielen Bildern sind solche Mummereien im „Freydal" dargestellt, da sie wie die Turniere zu den Hauptbestandteilen von Maximilians Festen gehörten.
24 „Hanndlung des Secretari ambts", Weißkunig (wie Anm. 10), S. 71 mit Bildtafel 17.
25 Weißkunig (wie Anm. 10), S. 83.
26 Weißkunig (wie Anm. 10), S. 83–85 mit den Bildtafeln 25–27.
27 Weißkunig (wie Anm. 10), S. 84; vgl. dazu auch Bildtafel 29.
28 Weißkunig (wie Anm. 10), S. 84f.
29 Weißkunig (wie Anm. 10), S. 85f.
30 Vgl. Ivan Ritter von Žolger: Der Hofstaat des Hauses Österreich. Wien – Leipzig 1917 (= Wiener Staatswissenschaftl. Studien; 14), S. 27.
31 Weißkunig (wie Anm. 10), S 86.
32 Zu Friedrich II., seinem Falkenbuch und der Beizjagd allgemein s. Werner Rösener: Die Geschichte der Jagd. Kultur, Gesellschaft und Jagdwesen im Wandel der Zeit. Düsseldorf – Zürich: Artemis & Winkler 2004, S. 150–164.
33 Vgl. Weißkunig (wie Anm. 10), S. 86, wo er die Taktik der Falken bei ihrer Jagd nach einem Reiher in Beziehung setzt zu der Art, in der er selbst seine Feinde überwindet, und oben ad Anm. 10.
34 Ebd.
35 Egg, Pfaundler (wie Anm. 1), S. 62.
36 Weißkunig (wie Anm. 10), S. 87.
37 Weißkunig (wie Anm. 10), S. 87; zum – den Quellen nach eher spärlichen – Gebrauch von Büchsen bei der Gams- und Steinbockjagd s. Geringer: Maximilian als Jäger (wie Anm. 2), S. 325f.
38 Egg, Pfaundler (wie Anm. 1), S. 64; aufgelistet bei Geringer: Maximilian als Jäger (wie Anm. 2), S. 224f.
39 Marco Giacometti (Hrsg.): Von Königen und Wilderern. Die Rettung und Wiederansiedlung des Alpensteinbockes. Bern: Salm 2006.
40 Weißkunig (wie Anm. 10), S. 87.
41 Ausführlich zum Werk und den an seiner Entstehung beteiligten Personen Wiesflecker: Maximilian (wie Anm. 1), Bd. 5, S. 312–315, und Müller: „Gedechtnus" (wie Anm. 17); zur umfangreichen Literatur s. zuletzt Rabea Kohnen: „Das mer gehoert zuo eim Ritter auserkorn" – Überlegungen zum „Theuerdank". In: Müller, Ziegeler: Maximilians Ruhmeswerk (wie Anm. 14), S. 269–294.
42 Zum Originaltitel und Editionen s. die folgende Anm.; Rösener: Geschichte der Jagd (wie Anm. 3), S. 235, gibt 34 Jagdgeschichten von insgesamt 88 an, 80, Wiesflecker: Maximilian (wie Anm. 1), Bd. 5, S. 314, nennt insgesamt 80 Erlebnisse (hat also anscheinend die sechs Turniere im letzten Teil nicht berücksichtigt), „meist Jagdabenteuer".
43 „Die geuerlicheiten vnd einsteils der geschichten des loblichen streytparen vnd hochberumbten helds vnd Ritters herr Tewrdannckhs". Hg. V. Melchior Pfintzing, Nürnberg 1517. Es gibt mehrere Faksimile-Ausgaben; von mir verwendet: Der Theuerdank, hg. v. Simon Laschitzer, Wien: Holzhausen 1888 (= Jahrbuch der kunsthistorischen Sammlungen des allerhöchsten Kaiserhauses; 8) [mit ausführlicher Einleitung, nachträglicher Paginierung und den Original-Holzschnitten], und: Die Abenteuer des Ritters Theuerdank. Kolorierter Nachdruck der Gesamtausgabe von 1517. [Köln:] Taschen Verlag o.J. [Faksimile des Exemplars der Bayerischen Staatsbibliothek München mit zeitgenössisch kolorierten Holzschnitten, aber ohne jeden Kommentar]. Im Original sind nur die am Beginn jedes Kapitels stehenden Holzschnitte nummeriert, es fehlt aber eine Paginierung. Weiterhin zitiert als Theuerdank; hier Kap. 18.

44 Theuerdank, Kap. 19.
45 Theuerdank, Kap. 20.
46 Vgl. die Vorbereitungen für ein gelegentlich einer großen Jagd an der Martinswand dort anschließend ausgerichtetes Bankett vom 23. Juni 1501, RI XIV,3,1, Nr. 12094, und Wiesflecker: Maximilian (wie Anm. 1), Bd. 5, S. 401, sowie weiter unten im vorliegenden Aufsatz.
47 Weißkunig, S. 87.
48 Zu den im Mittelalter und in der frühen Neuzeit gebrauchten Jagdwaffen und ihrer Entwicklung s. Wilhelm Schlag: Jagdwaffen. Geschichte, Verwendung und Herstellung. In: Günther Hödl, Hartwig Pucker (Hg.): alles jagd ... eine kulturgeschichte. Kärntner Landesausstellung Ferlach 1997, Klagenfurt 1997, S. 141–151, zu Jagd- und Fangtechniken Wilhelm Schlag: Methoden und Technologie der Jagd. In: ebd., S. 153–173 (jeweils mit weiterführender Literatur).
49 RI XIV,2, Nr. 5134; vgl. zu diplomatischen Gesprächen während einer Jagd auch die Berichte desselben von 1497 Sept. 11–13, 1498 Mai 9 (RI XIV,2, Nr. 5262 bzw. 6138) und öfter, sowie z. B. zur Teilnahme von spanischen und venezianischen Gesandten an einer Jagd am Achensee in Tirol im September 1501 RI XIV,3,2, Nr. 15607, zur Teilnahme anderer Diplomaten an Jagden RI XIV,3,1 Nr. 12511.
50 Vgl. Wiesflecker: Maximilian (wie Anm. 1), Bd. 3, S. 111, und 5, S. 339.
51 Ausführliche Schilderung bei Wiesflecker: Maximilian (wie Anm. 1), Bd. 2, S. 86f., und Geringer: Maximilian als Jäger (wie Anm. 2), S. 456f.
52 Für den Schweizer Raum s. die Untersuchung von Werner Meyer: Jagd und Fischfang aus der Sicht der Burgenarchäologie. In: Werner Rösener (Hg.): Jagd und höfische Kultur im Mittelalter. Göttingen: Vandenhoeck & Ruprecht 1997 (= Veröffentlichungen des Max-Planck-Instituts für Geschichte; 135), S. 465–491, hier bes. S. 466 u. 486.
53 Mit den Jagdbildern des Codex Manesse beschäftigte sich ausführlich Harald Wolter-von dem Knesebeck: Aspekte der höfischen Jagd und ihrer Kritik in Bildzeugnissen des Hochmittelalters. In: Rösener: Jagd und höfische Kultur (wie Anm. 52), S. 493–572, hier S. 503–521.
54 „Espreviers a dames" nach dem Livre du Roy Modus, s. Katharina Fietze: Im Gefolge Dianas. Frauen und höfische Jagd im Mittelalter (1200–1500). Köln – Weimar – Wien: Böhlau 2005 (= Beihefte zum Archiv für Kulturgeschichte; 59), S. 59–63 und 69–94.
55 Ausführlich Fietze: Im Gefolge Dianas (wie Anm. 54), S. 95–134; Rösener: Jagd, S. 189–197 und passim. Gewisse Zweifel an der Teilnahme von Damen an der Hetzjagd äußert Wolter-von dem Knesebeck: Höfische Jagd (wie Anm. 53), S. 502.
56 Luitpold Brunner: Kaiser Maximilian I. und die Reichsstadt Augsburg. Augsburg 1877 (= Programm der königl. kath. Studien-Anstalt St. Stephan in Augsburg zum Schuljahr 1867/77), S. 30, nennt aber keine weiteren Details und auch nicht seine Quelle.
57 Theuerdank, Kap. 14.
58 Diese lebensgefährliche Situation, aus der Maximilian nur durch einen wagemutigen Jagdknecht befreit wurde, hat, wie zeitgenössische Berichte belegen, zwischen 1504 und 1507 ziemlich sicher tatsächlich stattgefunden, s. Wiesflecker: Maximilian (wie Anm. 1), Bd. 3, S. 444, und Egg, Pfaundler (wie Anm. 1), S. 60f.; allerdings bemächtigte sich ihrer schon bald die Legende und machte aus dem Jäger, der Maximilian wieder aus der Wand herausführte, einen Engel.
59 Bei Egg, Pfaundler (wie Anm. 1), S. 54f., wie auch in Ausstellung Maximilian I. (wie Anm. 1), S. 69, Nr. 273, und anderswo sind fälschlich die [weit entfernten] Hohen Tauern als Unglücksort angegeben, vermutlich wegen einer Verwechslung mit dem nicht weit von diesem entfernten Ort Hohentauern. Lechtalers Grabstein ist an der Bürgerspitalkirche in Rottenmann noch erhalten.
60 Liudprandi Antapodosis I, 42, in: Die Werke Liudprands von Cremona. Hg. V. Joseph Becker, Hannover – Leipzig, 3. Aufl. 1915 (= MGH SS rer. Germ.; 41), S. 30.
61 Rösener: Geschichte der Jagd (wie Anm. 3), S. 173.
62 Vgl. Robert Browning: The Death of John II Comnenus. In: Byzantion 31 (1961), S. 228–235.

63 Svetlana Luchitzky: Ad succurendum. Wie starben die Könige von Jerusalem? In: Mediaevistik 22 (2009), S. 49–82, hier S. 66–69; die zum Text gehörigen Abbildungen in Mediaevistik 23 (2010), S. 105–114; die Geschichte von der Hasenjagd mit Lanze in einer Chronik aus der zweiten Hälfte des 15. Jahrhunderts über die französischen Kreuzzüge: Sébastien Mamerot: Eine Chronik der Kreuzzüge. Die Fahrten nach Outremer. Vollständig übersetzte und kommentierte Ausgabe. Köln: Taschen 2016, S. 386 u. 399.

64 Nach Giovanni Boccaccio: De casibus virorum illustrium, Buch 9, Kap. 23, wurde Philipp von einem Eber niedergestoßen („deiectus"), was auch in verschiedenen Bilderhandschriften dieses Werks, vor allem in französischen Übersetzungen, entsprechend dargestellt wird, z. B. https://fr.wikipedia.org/wiki/Philippe_IV_le_Bel#/media/Fichier:Smrt_Filip4.jpg.

65 Das Jagdbuch des Mittelalters. Ms. fr. 616 der Bibliothèque nationale in Paris. Kommentar von Wilhelm Schlag und Marcel Thomas. Graz: ADEVA 1994 (= Glanzlichter der Buchkunst), S. 61.

66 Egg, Pfaundler (wie Anm. 1), S. 55 und 64.

67 Theuerdank, Kap. 41 und 61.

68 Z. B. Theuerdank, Kap. 22, 31, 56, 59, 62, 71.

69 Ebd., Kap. 53, 66, 69.

70 Neben dem oben schon genannten Kaiser Friedrich II. und Graf Gaston Phoebus von Foix ist hier vor allem König Alfons X. von Kastilien (1252–1284) zu nennen, außerdem die wohl in der Umgebung König Karls V. von Frankreich (1364–1380) vom nicht näher identifizierten Henri de Ferrières um 1370 verfassten „Livres du roy Modus et de la reine Ratio"; im ersten dieser beiden Bücher beschäftigen sich die Personifikationen von „Maß" und „Vernunft" als König und Königin mit Jagd und Tierfang. In Deutschland ließ der bayrische Herzog Ludwig der Gebartete 1418 ein Jägerbuch anlegen, das uns über seine sehr aufwändige und wohl nach französischem Vorbild eingerichtete Hofjagd informiert: knapp hundert Personen Jagdpersonal, 263 Hunde, 18 „normale" Falken und vier „Blaufüßler" (ediert von Sigmund Riezler: Nachtselden und Jägergeld in Bayern. München 1905 (= Abhandlungen der K. Bayerischen Akademie der Wiss., Histor. Kl.; 23), S. 590–631; s. dazu auch Wilhelm Störmer: Hofjagd der Könige und der Herzöge im mittelalterlichen Bayern. In: Rösener: Jagd und höfische Kultur (wie Anm. 52), S. 289–324, hier S. 311f.; als „Nachtselden" oder „Nachtzielen" bezeichnete man in Bayern die Verpflichtung für Bauern und Klöster, herzogliche Jäger und Falkner unentgeltlich zu verköstigen und einzuquartieren). Zu weiteren Jagdtraktaten und Jagdbüchern vgl. z. B. die Editionen von Kurt Lindner in der von ihm bei de Gruyter (Berlin) herausgegebenen Reihe „Quellen und Studien zur Geschichte der Jagd".

71 Franz Niederwolfsgruber: Kaiser Maximilians I. Jagd- und Fischereibücher. Jagd und Fischerei in den Alpenländern im 16. Jahrhundert. Innsbruck: Pinguin 1965 (²1992); allgemein zu Maximilians Jagdbüchern und weiteren Quellen aus diesem Umkreis Geringer: Maximilian als Jäger (wie Anm. 2), S. 444–453.

72 Dazu Karl Ausserer: Ein „Tiroler Jagdbuch Kaiser Maximilians I." In: MIÖG 56 (1948), S. 385–417.

73 Vgl. Egg, Pfaundler (wie Anm. 1), S. 56; Forcher: Kaiser Max (wie Anm. 1).

74 Theodor von Karajan: Kaiser Maximilians I. geheimes Jagdbuch. Wien 1858 (2. Aufl. 1881); https://reader.digitale-sammlungen.de/de/fs1/object/display/bsb10297502_00001.html; umfangreiche Auszüge bei Forcher: Kaiser Max (wie Anm. 1); s.a. Ausstellung Maximilian (wie Anm. 1), S. 71, Nr. 283.

75 Vgl. Egg, Pfaundler (wie Anm. 1), S. 64.

76 Vgl. dazu z. B. RI XIV,1, Nr. 3272 und 3287 (1495 Feb. 4 bzw. 19), RI XIV,2, Nr. 4383 (1496 September 27).

77 Vgl. oben ad Anm. 30. Von diesem Verzeichnis gibt es zwei etwas unterschiedliche Versionen; eines ist ediert bei Žolger: Hofstaat (wie Anm. 30), hier S. 27, das andere ist erhalten im HKA Wien, GB 19a, hier fol. 17v/18r.

78 Der größere Teil der im erwähnten Verzeichnis und in anderen Quellen genannten Falkner hatte noch keinen Familiennamen. Viele werden in den Quellen überhaupt nur mit

einem Taufnamen genannt, bei einem großen Teil der anderen ist der genannte Zuname sicher oder sehr wahrscheinlich kein Familienname, sondern bezieht sich auf ihre Tätigkeit bzw. Aufgabe („Huenerjäger, Geyermendel, Fursuecher, Entemendl" u.a.), s. HKA Wien, GB 19a, hier fol. 17v/18r.

79 Detaillierte Auflistung der Namen und Beträge RI XIV,3,1, Nr. 11291.
80 Diese Bezeichnung hat nichts mit dem heutigen Oberösterreich zu tun, sondern umfasste Tirol – das wegen seiner jagdlichen Bedeutung eigens herausgehoben und schon an der Spitze genannt wurde – und die damals noch umfangreichen „Österreichischen Vorlande" von der Markgrafschaft Burgau über den Breisgau bis in den Elsaß.
81 Im Hofdienst war Jan Hilland schon länger, denn schon für das Jahr 1500 wird er als Jägermeister „Kniepyss" genannt (RI XIV,3,1, Nr. 11291). Anscheinend wurde er aber erst jetzt als oberster Jägermeister eingesetzt.
82 Ausführlich RI XIV,4,1, Nr. 17171; s. a. Egg, Pfaundler (wie Anm. 1), S. 54f.; zur Jagdorganisation und den Jagdbeamten allgemein s. Geringer: Maximilian als Jäger (wie Anm. 2), S. 86–111, zu Hilland und seiner Instruktion ebd., S. 123–132.
83 Vgl. RI XIV,3,1, Nr. 11350 (1501 Jänner 8); RI XIV,3,2, Nr. 14337 und 15532.
84 Geringer: Maximilian als Jäger (wie Anm. 2), S. 235.
85 Ebd., S. 235f.
86 Natürlich nicht unter dieser modernen Bezeichnung; Maximilian nahm aber bestimmte Reviere mit besonders vielen weiblichen Tieren von der Jagd aus. Wahrscheinlich sollten diese Reviere als Wildreservoirs dienen, von denen aus Wild in andere Jagdreviere wechseln sollte, s. Geringer: Maximilian als Jäger (wie Anm. 2), S. 419–421.
87 Am 11. Nov. 1495 erwähnt der königliche Jägermeister Ulrich Ochs in einer Eingabe an Kg. Maximilian „den hassen garten ..., den der Cristoff Kuchnschr[eiber] gehabt hat von wegen E. k. Mt." (Orig. Pap., HHStA, Maximiliana 5 (alt 3b), Konv. 1, fol. 90r; in RI nicht enthalten).
88 RI XIV,4,1, Nr. 18350 (1504 März 9).
89 RI XIV,4,1, Nr. 16338.
90 Geringer: Maximilian als Jäger (wie Anm. 2), S. 418.
91 RI XIV,4,1, Nr. 17828 (26. Okt. 1503).
92 S. im folgenden Abschnitt und Geringer: Maximilian als Jäger (wie Anm. 2), S. 421f.
93 Beides, Jagdvorbehalte und Jagdverbote, nennt Geringer: Maximilian als Jäger (wie Anm. 2), passim in zahlreichen Zusammenhängen sowohl bei der Besprechung der Jagdrechte in den einzelnen Ländern wie bei anderen Gelegenheiten. Den Anspruch auf Jagdvorbehalt sieht Geringer, S. 416, sehr ähnlich, ist aber dezidiert der Meinung: „In all diesen Maßnahmen ist eine Geisteshaltung spürbar, die hegt, weil sie das Wild liebt; ... ‚dem wiltpret zum Guten', darauf kam es in erster Linie an" (ebd., S. 426f.); das scheint mir allerdings eindeutig eine Umkehr der tatsächlichen Heggründe. Zur Hege allgemein s. ebd., S. 415–427.
94 Man war sich durchaus der Tatsache bewusst, dass die ermittelten Zahlen weit unter dem tatsächlichen Bestand lagen, vgl. dazu die Bemerkungen von Marx Treitzsaurwein im „Weißkunig", S. 88f.
95 In Summe ergibt sich für die ausgezählten Reviere um 1500 ein Gamsbestand von 4596, für das von Geringer erhobene Jahr 1968 dagegen ein solcher von 19.500–21.500 (vgl. Geringer: Maximilian als Jäger (wie Anm. 2), S. 222f.). Selbst wenn bei der maximilianeischen Zählung die Hälfte des damaligen Bestandes nicht erfasst worden sein sollte (was ich für möglich halte; die genannten genauen Zahlen stellen in jedem Fall nur einen Mindestwert dar), wäre der moderne Bestand mindestens doppelt so hoch wie der um 1500.
96 Vgl. Geringer: Maximilian als Jäger (wie Anm. 2), S. 144.
97 Vgl. RI XIV,2, Nr. 8557 (1498 April 16).
98 Brunner: Kaiser Maximilian (wie Anm. 56), S. 44 und 60, Anm. *; Christoph Böhm: Die Reichsstadt Augsburg und Kaiser Maximilian I. Untersuchungen zum Beziehungsgeflecht zwischen Reichsstadt und Herrscher an der Wende zur Neuzeit. Sigmaringen: Thorbecke 1998 (= Abhandlungen zur Geschichte der Stadt Augsburg; 36), S. 344–346.

99   Böhm: Reichsstadt Augsburg (wie Anm. 98), S. 203f.
100 Ausführlich mit Erwähnung diverser Rechnungen und anderer Umstände Brunner: Kaiser Maximilian (wie Anm. 56), S. 48f.; Böhm: Reichsstadt Augsburg (wie Anm. 98), S. 342f. (mit Plan).
101 Ausführlich beschrieben in der Chronik von Clemens Sender in: Die Chroniken der schwäbischen Städte. Augsburg, Bd. 4, Ndr. d. Ausg. Leipzig 1894, Göttingen: Vandenhoeck & Ruprecht 1966 (= Die Chroniken der deutschen Städte; 23 = Chroniken der Stadt Augsburg; 4), S. 79.
102 Weißkunig, S. 86.
103 Vgl. RI XIV,2, Nr. 6432 (1498 Juli 18), RI XIV,3,2, Nr. 14093 (1500 Mai 4) und öfter; s.a. oben ad Anm. 55; zu Bianca Maria als Jägerin s. Weiss: Vergessene Kaiserin (wie Anm. 5), S. 162.
104 RI XIV,1, Nr. 1579 (1495 April 22).
105 Offene Zille von etwa 30 Meter Länge, die für den Salztransport aus dem Salzkammergut über die Traun in den Donauraum verwendet wurde.
106 RI XIV,3,1, Nr. 10166 (Wien HKA, GedB 5, fol. 260=245).
107 So nicht in der Quelle, sondern meine (M.W.) Interpretation.
108 RI XIV,3,1, Nr. 10519; vgl. dazu auch oben ad Anm. 83.
109 RI XIV,3,2, Nr. 14337 (1500 Aug. 10).
110 Ausführlich dazu Wiesflecker: Maximilian (wie Anm. 1), Bd. 2, S. 364–381.
111 RI XIV,3,1, Nr. 10778.
112 RI XIV,3,1, Nr. 10830.
113 RI XIV,3,1 Nr. 10846; Abbildung des Schreibens bei Eduard Böhm: Waidwerk im alten Österreich. In: Herbert St. Fürlinger (Hg.): Jagd in Österreich. Waidwerk in Vergangenheit und Gegenwart. Wien – München – Zürich: Fürlinger 1964, S. 63–89, hier S. 67.
114 HHStA, Maximiliana 10, Konv. 3 (alt 5b), fol. 41; RI XIV,3,1, Nr. 10847.
115 HHStA, Maximiliana 10, Konv. 3 (alt 5b), fol. 42f.; das Schreiben vom 4. Sept. in RI XIV,3,1, Nr. 10851, jenes vom 5. nicht in den RI enthalten.
116 Nach einer Notiz von 1502 wünschte er das ganze Jahr Singvögel, Finken, Nachtigallen u. a., bei sich zu haben, nach einer anderen vom selben Jahr sollten für seine „vögelin" schöne Häuslein gemacht werden (beide RI XIV,4,1, Nr. 16338).
117 Vgl. oben ad Anm. 47.
118 Vgl. den entsprechenden Eintrag in seinem Geheimen Jagdbuch (Karajan: Geheimes Jagdbuch (wie Anm. 74), S. 47f.) und Wiesflecker: Maximilian (wie Anm. 1), Bd. 5, S. 339.
119 Vgl. neben den oben genannten Quellen z. B. RI XIV,4,1, Nr. 16338.
120 Weißkunig, S. 88.
121 S. oben ad Anm. 30 und 77.
122 Zumindest nach einer Angabe im „Weißkunig", S. 88 (dort auch Angaben zum Jagdpersonal), die Geringer: Maximilian als Jäger (wie Anm. 2), S. 86 u. 303, für seine Schätzung übernimmt; ebd. S. 282–306 Angaben über Hunderassen, -verwendung, -abrichtung und -haltung.
123 Wiesflecker: Maximilian (wie Anm. 1), Bd. 4, S. 318, und Bd. 5, S. 581.
124 Geringer: Maximilian als Jäger (wie Anm. 2), S. 56, mit Verweis auf Steierm. Landesarchiv, Landtagshandlungen Nr. 17, fol. 166f.
125 Wiesflecker: Maximilian (wie Anm. 1), Bd. 4, S. 440; Hollegger: Maximilian (wie Anm. 16), S. 250; Georg Kirchmair's Denkwürdigkeiten seiner Zeit. 1519–1553. Hg. V. Theodor Georg V. Karajan. In: Fontes rerum Austriacarum I,1. Wien 1855 (Ndr. New York/London 1969), S. 417–534.
126 Vgl. Thomas Fellner, Heinrich Kretschmayr: Die österreichische Zentralverwaltung. 1. Abteilung: Von Maximilian I. bis zur Vereinigung der österreichischen und böhmischen Hofkanzlei (1749). 2. Bd.: Aktenstücke 1491–1681. Wien: Holzhausen 1907 (= Veröffentlichungen der Kommission für neuere Geschichte Österreichs; 6), S. 153.
127 Vgl. dazu RI XIV,1, Nr. 260 (1493 Dezember 28, Wien): König Maximilian verbietet allen seinen Städten, Märkten, Dörfern, Untertanen etc., dass sie Rehe, Hasen und Wildhüh-

ner jagen, weil das nur den Prälaten und Adeligen erlaubt sei. Der Forstmeister in Österreich soll die Übertreter schwer bestrafen. Alle Pfarrer und Vikare sollen diesen Befehl von den Kanzeln ihrer Pfarrkirchen verkünden.

128 Ausführlich zum von den Adeligen immer umfassender beanspruchten Jagdrecht, zu den Folgen für die bäuerliche Bevölkerung und zu den aus dem Volk rekrutierten Jägern Karl-Heinz Spiess: Herrschaftliche Jagd und bäuerliche Bevölkerung im Mittelalter. In: Rösener: Jagd und höfische Kultur (wie Anm. 52), S. 231–254.

Dr. Markus Wenninger wurde 1951 geboren. Er studierte Geschichte, Germanistik und Historische Hilfswissenschaften in Wien und Salzburg, promovierte 1977, arbeitete dann als Assistent am Institut für Geschichte an der Alpen-Adria-Universität Klagenfurt und wurde ebendort 2004 mit der Venia „Geschichte des Mittelalters und Historische Hilfswissenschaften" habilitiert. Er arbeitet vor allem in verschiedenen Bereichen der Sozial- und Wirtschaftsgeschichte, dort insbesondere zur Geschichte der Juden und der christlich-jüdischen Beziehungen im Mittelalter. Seit 2016 ist er in Pension.

Wolfgang Wüst

Maximilian I. in Schwaben aus landesgeschichtlicher Perspektive[1]

Augsburg und Maximilian I.

Paul von Stetten (1705–1786)[2], der renommierte Chronist der Reichsstadt Augsburg eröffnete sein achtes Kapitel – es trägt den Zusatz: „Von den Geschichten der Stadt Augspurg unter Kayser Maximilian I." – zu seiner 1743/1758 erschienenen „Geschichte Der Heiligen Roemischen Reichs Freyen Stadt Augspurg aus bewaehrten Jahr=Buechern und tuechtigen Urkunden gezogen und an das Licht gegeben" mit einer Hommage an das Stadt- und Reichsoberhaupt: „Mit diesem vortrefflichen und um das gantze Reich hochverdienten Kayser fangen wir in der Augspurgischen Historie einen neuen Periodum an, indem selbiger nicht nur ueberhaupt der Stadt Augspurg mit besondern Gnaden zugethan gewesen, sie oeffters mit seiner Gegenwart gezieret, mit herrlichen

Abb. 1: Paul von Stetten (1705–1786), Geschichte der Heil[igen] Röm[ischen] Reichs Freyen Stadt Augspurg […], Frankfurt/Leipzig 1743. Das achte Kapitel trägt den Zusatz: „Von den Geschichten der Stadt Augspurg unter Kayser Maximilian I."

Freyheiten begabet und dadurch ihre Aufnahm ungemein befoerdert, sondern auch so gar viele Buerger derselben mit reichlichen Gutthaten ueberschuettet, wie er dann Mathaeum Lang, einen Augspurgischen Geschlechter, so wohl in seinen geheimsten Angelegenheiten gebrauchet, als auch seine Dienste durch Befoerderung zu reichen Pfruendten, und letztlich zu dem Cardinals=Hut und Ertz=Bißthum Saltzburg, belohnet; die Fuggerische Familie in grosse Aufnahm gebracht, und mit herrlichen Freyheiten begnadiget; anderer Augspurger, als Georg Gossembrots, so bey ihme Cammer=Meister gewesen, Hanß von Stetten, so gleichfalls Nieder=oesterreichischer Cammer=Meister und Kayserlicher Rath gewesen, und noch mehrerer jetzo zu geschweigen."[3]

Kaiser Maximilian (1459–1519), dessen 500. Todestag wir im Jahr 2019 gedachten und dessen Biographie[4] insbesondere durch die Arbeiten Hermann Wiessfleckers und Manfred Hollegers als sehr gut erforscht gilt, erscheint in der reichsstädtischen Chronik als der große Wohltäter und Friedensstifter Augsburgs. 1496 hatte er die Handelsstadt von europäischem Rang am Lech erstmals nach seiner Wahl für längere Zeit besucht. Insgesamt sind 57 Aufenthalte Maximilians in Augsburg belegt, davon entfielen auf seine Herrschaftszeit 55 Besuche. Als Kronprinz und Herrscher hielt sich Maximilian aber bereits vor 1496 sozusagen auf der „Durchreise" nach Donauwörth, Ulm, Frankfurt oder Nürnberg mehrmals in Augsburg auf. Christoph Böhm verifizierte nach Studien im Augsburger Stadtarchiv und der Auswertung der Regesta Imperii[5] diese frühen Aufenthalte tages- und stundengenau. Danach

Abb. 2: Das weltberühmte, von Albrecht Dürer 1519 gefertigte Gemälde von Kaiser Maximilian I. (1508 bis 1519 als Kaiser des Sacrum Romanum Imperium) mit der Inschrift: „Potentissimvs Maximvs Et Invictissimvs Cesar Maximilianvs [...]".

Abb. 3: Maximilian I. im Kreis seiner Familie. Im Arm des Habsburgers porträtierte der Memminger Bernhard Strigel Maximilians Enkel Ferdinand, in der Mitte Enkel Karl, im Hintergrund Sohn Philipp sowie Maximilians Frau Maria von Burgund. Erstes Viertel 16. Jahrhundert.

verweilte Maximilian in der Stadt vom 25. April–14. Juni 1473, 5. April– 24. September 1474, 2.–6. Juni 1489, 30. April–4. Mai 1490 und 22. Februar–15. März 1491, 1.–29. April und 18. Mai–18. Juni 1492, 4.–10. Mai 1493 und schließlich 8. Januar–19. Februar, 23.–25. Februar, 22.–26. März, 11. April–27. Mai, 6.–15. und 17.–18. Juni 1496.[6] Addiert ergab das eine Zeitspanne von drei Jahren, vier Monaten und 16 Tagen, wobei Maximilian als Herrscher immerhin noch zwei Jahre, zehn Monate und fünf Tage in der Lechstadt verweilte – eine bemerkenswerte regionale Schwerpunktsetzung.[7] Sie brachte ihm den vom französischen König François I. (1494–1547) geprägten Spottnamen „Bürgermeister von Augsburg" ein.[8] So ist es keineswegs verwunderlich, dass man unter dem Suchwort „Augsburg" in der Datenbank der Regesta Imperii als der für Maximilians Regierungsjahre von 1493 bis 1519 umfassendsten Urkundensammlung 1757 Treffer erhält.[9] Die Nachweise beginnen am 25. August 1493 mit der traurigen Mitteilung des Königs aus Innsbruck an den Rat der Stadt, dass sein Vater Kaiser Friedrich III. am 19. August verstorben sei.[10] Unter den Augsburg-Treffern wurden keineswegs nur reichsstädtische Angelegenheiten aufgelistet, da sie auch über die Verbindungen Maximilians zum Bistum und zum Hochstift Augsburg Auskunft geben. Im Mai 1494 nahm Maximilian von Ulm aus beispielsweise den Augsburger Bischof Friedrich II. von Hohenzollern (1486–1505) und dessen Hochstift, Diener, Leute und Güter in seinen und des Reiches besonderen Schutz und Schirm. Er befreite das Hochstift[11] von allen fremden Gerichten; der Instanzenzug aus den bischöflichen Gerichten führte ausschließlich – wir sind in der Zeit kurz vor der Gründung des Reichskammergerichts[12] – zum König und seinem Kammergericht.[13]

In Augsburg beurkundete Maximilian I. wiederholt Angelegenheiten anderer schwäbischer Städte und Territorien. Am 14. Juli 1500 verlieh der Kaiser zu Augsburg der Allgäuer Reichsstadt Kempten das wichtige Münzrecht und bestimmte zugleich die Aufschrift der geprägten Goldmünzen.[14] Zwei Jahre später war der Adressat der Fürstabt von Kempten. Maximilian I. richtete aus Augsburg eine Bitte an den Fürstabt. *„Am sant Affra tag"* (7. August) wird zu Füssen für Jörg Gossembrot (um 1445–1502), dem verstorbenen Finanzberater Maximilians, ein Toten-*„begenngknus"* gehalten. Der Abt solle doch als Vertreter des Königs daran teilnehmen und die Witwe und die Erben Gossembrots in Maximilians Namen trösten.[15]

So ist es gleichsam eine Selbstverständlichkeit, dass die Städtischen Kunstsammlungen in Augsburgs Maximiliansmuseum unter der Leitung von Christoph Emmendörfer eine Sonderausstellung zum Thema „Maximilian I. Kaiser – Ritter – Bürger zu Augsburg" inszenierten. Diese königlich-kaiserliche Hommage dauerte vom 15. Juni bis 19. September 2019 und war mit einem Etat von 600.000 Euro für die teuren Exponate und Leihgaben[16] gut gerüstet.[17]

Memoria

Im Stadtbild Augsburgs erinnert ebenfalls bis heute noch manches an die Zeit Kaiser Maximilians. Dazu hätte vorrangig auch ein von Hans Burgkmair entworfenes, groß dimensioniertes Reiterdenkmal des Kaisers gezählt, das Jahrhunderte nach seiner Planung noch immer im halbfertigen Zustand 1803 im Klosterhof der säkularisierten Reichsabtei St. Ulrich und Afra an einen hiesigen Steinmetz verkauft wurde.[18] Die international beachtete Memoria[19] für Kaiser Maximilian I. hat im 20. Jahrhundert Fahrt aufgenommen, nachdem Max- oder Maximiliansdenkmäler im „langen" 19. Jahrhundert in Bayern meist dem wittelsbachischen und nicht dem habsburgischen Königshaus zugeeignet waren. Die landesweite Denkmalsliste für den ersten bayerischen König Maximilian I. Joseph ist deshalb in der Tat lang. Jede bayerische Stadt hat einen Maximiliansplatz oder eine Maximiliansstraße, nicht immer an außerordentlich repräsentativer Stelle („Kaisermeile") wie in Augsburg, aber doch meist noch an zentraler oder städtebaulich bedeutsamer Stelle. In München wurde mit der Maxvorstadt ein ganzer Stadtbezirk und in der ehemaligen bayerischen Rheinpfalz mit Maxdorf[20] eine komplette Gemeinde nach dem bayerischen König benannt. Nennen wir weitere Beispiele für den wittelsbachischen Maximiliankult in Bayern, der – je später er umgesetzt wurde – natürlich auch die Regierungszeit König Maximilians II. (1848–1864) inkludierte. Dazu gehören das nach einem Entwurf des Berliner Bildhauers Christian Daniel gefertigte Max-Joseph-Denkmal auf dem Max-Joseph-Platz in München, die Maximiliansbüsten im Kurgarten von Tegernsee und der Seepromenade von Rottach-Egern, ein Denkmal auf dem Maximiliansplatz in Amberg, das Bronzestandbild auf dem Passauer Domplatz oder der Maximiliansbrunnen in Bamberg. In Schwaben wurde beispielsweise der mit dem bayerischen Löwen bewehrte neue Lindauer Hafen 1812 in Maximilianshafen umbenannt und für die in Ost-West-Richtung verlaufende Hauptstraße der Lindauer Altstadt wurde seit 1815 der Name Maximiliansstraße geläufig.

Abb. 4:
Lindauer Hafeneinfahrt mit dem bayerischen Löwendenkmal und dem Neuen Leuchtturm. Der Hafen wurde 1812 in Maximilianshafen umbenannt.

Abb. 5: Katasterplan der Inselstadt Lindau mit „Maximilians Strasse" von 1822.

Kommen wir zurück zur Augsburger Maximiliansstraße. Die neue Straßenbenennung in Nachfolge des lang gestreckten reichsstädtischen Augsburger Weinmarkts, der sich nach dem Abbruch des Siegelhauses 1809 weiter in Richtung Rathaus öffnete, erfolgte allerdings zunächst zu Ehren des bis 1825 regierenden bayerischen Königs Maximilian I. Joseph. Erst 1957 änderte der Stadtrat die

Abb. 6: Der Augsburger Reichstag von 1566 mit der Belehnung Herzog Augusts von Sachsen mit der Kurwürde durch Kaiser Maximilian II. vor dem Tanzhaus auf dem Weinmarkt. Zeitgenössischer Holzschnitt, 1566, teilweise koloriert, verbreitet durch den Verleger und Stadtbaumeister Hans Tirol.
Abb. 7: Maximilianstraße mit Rathaus und Perlach, ca. 1835, kolorierte Radierung.

Namenszuweisung für die Augsburger Pracht- oder Kaisermeile[21]; zum offiziellen Namenspatron kürte man jetzt Kaiser Maximilian I.[22] Andere ehemalige schwäbische Reichsstädte bemühen sich ebenfalls, die Erinnerung an den habsburgischen Maximilian wach zu halten. Das Memminger Strigelmuseum im Antonierhaus gehört dazu. Im Mittelpunkt steht hier das von dem Memminger Hof- und Stadtmaler Bernhard Strigel (um 1460–1528) geschaffene weltbekannte Bild Maximilians I. mit der sechsköpfigen kaiserlichen Familie in einem Raum. Alle Personen sind zusätzlich über Inschriften identifiziert. Das Original liegt allerdings im Kunsthistorischen Museum der Stadt Wien.

Die Suche nach der Residenz

Für die Erforschung europäischer Residenzen[23] ergab sich dabei allerdings eine andere Frage. Wie ist die genannte lange Verweildauer Maximilians I. in Augsburg und Schwaben – sie steht dem mittelalterlichen Reisekönigtum entgegen – außerhalb seiner habsburgischen Kronländer zu bewerten? Vollzogen die Zeitgenossen nach der Ära Karls IV. und Prag im 15. Jahrhundert mit Maximilian I. und Augsburg im 16. Jahrhundert eine Trendwende gemäß der benediktinischen Tradition einer „stabilitas loci"? War es der Auftakt zu einer Verstetigung der Residenzbildung, die sich auf Reichsebene erst im Laufe der Frühmoderne entwickelte? Der persönliche Besitz Maximilians I. in der Stadt war seit Beginn jedenfalls bürgerlich garniert, nachdem Maximilian dort 1501 das Haus der Kaufmanns- und Patrizierfamilie[24] Meuting nahe dem Augustiner Chorherrenstift Heilig Kreuz erworben hatte und es trotz mannigfacher Repräsentationsverpflichtungen dabei beließ. Auch sein 1502 vollzogener Anschluss an die Bruderschaft des Reichsklosters St. Ulrich und Afra weist in eine andere Richtung, mit der der Habsburger Maximilian I. als Erzherzog von Österreich und vielen Verpflichtungen in Burgund, Italien und Ungarn leichter Abschied von Augsburg nahm, da er fortan im Gebet präsent war und nicht in Fleisch und Blut vor Ort verweilen musste. Sicher dürften sich auch die zahlreich belegten bürgerlichen Gläubiger Maximilians aus den Augsburger Handelshäusern wegen der unsicheren Kreditrückzahlung in die Schar der kirchlichen Bittsteller eingereiht haben. Augsburg war also in erster Linie der Ort zur Geldbeschaffung, da Maximilians Regierungsstil kostspielig war. In Italien spottete man über ihn als einem Kaiser ohne Geld, „Massimiliano senza danaro". Und der florentinische Staatsmann Niccolò Machiavelli meinte poetisch verkünstelt: „Die Blätter der Pappeln ganz Italiens in Gold verwandelt, hätten für den Kaiser nicht ausgereicht".[25] Am Ende erschienen Innsbruck[26] und Wien[27] als die geeigneteren Orte für eine frühe Residenzenbildung unter Maximilian. Nur dort gab es unter seiner Regierung außerhalb Burgunds auch eine regelmäßig arbeitende königlich-kaiserliche Hofkanzlei.

Häufige königliche Herrscheraufenthalte waren kein Spezifikum für das besondere Verhältnis Maximilians zu Augsburg und Schwaben und den anderen dort liegenden Reichsstädten Memmingen, Nördlingen, Kaufbeuren, Kempten, Lindau, Leutkirch, Wangen oder Ulm. Kaiser Maximilian streute die Privilegien unter vielen Städten, wobei aber die zahlungskräftigen Reichsstädte des deutschen Südwestens wiederholt im Vordergrund standen. So erneuerte und gewährte der König am 25. Oktober 1493 das Blutbannprivileg – „[…] das Sy vnd Ire ambtleut […] den Bann vber das bluet zurichten die yezt berüert zeit gebrauchen sollen vnd mügen" – in einem Zug für eine ganze Reihe schwäbischer Städte. Zu den Privilegierten zählten damals Augsburg, Ulm – die Stadt wurde von Helmut Maurer[28] noch als „Vorort" schwäbischer Könige und Herzöge tituliert –, Nördlingen, Dinkelsbühl, (Schwäbisch) Hall, Donauwörth, Ravensburg, Memmingen, Biberach, Lindau, Kempten, Überlingen, Kaufbeuren, Esslingen am Necker, Reutlingen, Gmünd, Wangen, Leutkirch, Pfullendorf, Heilbronn, Wimpfen, Weil, Aalen, Gingen und Bopfingen.[29]

Zum Vergleich – Nürnberg als Königs- und Reichsstadt

Verlassen wir in vergleichender Perspektive für einen Augenblick Augsburg sowie Schwaben und blicken nach Nürnberg, um dort die Bedeutung der Königsaufenthalte für die urbane Entwicklung aufzuzeigen.
Werner Goez zeigte für das Mittelalter, dass diese bedeutende fränkische Reichsstadt in der Gunst der Könige und Kaiser förmlich aufblühte. Dies galt schon

Abb. 8: Älteste gedruckte Ansicht der Reichs- und Königsstadt Nürnberg. Holzschnitt aus der Schedel'schen Weltchronik von 1493, fol. 99v, 100r.

bevor Karl IV. 1356 in der Goldenen Bulle[30] festlegen ließ, dass künftig jeder neugewählte König seinen ersten Hoftag in Nürnberg abhalten solle, womit die Stadt in einen ähnlichen Verfassungsrang wie Frankfurt am Main als Wahlort und Aachen als Krönungsort gehoben wurde. Dies traf zu, bevor seit 1424 die Reichsinsignien nach dem Willen von Kaiser Sigismund „furbas doselbst [...] unwiderruflich ewiclichen bleiben und sein" sollten. So begegnet Nürnberg im Itinerar des Staufers Konrad III. elfmal; in keiner anderen Pfalz weilte er öfter, nur übertroffen von neunzehn Aufenthalten in der fränkischen Bischofsstadt Würzburg. Und unter Friedrich Barbarossa folgten nach drei süddeutschen Domstädten die Königshöfe Nürnberg und Ulm gleichauf mit je dreizehn bezeugten Aufenthalten. Während des 14. Jahrhunderts – die Domstädte traten in der Herrschergunst mittlerweile merklich zurück – weilte Ludwig der Bayer 74 Mal in Nürnberg, während er am Wahlort Frankfurt nur 47 Mal die Stadttore passierte. Kaiser Karl IV. nahm sich als König von Böhmen natürlich Zeit für seine Residenzstadt Prag, wo er als Stifter und Baumeister die Universität, den Veits-Dom und die Neustadt auf den Weg brachte, doch folgt mit großem Abstand zu Mainz und Frankfurt die Pegnitzstadt mit etwa fünfzig Aufenthalten bereits an zweiter Stelle.[31] Das Reichsoberhaupt war natürlich nicht nur in Nürnberg präsent, und das Stadtoberhaupt griff wiederholt friedensstiftend ein. Kaiser Friedrich III. ließ beispielsweise 1481 in Weißenburg die Vorwürfe der Bürger gegen den dortigen Rat untersuchen, und wenig später rühmte sich der Nürnberger Endres Geuder, auf kaiserlichen Befehl in Weißenburg die Ordnung wiederhergestellt zu haben.[32] Friedrich III. selbst hatte zuvor an die reichsstädtische Solidarität appelliert, indem er Bürgermeister und Ratsherren der Städte Augsburg, Nördlingen, Regensburg und Ulm bat, im hochverschuldeten Weißenburg zu retten, was zu retten war. Ein Darlehen war zu gewähren, um zu zeigen, was „uns, dem heiligen reich und euch an der obgemelten stat Weissenburg, wie die in fremde hende kommen solt, gelegen" ist.[33]

Reichstage und Maximilian I.

Es waren unter Maximilian I. neben den Reichsstädten aber vor allem die Reichstage, die für das königliche Wirken entscheidend waren. Nicht die Reichsstädte, sondern die Reichstage waren die zentralen politischen Foren des Reiches. Dort mussten sich die Kaiser ihr Regierungsprogramm von der „Vollversammlung" der Reichsstände absegnen lassen, weshalb die Reichstage über die entscheidenden Fragen der Zeit in politischer, ökonomischer, kultureller und sozialer Ausrichtung debattierten und abstimmten. Ferner war der Reichstag Kulisse für die sich professionalisierenden Kommunikations- und Medienverbindungen an der Wende vom Mittelalter zur Neuzeit.[34] Dort hatte der König nicht nur Kontakt mit den Kurfürsten und den Delegierten aller

Reichsstände, sondern auch mit auswärtigen Gesandten. Die Missionen des venezianischen Gesandten Zaccaria Contarini, der von 1492 bis 1502 am Hof Maximilians I. wirkte, und dessen Berichte aus dem Wormser Reichstag von 1495 sind exemplarisch näher untersucht worden.[35] Reichstage[36] waren für Maximilian wichtige Plattformen um die Reichsreformen[37] im Spätherbst des Mittelalters auf den Weg zu bringen, um sein Europabild nahezu propagandistisch zu verbreiten; Schwaben spielte dabei mit vier Reichstagen (2 mal Konstanz, 2 mal Augsburg) eine wichtige, aber keine dominierende regionale Rolle. Augsburg und die Delegierten der anderen schwäbischen Reichsstädte hatten in der Ära Maximilians während der Reichstage direkten Kontakt mit dem König – sofern das Reichsoberhaupt persönlich den Reichstag besuchte –, dem Erzkanzler als Stellvertreter oder zumindest mit den königlichen Reichsräten. Über

Abb. 9.1 und Abb. 9.2: Maximilian I. und der Reichstag von Worms 1495 in der Briefmarkengraphik (1995) und das Gedenken an 200 Jahre „Theuerdank" (2017). Briefmarken für Deutschland (1995) und Österreich (2017).

das Beratungs- und Abstimmungsprozedere erfahren wir aus dem reichstädtischen Protokoll des Nürnberger Reichstags von 1487 Näheres.[38] Kaiser Friedrich III. hatte diesen Reichstag zwar noch einberufen, doch sein Sohn König Maximilian prägte ihm bereits seinen eigenen Herrschaftsstil auf. Zum Stimmverhalten der Reichsstädte gegen Ende des Reichstags erfahren wir Folgendes: „Und als das sein ende het, wurden der stet boten wider umb antwort gefragt, und nemlich Augsburg. Die gaben antwort wie Straspurg. Desgleichen gaben Frankfurt antwort. Ulme gab antwort: Sein Mt., auch Kff. und Ff. auch die sambnung hatten ir anligen in vergangen tagen gehort, und auf diesen tag 500 personen zu versolden, deshalb inen hilf not were. Wo aber der last von inen gewendet wurde, und sie in friden gesatzt, wurden sich sein freunde in den dingen gehorsamlich halten."[39]

Unter dem Regiment Maximilians fanden zahlreiche weitere, von ihm ordentlich einberufene Reichstage statt. Die Anzahl variiert solange die Mittlere Editionsreihe der Deutschen Reichstagsakten unter Maximilian I. noch nicht abgeschlossen ist und die formalen Unterscheidungskriterien zwischen Reichsversammlungen und Reichstagen im Fluss sind. Reichstage, die für die Regierungszeit Maximilians bedeutsam wurden, endeten jeweils mit einem konkreten Ergebnis als

Reichsabschied. Wenn Verhandlungen und ein finaler Reichstagsbeschluss ausblieben, wird das eigens vermerkt. Die Serie begann 1491 in Nürnberg[40] mit der Bestätigung des Löwlerbundes und sie setzte sich 1492 in Konstanz und 1493 in Colmar fort. 1495 rief Maximilian nach Worms einen der wichtigsten Reichstage des Alten Reiches ein, dessen Abschied umfangreiche Reformen – es handelte sich um die nach burgundischem Vorbild entworfenen Verwaltungsreformen Maximilians – einleitete.[41] Sie führten zum Ewigen Landfrieden, zur Gründung des Reichskammergerichts und zur Einführung des Gemeinen Pfennigs als einer neuen landesweiten Steuerform, um die Reichskriege gegen Frankreich und das Osmanische Reich zu finanzieren.[42] Maximilian rief danach weitere Reichstage ein, bei denen es keineswegs immer zum Vollzug und zur Aufnahme von Verhandlungen kam. Es waren dies die Reichsversammlungen zu Worms 1497, Freiburg 1497/98, Augsburg 1500 mit der Schaffung des Reichsregiments als dem Kontrollorgan der Fürsten über den Kaiser und dem Erlass der Reichsexekutionsordnung zur Sicherung des Landfriedens, zu Köln 1505, Konstanz 1507, Worms 1509, Trier und Köln 1512 Frankfurt/ Main 1514[43], Freiburg/ Breisgau 1515[44], Augsburg 1516[45], Mainz 1517 – dieser Reichstag wurde ohne Abschied aufgelöst – sowie schließlich nochmals zu Augsburg[46] 1517[47] und 1518.

Über Maximilians Rolle auf den Reichsversammlungen sind wir exemplarisch für den Augsburger Reichstag des Jahres 1500 gut unterrichtet. Er wurde am 10. April eröffnet und führte zur vorübergehenden Einrichtung eines Reichsregiments und zum Beschluss der Reichsexekutionsordnung mit der Zuordnung in Reichskreisen. Am 12. Mai 1500 berichteten Dompropst Veit Truchseß und Domherr Schenk Georg (zu Limburg) dem Bamberger Bischof aus dem Reichstagsgeschehen. Wegen der Erkrankung („*kranckheyt*") des Würzburger Bischofs ritten sie mit ihm erst „*Sontag Misericordiadomini*" (3. Mai) aus Würzburg weg und kamen „*Freytags darnach*" (8. Mai) nach Augsburg. Am „*Sampstag*" (9. Mai) meldeten sie sich beim Mainzer Erzkanzler, Erzbischof Berthold, der sie trotz Entschuldigung für das verspätete Erscheinen „*mit hohen worttn*" zurechtwies und sagte, dies werde dem Bamberger Bischof beim Steueranschlag schaden. Es sei beschlossen, die Ausbleibenden und „*lanncksamen*" damit zu bestrafen. Die Bamberger Gesandten eröffneten dies dem Bischof von Würzburg, der sie hierauf persönlich bei Maximilian I. entschuldigte. Noch am selben Tag (9. Mai) beorderte der König die Kurfürsten, Fürsten und Reichsstände in die Augsburger Bischofspfalz („*inn die pfaltz*") und ließ ihnen folgendes sagen: Die Eidgenossen hätten Konstanz „*bearbeyt*", mit allen Bürgern und Bauern der Eidgenossenschaft beizutreten. Konstanz sollte unter den zehn eidgenössischen Orten ein eigener „Ort" sein und sein Landgericht im Thurgau zurückerhalten. Wenn das geschieht – so warnte Maximilian – werden Lindau, Bregenz, Wangen und andere Reichsstädte wie Basel, Colmar oder Schlettstadt folgen. Die Spaltung könnte sich bis gegen Ulm ausdehnen und brächte für das Reich eine große Gefahr. Aus den Erfahrungen des Schwaben- oder Schweizerkriegs des Vorjahres zwischen der

Eidgenossenschaft und dem Haus Habsburg-Österreich warnte der König vor weiteren Erfolgen und Landgewinn der Eidgenossen. Maximilian als Protektor des Reiches sieht gerade Schwaben als Reichsland durch die Selbstständigkeit der Schweiz gefährdet.[48]

Reichs-, Kreis- und Fürstentage zusammen genommen waren stets auch Plätze informeller Handlungsabläufe und kommunikativer Netzwerke. Das galt sicher auch für den Austausch von Ratssatzungen[49], Verordnungen zur „guten" Policey sowie einer Vielzahl an reichsstädtischen Dekreten, Edikten und Mandaten. Nicht von ungefähr wurden in den Reichsstädten nach Maximilian I. die während der Reichstage erlassenen Reichspolicey-Ordnungen aus den Jahren 1530, 1548 und 1577 hundertfach rezipiert und regional fortgeschrieben.[50] Reichstage galten als Informationsbörsen und Stätten der Begegnung. Das traf insbesondere für schwäbische Reichsstädte zu, wo man mit Blick auf das nicht allzu ferne Innsbrucker Regiment Maximilians gerne und wiederholt tagte.

Maximilians Privilegien für Schwaben

Die Kanzlei- und Beurkundungstätigkeit Maximilians für die schwäbische Städtelandschaft ist trotz zunehmender digitaler Erfassung ein sehr weites Feld, das in meinem Beitrag nur kursorisch aufgenommen werden kann. Die Basis für eine vollständige Erfassung aller Kanzleiausfertigungen bieten zunächst die Regesta Imperii[51] als ein Grundlagenwerk zur deutschen und europäischen Geschichte auch für die Regierungsjahre Maximilians. Das chronologisch geordnete Inventar aller urkundlichen und historiographischen Quellen der römisch-deutschen Könige von den Karolingern bis zu Maximilian I. sowie der päpstlichen Kurie des frühen und hohen Mittelalters wurde von dem Frankfurter Stadtbibliothekar Johann Friedrich Böhmer (1795–1863) im Jahre 1829 begonnen. Mittlerweile liegt die überwiegende Zahl der zunächst gedruckt erschienenen Bände datenerfasst und digitalisiert vor. Online-Recherchen zu Schwaben sind deshalb auch in vergleichender Perspektive jederzeit möglich. Die Ergebnisse der Datenbank sind so zahlreich, dass man für Teile Schwabens fast von einer ständigen Präsenz Maximilians sprechen könnte. Geben wir beispielsweise „Lindau" als Suchwort für die Jahre von 1493 bis 1519 ein, erhielt man am 4. Februar 2019 bereits 394 Treffer. Darunter sind vielfach Erneuerungen älterer Privilegien wie die Urkunde vom 8. Mai 1494, in der Maximilian I. in Kempten für die See- und Reichsstadt Lindau die alten Rechte seiner Vorgänger bestätigte.[52] Der Äbtissin und dem Kapitel des adeligen Damenstifts bestätigte der König unter anderem sogar noch ein Privileg aus der Karolingerzeit, als Kaiser Ludwig II. der Deutsche 866 dem Stift Freiheiten gewährt hatte.[53] Lindau spielte für Maximilian als Grenzstadt zur Eidgenossenschaft und als Kommunikationsdrehscheibe für Reichstage und neben Ulm als Sammelort der

Reichskontingente des Schwäbischen Bundes eine wichtige Rolle. So forderte Maximilian beispielsweise im Juni 1496 Erzbischof Berthold von Mainz auf, die unrechtmäßige Vorladung der Stadt Worms vor das Reichskammergericht aufzuheben, weil zwischenzeitlich eine Abrede getroffen wurde, um die Angelegenheit auf den kommenden Reichstag zu Lindau zu verschieben.[54] Aus der Korrespondenz Maximilians geht ferner hervor, dass der Städtetag zu Speyer im Juli 1496 beschloss, den Lindauer Reichstag mit Gesandten zu beschicken, die aber nicht schriftlich bevollmächtigt sind, um keine endgültigen Beschlüsse zuzulassen. Maximilians Forderungen gegenüber wollen sie sich nach der Meinung der Kurfürsten und der anderen Reichsstände richten.[55]

Füttern wir die Datenbank der Regesta Imperii mit den Namen anderer schwäbischer Städte, erhalten wir für die Regierungszeit Maximilians I. wiederum beeindruckende Ergebnisse. Kempten ist mit 210 Treffern gut vertreten. Die Serie beginnt im März 1494 mit einer in Innsbruck ausgefertigten Urkunde, in der Maximilian I. seinem Rat und obersten Feldzeugmeister Hans Kaspar von Laubenberg einige Lehen zu Kempten und Memmingen sowie den Memminger Zoll samt Zubehör, als Mannlehen des Hauses Österreich verlieh.[56] Die kleinere Reichsstadt Kaufbeuren ist noch mit 178 Treffern nachgewiesen. Auch hier bestätigte Maximilian im April 1494 zunächst ältere Privilegien, kümmerte sich aber noch am gleichen Tag um die Belange eines einzelnen Bürgers. Der König erlaubte dem Lorenz Hanolt, Bürger zu Kaufbeuren, dass er und seine Erben an ihrem eigenen Wasser eine Mühle erbauen dürfen.[57] Wählen wir um den räumlichen Kreis zu erweitern mit Nördlingen noch eine nordschwäbische Reichsstadt. Die

Abb. 10:
Die ehemalige schwäbische Reichsstadt als beschauliche baden-württembergische Landstadt in den 1950er-Jahren.

Stadt im Ries steht mit 141 Treffern den südlicher gelegenen Beispielen etwas, aber nicht wesentlich nach. Zu Beginn war hier gleich eine Steuerschuld zu begleichen. Maximilian I. befahl am 12. November 1494 aus Antwerpen dem Nördlinger Rat, die jährlich in die königliche Kammer zu leistende Stadtsteuer von 200 rheinischen Gulden – sie wäre vergangenen Martinstag fällig gewesen – dem Reichserbmarschall Sigmund von Pappenheim als seinem Reichsammann auszuzahlen.[58] Die Stadt blieb trotzdem kaisertreu, das änderte sich auch nach eingeführter Ratsreformation in späteren Jahrzehnten nicht wesentlich.[59] Maximilians Dekrete und Verfügungen schienen an der Wende vom Mittelalter zur Neuzeit im Südwesten fast omnipräsent zu sein. Selbst die kleinste aller ehemaligen freien Reichsstädte, Pfullendorf[60], ist in der Urkundenstatistik noch mit 15 Treffern belegt.

Am 7. Mai 1494 bestätigte Maximilian der Stadt die alten Privilegien, wobei die staufische Stadterhebung von 1220 und der Blutbann – Kaiser Sigismund hatte ihn 1434 der Bürgerschaft verliehen – eine besondere Rolle spielten.[61] Am 9. Januar 1497 quittierte dann die Reichskanzlei Maximilians von Lindau aus der kleinen Stadt im Linzgau, die sich dem Schwäbischen Bund[62] angeschlossen hatte, die Zahlung aller bis vergangenen Martinstag (11. November) rückständigen Stadtsteuern.[63]

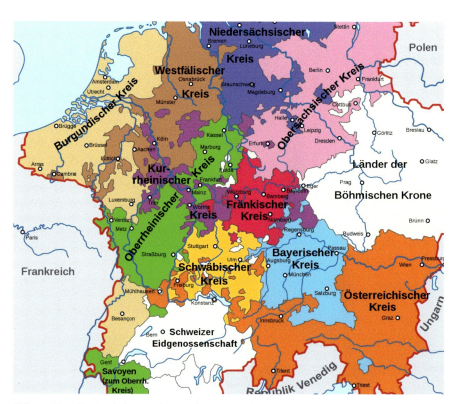

Abb. 11: Die zehn Reichskreise, die aus den Maximilianischen Reichsreformen zur regionalen Gliederung seit 1500 hervorgingen.

Maximilian I. und der Schwäbische Reichskreis

Der Schwäbische Reichskreis war einer der zunächst sechs, dann zehn Reichskreise, mit denen unter Kaiser Maximilian I. in den Jahren 1500 bzw. 1512 das Heilige Römische Reich eingeteilt wurde. Die im Zuge der Maximilianischen Reform 1500 während des Augsburger Reichstags geschaffenen sechs Kreise Bayern, Schwaben, Oberrhein, Franken, Westfalen und Niedersachsen wurden 1512 auf den Reichstagen zu Trier und Köln um Österreich, Burgund, Kurrhein und Obersachsen erweitert. Sie hatten bis zum Ende des Reiches im Jahr 1806 Bestand. Die Reichskreise waren eine Institution der Reichsverfassung und Selbstverwaltungskörper mit Satzungsrecht.[64]

Wenn man die Reichskreise als identitätsstiftende europäische Regionen interpretiert, dann kommt Maximilian I. das Verdienst zu, im Zuge seiner Reichsreformen das frühneuzeitliche Schwaben erschaffen zu haben. Die Einrichtung der Reichskreise war zu Beginn des 16. Jahrhunderts eine überfällige Antwort auf die Ohnmacht des mittelalterlichen Reiches und seiner Stände in Fragen der Landfriedenswahrung, der Kammergerichtsorganisation, der Steuer-, Bettel[65]-, Armen-, Zoll- und Münzkontrolle, der Reichsarmeeaushebung, der Gesundheitsfürsorge – sie formierte sich durch die medizinische Policey[66] mit Blick auf die Trinkwasserversorgung, dem Schutz vor Seuchen und der Pest – sowie vieler anderer zentraler Punkte im frühmodernen Zivilisationsprozess. Zu ihnen zählten beispielsweise auch der grenzüberschreitende Chaussee- und Straßenbau und die Schlichtung territorialer Prestige- und Grenzstreitigkeiten. Manches war dabei sicher eher Anspruch als alltägliche Praxis. Das Gros der administrativen Tätigkeit lag seit dem 16. Jahrhundert dann in der zunehmenden Kompetenz kanzleiführender Kreisstände. Sie verfügten in der Kombination mit ihrem territorialen Ämter- und Regierungssystem über neue raumordnende Steuerungsinstrumente. Für dringliche Aufgaben wie den regionalen und überregionalen Straßenbau, die Seuchen- und Verbrechensbekämpfung und die Zoll-, Münz- oder Handelspolitik waren – gerade im territorial kleinräumigen Süddeutschland – die Kreisstände vielfach zu „klein", das Reichsganze aber viel zu „groß", um praktikable Lösungen zu finden und durchzusetzen. Die Reichskreise hatten, wie im Falle Schwabens mit seinen bis zu 40 geistlichen[67] und 60 weltlichen Kreisständen, nun genau die „richtige" Größe, um auf zentralen Problemfeldern frühneuzeitlicher Politik zu konsensfähigen Entscheidungen und einem halbwegs verlässlichen Vollzug zu kommen.[68] Das Alte Reich als Ganzes war somit über den in seinen Reichskreisen koordinierten territorialen Austausch gerüstet, um den zunehmenden Koordinierungsaufgaben gerecht zu werden. Die Reichskreise spiegelten trotz frühmoderner Grenzverhärtungen immer noch offene Räume wider, die grenzüberschreitend nach außen und nach innen korrespondierten. Ihr Interaktionsfeld zwischen dem Reichsregiment, den Reichsgerichten und einzelnen Reichsterritorien war an den Konsens der Kreisstände gebunden.[69] Somit blieben die Kreise weniger kaiserliche Exekutivorgane als vielmehr supraterritoriale, zugleich auch regionale und föderale Teile der Reichsverfassung.

Der Schwäbische Reichskreis[70] gilt in vielerlei Hinsicht als das Herzstück des Alten Reiches, nicht nur weil die Mehrzahl seiner Kreisstände mit den Reichsinstitutionen konstruktiv kooperierte, sondern weil der Kreistag, die Kanzlei der ausschreibenden Fürsten und die zugehörigen Kreisorganisationen inklusive der Vierteldistrikte für sich genommen bis zum Ende des Alten Reiches intakt, arbeitsam und innovativ blieben[71]. Der Schwäbische Kreistag konferierte als allge-

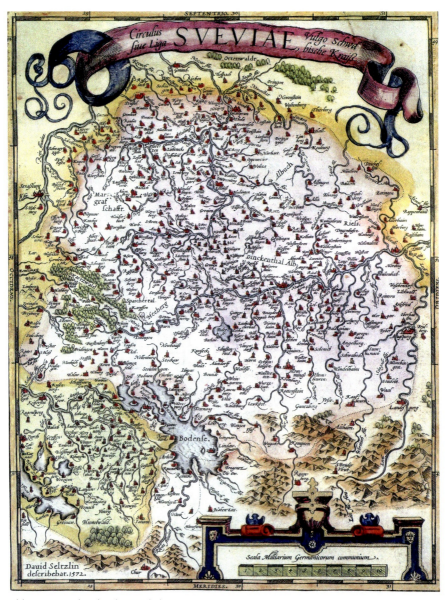

Abb. 12: Der schwäbische Reichskreis.

meiner oder engerer Konvent zwischen 1517 und 1787 immerhin mindestens 340 Mal. Bettelordnungen und Kreispatente gegen Vaganten, falsche Pilger und Zigeuner wuchsen sich dort spätestens seit 1654 zu einem Dauerthema aus[72]. In Krisenzeiten tagte man in unterschiedlicher Zusammensetzung inklusive der Assoziationstreffen mit benachbarten Reichskreisen jährlich dann auch mehrmals. 1683 zählte man beispielsweise fünf Ausschüsse[73]. Als Folge der bis heute quantitativ nur grob gemessenen und wegen der spät einsetzenden empirischen Wiederentdeckung des Themas[74] keinesfalls erschöpfend ausgewerteten Flut an Korrespondenz- und Rechnungsserien[75], Kreisabschiedsprotokollen, einer „älteren", „jüngeren" und „jüngsten" Hauptreihe von Kreishandlungen, Assoziationsakten und sonstigen Betreffen füllten sich die Regalreihen der Kreiskanzlei mit zugehöriger Registratur und Archiv rasch ins „Unermessliche". 1735/1740 musste man nicht zum ersten Mal Akten kistenweise aus der Kanzlei in einer oberen Registratur auslagern[76]. Noch um die Jahre 1804/06 richtete Kreisarchivar Volz an den Kreisdirektor mehrere Bitten um „Wegschaffung" entbehrlicher Akten der Kreiskanzlei und Gewinnung von Raum für die übrigen Akten: „Seit geraumer und besonders während der leztern kriegsjahre haben sich die akten-fascikel in der kreis-kanzlei dermaßen vermehrt, daß solche nicht anders als mit wesentlichen nachteil für die ordnung und mit großer beschwerlichkeit in dem für das kreisarchiv und die laufende registratur angewiesenen raum aufbewahrt werden können".[77] Das vielseitige Konstrukt Schwäbischer Reichskreis basierte auf den Reformen Maximilians I. – das sei zum Abschluss nochmals betont.

Anmerkungen

1   Vorbemerkung: Das Manuskript entspricht, um Belege und Umfang erweitert, dem gleichnamigen Vortrag vom 30. Mai 2019 im Literaturschloss Edelstetten. Es ist vor der Augsburger Ausstellung „Maximilian I. Kaiser – Ritter – Bürger zu Augsburg" – sie wurde am 15. Juni 2019 eröffnet – entstanden.

2   Ingrid Batori, Paul von Stetten der Jüngere, in: Zeitschrift des Historischen Vereins für Schwaben 76 (1982) S. 103–124; Franz Herre, Paul d. Ä. und d. J. von Stetten (1705–1786 und 1731–1808), in: Götz Freiherr von Pölnitz (Hg.), Lebensbilder aus dem Bayerischen Schwaben 3, München 1954, S. 314–345; Siegfried Merath, Paul von Stetten d. J. Ein Augsburger Patrizier am Ende der reichsstädtischen Zeit (Abhandlungen zur Geschichte der Stadt Augsburg 14) Augsburg 1961; Barbara Rajkay, Ruth von Stetten: Paul von Stetten d. J. – Selbstbiographie – Die Lebensbeschreibungen des Patriziers und Stadtpflegers der Reichsstadt Augsburg, 1731–1808 (Veröffentlichungen der Schwäbischen Forschungsgemeinschaft 6/ 5.1) Augsburg 2009; Wolfgang Wüst, Konfession, Kanzel und Kontroverse in einer paritätischen Reichsstadt. Augsburg 1555–1805, in: Blätter für deutsche Landesgeschichte 134 (1998) S. 123–149; Wolfgang Wüst, Die Pax Augustana als Verfassungsmodell: Anspruch und Wirklichkeit, in: Johannes Burkhardt/ Stephanie Haberer (Hg.), Das Friedensfest Augsburg und die Entwicklung einer neuzeitlichen Toleranz-, Friedens- und Festkultur, Berlin 2000, S. 72–100; Wolfgang Wüst, Paul von Stetten d.J.: „Geschichte der adelichen Geschlechter in der freyen Reichs-Stadt Augsburg", 1762, in: Christoph Emmendörffer/ Helmut Zäh (Hg.), Bürgermacht & Bücherpracht. Augsburger Ehren- und Familienbücher der Renaissance. Katalogband zur Ausstellung im Maximilianmuseum Augsburg vom 18. März bis 19. Juni 2011, Luzern 2011, S. 268 f., 323.

3   Paul von Stetten, Geschichte Der Heiligen Roemischen Reichs Freyen Stadt Augspurg aus bewaehrten Jahr=Buechern und tuechtigen Urkunden gezogen und an das Licht gegeben, Bd. 1, Frankfurt-Leipzig 1743, S. 245 f. Mit kleineren Fehlern ebenfalls zitiert bei: Christoph Böhm, Die Reichsstadt Augsburg und Kaiser Maximilian I. Untersuchungen zum Beziehungsgeflecht zwischen Reichsstadt und Herrscher an der Wende zur Neuzeit (Abhandlungen zur Geschichte der Stadt Augsburg 36) Sigmaringen 1998, S. 14.
4   Manfred Hollegger, Maximilian I., 1459–1519. Herrscher und Mensch einer Zeitenwende. Kohlhammer, Stuttgart 2005; Sabine Weiss, Maximilian I. Habsburgs faszinierender Kaiser, Innsbruck 2018; Hermann Wiesflecker, Kaiser Maximilian I. Das Reich, Österreich und Europa an der Wende zur Neuzeit, 5 Bde., München 1971–1986; Hermann Wiesflecker, Maximilian I. Die Fundamente des habsburgischen Weltreiches, Wien/München 1991.
5   Für die Regierungszeit Maximilians beginnt die Serie mit: Hermann Wiesflecker (Bearb.), J. F. Böhmer, Regesta Imperii XIV. Ausgewählte Regesten des Kaiserreiches unter Maximilian I. 1493–1519. Bd. 1, Teil 1–2: 1493–1495, Köln u.a. 1990–1993; Ders. (Bearb.), J. F. Böhmer, Regesta Imperii XIV. Ausgewählte Regesten des Kaiserreiches unter Maximilian I. 1493–1519. Bd. 2, Teil 1–2: 1496–1498, Köln u.a. 1993.
6   Christoph Böhm, Die Reichsstadt Augsburg und Kaiser Maximilian I. (wie Anm. 3) S. 389–392.
7   Christoph Böhm, Die Reichsstadt Augsburg und Kaiser Maximilian I. (wie Anm. 3) S. 392.
8   Günter Hägele, Maximilian I., in: Günther Grünsteudel/ Günter Hägele/ Rudolf Frankenberger (Hg.), Stadtlexikon Augsburg , 2. Druckauflage, Augsburg 1998; Online-Ausgabe im Wißner-Verlag (Zugriff: 15.1.2019). Zum Verhältnis des Habsburgers zu Augsburg vgl. aber insbesondere: Christoph Böhm, Die Reichsstadt Augsburg und Kaiser Maximilian I. (wie Anm. 3).
9   Insgesamt enthält die Sammlung 184.913 Regesten im Volltext.URL: http://www.regesta-imperii.de/regesten/suche/result.html?tx_hisodat_sources%5BsearchMode%5D=20&tx_hisodat_sources%5Baction%5D=searchresult&tx_hisodat_sources%5Bcontroller%5D=Sources&cHash=892321106eabd50901f12c86eb099261#rinav (Zugriff: 5.2.2019).
10 Regesta Imperii, XIV, 1 n. 11. Innsbruck, 1493 VIII 25.
11 Herbert Immenkötter/Wolfgang Wüst, Freie Reichsstadt und Hochstift Augsburg, in: Anton Schindling/Walter Ziegler (Hg.), Die Territorien des Reichs im Zeitalter der Reformation und Konfessionalisierung. Land und Konfession 1500–1650, Bd. 6: Nachträge (Katholisches Leben und Kirchenreform im Zeitalter der Glaubensspaltung 56), Münster 1996, S. 8–35.
12 Friedrich Battenberg, Die Wormser Kammergerichtsordnung und die Neukonstituierung der königlichen Justiz in Frankfurt 1495. Zur Reform des Königlichen Kammergerichts, in: Archiv für hessische Geschichte und Altertumskunde, NF, 64 (2006) S. 51–83.
13 Regesta Imperii, XIV, 1 n. 726. Ulm, 1494 V 29.
14 Adolf Horchler, Quellen zur Geschichte des Allgäus. Beiträge zur Provinzial- und Lokal-Geschichte. 1. Urkunde vom 14. Juli 1510 […], in: Allgäuer Geschichtsfreund 1 (1888) S. 42–45.
15 Regesta Imperii, XIV, 4,1 n. 16736. Augsburg, 1502 VII 22.
16 Im Vorfeld der Ausstellung wurde seitens der Augsburger Kunstsammlungen Hochrangiges angekündigt: „Wertvolle Leihgaben aus europäischen Sammlungen – Glanzstücke von Augsburger Künstlern wie Hans Holbein d. Ä., Hans Daucher, Lorenz Helmschmied oder Hans Burgkmair – werden von Neuentdeckungen wie einer kaiserlichen Teppichknüpferei und Meisterwerken Albrecht Dürers oder Jacopo de Barbaris begleitet."
17 Zu den Ankündigungen der Kunstsammlungen: URL: http://kunstsammlungen-museen.augsburg.de/maximilian-i-kaiser-ritter-buerger-zu-augsburg,1115 (Zugriff 15.1.2019).
18 Georg Habich, Das Reiterdenkmal Kaiser Maximilians in Augsburg, in: Münchner Jahrbuch der Bildenden Kunst 8 (1913) S. 255–262.
19 Joseph F. Patrouch, Maximilian I. as reflected in the later sixteenth century. Aspects of his "Gedechtnus" in Wiener Neustadt, Prague, Vienna, and Innsbruck, 1560–1612, in: Innsbrucker historische Studien 27 (2011) S. 401–409.
20 Walter Sattel, Die Maxdorfer Ortsgeschichte, Neuhofen 2006; Wilhelm Becker, Maxdorf. Chronik einer jungen Gemeinde, Grünstadt 1987.
21 Franz Häußler, Die Kaisermeile. Augsburgs Prachtstraße von St. Ulrich zum Dom, Augsburg 2000.

22 Günther Grünsteudel, Maximilianstraße, in: Günther Grünsteudel/ Günter Hägele/ Rudolf Frankenberger (Hg.), Stadtlexikon Augsburg, (wie Anm. 8) (Zugriff: 15.1.2019).
23 Jeroen Frans Jozef Duindam, The Habsburg court in Vienna. Kaiserhof or "Reichshof"?, in: Robert John Weston Evans (Hg.), The Holy Roman Empire, 1495–1806: a European perspective, Leiden u.a. 2012, S. 91–119.
24 Wolfgang Wüst, Patrizier – Wege zur städtischen Oligarchie und zum Landadel. Süddeutschland im Städtevergleich. Referate der internationalen und interdisziplinären Tagung. Egloffstein'sches Palais zu Erlangen, 7. –8. Oktober 2016, Frankfurt am Main, New York, Bern u.a. 2018
25 Friedrich Weissensteiner, Die großen Herrscher des Hauses Habsburg. 700 Jahre europäische Geschichte, 3. Aufl., München/Berlin 2016; Gaetano Barbieri (Hg.), Storia di Giuseppe secondo, imperatore di Germania di Camillo Paganel, Bd. 1, Milano 1843, S. 32.
26 Franz-Heinz Hye, Das Goldene Dachl Kaiser Maximilians I. und die Anfänge der Innsbrucker Residenz (Veröffentlichungen des Innsbrucker Stadtarchivs, NF, 24) Innsbruck 1997.
27 Christiane Thomas, Wien als Residenz unter Kaiser Ferdinand I., in: Studien zur Wiener Geschichte 49 (1993) S. 101–117.
28 Helmut Maurer, Ulm als „Vorort" von König und Herzog in Schwaben, in: Uwe Gross/ Aline Kottmann/ Jonathan Scheschkewitz (Hg.), Frühe Pfalzen – frühe Städte. Neue Forschungen zu zentralen Orten des Früh- und Hochmittelalters in Süddeutschland und der Nordschweiz. Ergebnisse eines Kolloquiums am 28. und 29. April 2009 im Rathaus zu Ulm (Archäologische Informationen aus Baden-Württemberg 58) Esslingen am Neckar 2009, S. 26–33.
29 Staats- und Stadtbibliothek Augsburg, Cod. Aug. 20 109, fol. 159–160; Christoph Böhm, Die Reichsstadt Augsburg und Kaiser Maximilian I. (wie Anm. 3) S. 365 f.
30 Bernd-Ulrich Hergemöller, Fürsten, Herren und Städte zu Nürnberg 1355/56. Die Entstehung der „Goldenen Bulle" Karls IV. (Städteforschung, Reihe A/ 13) Köln u.a. 1983; Hans Liermann, Die Goldene Bulle und Nürnberg, in: Mitteilungen des Vereins für Geschichte der Stadt Nürnberg 47 (1956) S. 107–123.
31 Werner Goez, Einführung – Nürnberg in der Gunst des Reichsoberhaupts, in: Günther Schuhmann (Hg.), Nürnberg – Kaiser und Reich (Ausstellungskatalog der Staatlichen Archive Bayerns 20) München 1986, S. 11–31.
32 Friedrich Blendinger, Weißenburg im Mittelalter, in: Jahrbuch für Mittelfranken 80 (1962/63) S. 32 f.
33 Ute Jäger (Bearb.), Die Regesten der Reichsstadt Weißenburg (Veröffentlichungen der Gesellschaft für fränkische Geschichte III/9) Teil 2, Neustadt/Aisch 2002, Nr. 1139 (1485 II 4), S. 567 f.
34 Wolfgang Wüst, Zeitenwende im Süden – Oder: Wann endete das Mittelalter und wann begann die Neuzeit? Eine landesgeschichtliche Perspektive (Abschiedsvorlesung am 29. Januar 2019 von Prof. Dr. Wolfgang Wüst an der FAU) Neustadt a.d. Aisch 2018.
35 Hermann Wiesflecker: Die diplomatischen Missionen des venezianischen Gesandten Zaccaria Contarini an den Hof Maximilians I. Seine Berichte über den Wormser Reichstag 1495, in: Römische historische Mitteilungen 31 (1989) S. 155–179; Tessa Beverley, Venetian ambassadors 1454–94: an Italian elite, University of Warwick 1999 (unpublished doctoral thesis).
36 Rosemarie Aulinger, Das Bild des Reichstages im 16. Jahrhundert. Beiträge zur typologischen Analyse schriftlicher und bildlicher Quellen (Schriftenreihe der Historischen Kommission bei der Bayerischen Akademie der Wissenschaften18) Göttingen 1980.
37 Heinz Angermeier, Die Reichsreform 1410–1555. Die Staatsproblematik in Deutschland zwischen Mittelalter und Gegenwart, München 1984.
38 Reinhard Seyboth (Bearb.), Deutsche Reichstagsakten unter Maximilian I., Bd. 2: Reichstag zu Nürnberg 1487 (Deutsche Reichstagsakten, Mittlere Reihe, Bd. 2, hg. von der Historischen Kommission bei der Bayerischen Akademie der Wissenschaften durch Heinz Angermeier) München 2001, Teil 1, S. 11 f.
39 Reinhard Seyboth (Bearb.), Deutsche Reichstagsakten unter Maximilian I., Bd. 2 (wie Anm. 38) Teil 2, S. 879 f.

40 Reinhard Seyboth (Bearb.), Deutsche Reichstagsakten unter Maximilian I., Bd. 4: Reichsversammlungen 1491–1493 (Deutsche Reichstagsakten, Mittlere Reihe, Bd. 4, hg. von der Historischen Kommission bei der Bayerischen Akademie der Wissenschaften durch Heinz Angermeier) München 2008, S. 119–842.

41 Jost Hausmann/ Claudia Helm (Bearb.), 1495 – Kaiser, Reich, Reformen: der Reichstag zu Worms. Ausstellung des Landeshauptarchivs Koblenz in Verbindung mit der Stadt Worms (Veröffentlichungen der Landesarchivverwaltung Rheinland-Pfalz) Koblenz 1995.

42 Peter Schmid, *Der gemeine Pfennig von 1495*. Vorgeschichte und Entstehung, verfassungsgeschichtliche, politische und finanzielle Bedeutung (Schriftenreihe der Historischen Kommission bei der Bayerischen Akademie der Wissenschaften 34) Göttingen 1989.

43 Ohne Verhandlungsaufnahme.

44 Ohne Verhandlungsaufnahme.

45 Ohne Verhandlungsaufnahme.

46 Rosemarie Aulinger, Das Bild des Reichstages im 16. Jahrhundert (wie Anm. 36) S. 80f., S. 304–306

47 Ohne Verhandlungsaufnahme.

48 Regesta imperii, XIX, 3,1 n. 10239. Augsburg, 1500 V 12.

49 Für Nürnberg als frühe Quellenbearbeitung: Werner Schultheiß (Bearb.), Satzungsbücher und Satzungen der Reichsstadt Nürnberg aus dem 14. Jahrhundert (Quellen zur Geschichte und Kultur der Stadt Nürnberg 3) Nürnberg 1965.

50 Matthias Weber, Die Reichspolizeiordnungen von 1530, 1548 und 1577. Historische Einführung und Edition (Ius commune, Sonderheft 146) Frankfurt/Main 2002; Wolfgang Wüst, Normen als Grenzgänger. Policey und Wissenstransfer in Süddeutschland vor 1800, in: Konrad Ackermann/ Alois Schmid (Hg.), Staat und Verwaltung in Bayern. Festschrift für Wilhelm Volkert zum 75. Geburtstag (Schriftenreihe zur bayerischen Landesgeschichte 139) München 2003, S. 287–306.

51 Harald Zimmermann (Hg.), Die Regesta imperii im Fortschreiten und Fortschritt (Forschungen zur Kaiser- und Papstgeschichte des Mittelalters 20) Köln, Weimar, Wien 2000; Jan Paul Niederkorn, Julius von Ficker und die Fortführung der Regesta Imperii vom Tod Böhmers (1863) bis zu ihrer Übernahme durch die Kaiserliche Akademie der Wissenschaften in Wien (1906), in: Karel Hruza/ Paul Herold (Hg.), Wege zur Urkunde, Wege der Urkunde, Wege der Forschung. Beiträge zur europäischen Diplomatik des Mittelalters (Forschungen zur Kaiser- und Papstgeschichte des Mittelalters 24) Wien, Köln, Weimar 2005, S. 293–302.

52 Regesta Imperii, XIV, 1 n. 652. 1494 V 8.

53 Ebenda, 1 n. 702. 1494 V 22.

54 Regesta Imperii, XIV, 2 n. 4072. 1496 VI 24.

55 Ebenda, 2 n. 7202. 1496 VII 26.

56 Regesta Imperii, XIV, 1 n. 501. 1494 III 20.

57 Ebenda, 1 n. 528 und 1 n. 529. 1494 IV 5.

58 Regesta Imperii, XIV, 1 n. 1140. 1494 XI 12.

59 Hans-Christoph Rublack, Nördlingen zwischen Kaiser und Reformation, in: Archiv für Reformationsgeschichte 71 (1980) S. 113–133.

60 Peter Schramm, Kleine Geschichte der Reichsstadt Pfullendorf, Pfullendorf 2013.

61 Regesta Imperii, XIV, 1 n. 643. Kempten, 1494 V 7.

62 Horst Carl, Der Schwäbische Bund und das Reich. Konkurrenz und Symbiose, in: Volker Press/ Dieter Stievermann (Hg.), Alternativen zur Reichsverfassung in der Frühen Neuzeit? (Schriften des Historischen Kollegs, Kolloquien 23) München 1995, S. 43–63; Horst Carl, Der Schwäbische Bund, in: Elmar L. Kuhn (Hg.), Der Bauernkrieg in Oberschwaben (Oberschwaben. Ansichten und Aussichten) Tübingen 2000, S. 421–443.

63 Regesta Imperii, XIV, 2 n. 7821. Lindau, 1497 I 9.

64 Zusammenfassend: Wolfgang Wüst, Der Fränkische Reichskreis – Ein europäisches Regionenmodell? (Fränkische Arbeitsgemeinschaft e.V., Heft 9) Fürth 2018.

65 Manfred Rudersdorf, „Das Glück der Bettler". Justus Möser und die Welt der Armen. Mentalität und soziale Frage im Fürstbistum Osnabrück zwischen Aufklärung und Säkularisation, Münster 1995.
66 Caren Möller, Medizinalpolizei. Die Theorie des staatlichen Gesundheitswesens im 18. und 19. Jahrhundert (Studien zu Policey und Policeywissenschaft) Frankfurt/Main 2005, S. 29f.; Torsten Grumbach, Kurmainzer Medicinalpolicey 1650–1803 (Studien zu Policey und Policeywissenschaft) Frankfurt/Main 2006, S. 54–59.
67 Um die grenzüberschreitenden Verbindungen bis weit in die heutige Schweiz innerhalb der Kreisorganisation anzudeuten, seien hier für Schwaben einmal die geistlichen Kreisstände aufgelistet. Die Liste folgt: Winfried Dotzauer, Die deutschen Reichskreise (1383–1806). Geschichte und Aktenedition, Stuttgart 1998, S. 143–147. Sie vermittelt den Stand vor 1648.
    a) Die Bischöfe von Augsburg, Konstanz und Chur.
    b) Die Fürstäbte/-pröpste von Kempten, Reichenau, St. Gallen, Weingarten und Ellwangen.
    c) Die Äbte von Salmannsweiler, Weißenau, St. Peter im Schwarzwald, Schaffhausen, Petershausen, Einsiedeln, Dissentis, Schussenried, Ochsenhausen, Marchtal, Isny, Ursberg, Gengenbach, Schuttern, St. Blasien, Maulbronn, Stein am Rhein, Kreuzlingen, Pfäffers, St. Johann im Turital, Roggenburg, Königsbronn, Elchingen, Münsterroth und Irsee.
    d) Die Äbtissinnen von Lindau, Buchau, Gutenzell, Rottenmünster, Heggbach und Baindt.
    e) Die Ordensballei Elsass und Burgund.
68 Michael Müller/ Wolfgang Wüst/ Regina Hindelang, Eine Themeneinführung, in: Wolfgang Wüst/Michael Müller (Hg.), Reichskreise und Regionen im frühmodernen Europa – Horizonte und Grenzen im „spatial turn". Tagung bei der Akademie des Bistums Mainz, Erbacher Hof, 3.–5. September 2010 (Mainzer Studien zur Neueren Geschichte 29) New York/Frankfurt/Main/Bern 2011, S. 11–21.
69 Wolfgang Wüst/ Georg Kreuzer/ David Petry (Hg.), Grenzüberschreitungen. Die Außenbeziehungen Schwabens in Mittelalter und Neuzeit. Interdisziplinäres und internationales Symposion zum 100. Band der Zeitschrift des Historischen Vereins für Schwaben, Irsee 22.–24. November 2007 (Zeitschrift des Historischen Vereins für Schwaben 100) Augsburg 2008.
70 In Auswahl: Karl Siegfried Bader, Der Schwäbische Kreis, in: Ulm und Oberschwaben 37 (1964), S. 9–24; Heinz-Günther Borck, Der Schwäbische Reichskreis im Zeitalter der französischen Revolutionskriege, Stuttgart 1970; Adolf Laufs, Der Schwäbische Kreis. Studien über Einungswesen und Reichsverfassung im deutschen Südwesten zu Beginn der Neuzeit (Untersuchungen zur deutschen Staats- und Rechtsgeschichte NF 16), Aalen 1971; Bernd Wunder, Frankreich, Württemberg und der schwäbische Kreis während der Auseinandersetzungen über die Reunionen (1679–97) (Veröffentlichungen KfgLK BW B 64), Stuttgart 1971; James Allen Vann, The Swabian Kreis. Institutional growth in the Holy Roman Empire, 1648–1715 (Studies of representative and parliamentary institutions 48), Brüssel 1975; Reinhard Graf von Neippberg, Kaiser und Schwäbischer Kreis, Stuttgart 1991; Bernd Wunder, Der Schwäbische Kreis, in: Peter Claus Hartmann (Hg.), Regionen in der Frühen Neuzeit. Reichskreise im deutschen Raum, Provinzen in Frankreich, Regionen unter polnischer Oberhoheit: Ein Vergleich ihrer Strukturen, Funktionen und ihrer Bedeutung, in: Zeitschrift für Historische Forschung, Beiheft 17 (1994) S. 23–39.
71 Zur Endzeit: Fritz Kallenberg, Spätzeit und Ende des Schwäbischen Kreises, in: Jahrbuch für Geschichte der oberdeutschen Reichsstädte 14 (1968) S. 61–93.
72 Landesarchivverwaltung Baden-Württemberg, Generallandesarchiv Karlsruhe (GLAK), 74/629/3 Bl. 4, Gedrucktes Patent von 1654. Gleichartige Verordnungen gegen Zigeuner, Gauner und Vaganten sind u.a. für die Jahre 1670, 1673–1720, 1763–1781 und 1795–1797 überliefert. Vgl. außerdem Franz Quarthal, Öffentliche Armut, Akademikerschwemme und Massenarbeitslosigkeit im Zeitalter des Barock, in: Volker Press/Eugen Reinhard/Hansmartin Schwarzmeier (Hg.), Barock am Oberrhein (Oberrheinische Studien 6), Karlsruhe 1985, S. 153–188.

73 Gezählt nach: Winfried Dotzauer, Die deutschen Reichskreise in der Verfassung des Alten Reiches und ihr Eigenleben (1500–1806), Darmstadt 1989, Anhang S. 352–354.
74 Das Interesse an den Reichskreisen in der Tradition des 18. Jahrhunderts setzte sich auch in Schwaben nach dem Ende des Alten Reiches nicht fort. Typisch ist etwa auch der abrupte Abbruch kartographischer Grundlagenwerke: Johann Walch, Der schwäbische Kreis nebst den österreichischen Besitzungen in Schwaben, und Ders., Der Schwäbische Kreis: Nach deßen neuen Säkularisationen und Entschädigungen entworfen, Augsburg 1799 und 1806. Ebenfalls für Bayern Ders., Bavariae Circulus. Der ganze Bayrische Kreis nach den neuesten und bewährtesten Hülfs-Mitteln, Augsburg 1796.
75 Die noch zu Anfang des 19. Jahrhunderts vollständig vorhandenen Kreisrechnungen (Kreiseinnahmenrechnungen) für den Zeitraum von 1543 bis 1805 sind bis auf spärliche Reste nicht mehr erhalten. Ihre Kassation fand nicht, wie zunächst vermutet um die Jahre 1810/1820 statt, sondern erfolgte nach 1830 im Finanzarchiv.
76 Zur Archivgeschichte Walter Grube, Das Archiv des Schwäbischen Kreises, in: Zeitschrift für Württembergische Geschichte 37 (1964) S. 270–282; Quellennachweise: Landesarchivverwaltung Baden-Württemberg, Hauptstaatsarchiv Stuttgart (HStAS), C 9, Nr. 111.
77 HStAS, C 9, Nr. 172, hier „Gehorsamste Anzeige" vom 23.6.1805.

Prof. Dr. Bernhard Wolfgang Wüst, geboren am 10. Juli 1953 in Krün/Oberbayern, studierte von 1973 bis 1979 in Edinburgh/Schottland und Augsburg Geschichte, Politik und Anglistik. Anschließend war er Stipendiat der Bayerischen Akademie der Wissenschaften (Kommission für Bayerische Landesgeschichte, Historischer Atlas von Bayern) und Akademischer Rat am Lehrstuhl für Bayerische und Schwäbische Landesgeschichte in Augsburg. 1982 folgten die Promotion zum Thema „Herrschaftsbildende Kräfte des Ancien Régime im Gebiet der Markgrafschaft Burgau" und 1996 die Habilitation unter dem Titel „Geistlicher Staat und Altes Reich. Hochstiftische Herrschaftsformen, Hofwesen und Administration in der Frühneuzeit". Beruflich war Wolfgang Wüst zu dieser Zeit als ausgebildeter Archivar tätig, zuletzt als Direktor des international renommierten Augsburger Stadtarchivs. Von 2000 bis 2019 lehrte er als Inhaber des Traditionslehrstuhls für Bayerische und Fränkische Landesgeschichte an der Friedrich-Alexander-Universität in Erlangen-Nürnberg Geschichte. Zur Zeit ist er Erster Vorsitzender des Historischen Vereins für Schwaben und Vorstand der Fränkischen Arbeitsgemeinschaft e.V.

Franz Körndle

Maximilian I. und die Musik in Schwaben

Unter den Herrschergestalten am Beginn der frühen Neuzeit ragt Maximilian I. auch deshalb hervor, weil er wie kaum ein anderer zuvor ein umfassendes Interesse an Kunst, Literatur und Musik zeigte. Davon legen zeitgenössische Berichte wie der des Johannes Cuspinianus[1] ebenso Zeugnis ab wie Bemerkungen im autobiographisch zu deutenden *Weißkunig*[2]. Die zahlreichen Informationen, die insbesondere zur Musik und Musikern im Umfeld Maximilians vorliegen, führten zu mehreren Buchpublikationen, die ausschließlich dem Thema gewidmet sind.[3] Während darin die Zentren Wien, Innsbruck und Augsburg stets ausführlich untersucht werden, bleibt die Darstellung musikalischer Aktivitäten an der Peripherie ein wenig unterrepräsentiert. Teilweise hat dies seine Ursachen darin, dass zur Musikpflege außerhalb der Zentren nicht viele Forschungsbeiträge vorliegen. Trotzdem lohnt sich der Blick auf die kleineren Reichsstädte, in denen sich Maximilian während seiner Reisen immer wieder aufhielt. Dazu zählten mit Mindelheim, Memmingen, Kaufbeuren, Füssen und Kempten sowie Donauwörth und Nördlingen auch die Orte, die innerhalb von ein oder zwei Tagesreisen von Augsburg aus zu erreichen waren. Nicht immer führte Maximilian seine Kantorei mit sich, aber die höfische Verwaltung organisierte oft über weite Entfernungen die Aufenthalte von Sängern und Instrumentalisten. Einleitend sollen daher hier einige Beispiele stehen, die zeigen, wie sich Maximilians Musik in Schwaben bewegte. In der Region hatten sich aber um 1500 Instrumentenbauer etabliert, von denen im Anschluss gehandelt werden soll, bevor die detaillierten Beschreibungen eines Festes in Donauwörth den Abschluss bilden.

Im Mai 1501 veranlasste die Hofverwaltung auf Befehl Maximilians die Reise von Kanzlei, Kantorei und Singerknaben „samt ihrem Hab und Gut" von Donauwörth nach Innsbruck. Dafür zahlte der Verweser des Kammermeisteramtes zu Innsbruck, Martin Aichorn, an Jörg Sager und vier Leuten aus Werdt (Donauwörth) insgesamt 44 Rheinische Gulden und 2 lb für die Überführung.[4] Maximilian war in der Nacht Anfang Mai d. J. nach Donauwörth gekommen, sofort aber ohne seine Musik weitergezogen. Dazu zwangen ihn strategische Überlegungen im Zusammenhang mit dem Landshuter Erbfolgekrieg.[5] Die Hofkapelle hatte für ihn daher vor Ort keine Funktion – im Gegenteil hätte sie im Falle militärischer Aktionen ohne Not Schaden nehmen können. In Donauwörth verblieben aber offensichtlich immerhin die (erwachsenen) Sänger, weshalb sie der König am 23. Mai nach Dillingen holen ließ, wohin er sich zu Heilbädern zurückgezogen hatte und über Pfingsten (26. Mai) Kurzweil haben wollte.[6] Ende 1504 weilte der König wieder in Österreich. Kurz vor Weihnachten (22. Dezember) beorderte er von Lambach aus die „contrey" (Kantorei) nach Kaufbeuren, wo den fremden Botschaften ein Hochamt gesungen werden sollte.[7] Über seine Hofräte zu Innsbruck hatte er am 16. Dezember den päpstlichen Legaten und den Gesandten des französischen Königs, seines Sohnes Philipp sowie der Republik Venedig mitteilen lassen, sie sollten sich in Kaufbeuren einfinden und dort auf weitere Bescheide Maximilians warten.[8] Mit der Option auf hochwertige Musik sollte den noblen Gästen der Aufenthalt ein wenig angenehmer gestaltet werden.

Diese wenigen Anhaltspunkte zu Aufenthalten der Hofmusik Maximilians I. in Schwaben zeigen einerseits, wie gerne sich der König mit den Künsten befasste und Gottesdienste wie auch Badekuren klanglich verschönert haben wollte. Sie zeigen andererseits auch, wie kurzfristig eintretende Notwendigkeiten die Tagesabläufe der Kapellmitglieder spontan umgestalten konnten und damit zu erheblichen Zumutungen führten.[9] Die Dokumente enthalten hier keinerlei Informationen über Kompositionen, die bei der Liturgie oder zur Kurzweil aufgeführt wurden. Stets ist aber zu bedenken, dass die Hofkapelle bei allen Reisen nicht nur Notenmaterial, sondern selbstverständlich die Musikinstrumente mit sich führen musste. Schutz vor Beschädigung bei allen Transporten gewährten Futterale, deren Form präzise an den Korpus eines Instruments angepasst war, wie man es etwa sehen kann in der Abbildung aus dem *Weißkunig*, die zeigt „Wie der jung weyß kunig die musica und saytenspil lernet erkennen"[10], wo rechts im Vordergrund bei Trommel und Pauke mitsamt einer Posaune und einem Trumscheit auch der Koffer für eine Laute erkennbar ist. Für den Erwerb einer Laute gab es im 16. Jahrhundert nur eine Adresse, nämlich Füssen, wo die Herstellung solcher Instrumente seit dem 15. Jahrhundert nachweisbar ist.[11] Aus der Vielfalt der im *Weißkunig* dargestellten Instrumente sticht das auf dem rechts platzierten Tisch liegende Krummhorn wegen seiner auffällig gebogenen Form heraus. Man erkennt gut die schnabelförmige Anblasvorrichtung, über die der Spieler die Luft in die sogenannte Windkapsel hineindrückt, womit er das darin befindliche Doppelrohrblatt in Schwingung versetzt. Hergestellt wurden solche Krummhörner ausschließlich von der Werkstatt der Familie Wier (Wyer) in Memmingen.[12] Wie alt die Tradition der Holzblasinstrumentenherstellung war, zeigt in der unmittelbaren Umgebung Memmingens die Produktion von Blockflöten in dem kleinen Dorf Schrattenbach.[13] Die Wiener Fassung des Triumphzuges Maximilians I. – ausgeführt als kolorierte Federzeichnung – zeigt auf einem Blatt zwei Wagen, die mit Musikern besetzt sind, rechts sieht man eine Gruppe mit zwei Gamben- und drei Lautenspielern. Der in der Mitte prominent dargestellte bärtige Lautenist wird im Schriftband oben als „Artus Lauttenschlager Maister" bezeichnet.[14] Dieser Artus von Enntz Wehingen hieß mit bürgerlichem Namen eigentlich Albrecht Morhanns und ist erstmals 1489 im Umfeld von Maximilians Vater Friedrich III. belegt.[15] Wehingen ist gewiss als Name des zwischen Balingen und Trossingen gelegenen Ortes aufzufassen. Links sitzen ebenfalls fünf Musiker auf einem Wagen, neben dem Posaunisten Hans Neuschel zwei Spieler mit Pommer und Schalmei sowie zwei mit Krummhörnern. Die Beliebtheit dieser kuriosen Instrumente brachte den Herstellern Kunden bald aus ganz Europa.[16] Dazu stehen die Verwendungsmöglichkeiten wegen des äußerst geringen Tonumfangs in einem scharfen Kontrast. Gerade aber bei der Tanzmusik erfreuten sie sich bis weit ins 17. Jahrhundert hinein großer Beliebtheit. Gelegentlich war sogar über Verträge der Stadtmusiker geregelt, dass die Ausbildung der Lehrjungen ausdrücklich das Spiel auf „Grumbhörnern" einschließen sollte.[17]

Von besonderem Reiz für den Musikhistoriker sind Berichte, die über Ereignisse Auskunft geben und dabei auch Informationen zu Instrumentalmusik und Gesang geben. Für Donauwörth liegt eine Chronik vor, die der Benediktiner Johann Knebel aus dem Kloster Heilig Kreuz um 1528/29 verfasste.[18] Darin hält er Details zu einem Besuch König Maximilians in Donauwörth fest. Zu dem Ereignis im Jahr 1490 bemerkt Knebel das Interesse Maximilians an einer Orgel, denn in der neu erbauten Pfarrkirche hatte eine solche gefehlt:[19]

„Ist Kunigliche Mayestat Nach Etlichen tagen gen schwebischen werd kumen [...] Vnd liebe zu dem gotts zier alß dan ersthin In der müesamen vnd kostbreuchigen bauung Der pfarkichen (wie Du oben hast gehort) Daß alles Inen nit genüg waß, darvmb sy vervnder nit haben aufgehert gott zu lob die selben zieren. Darmit aber gott nit allain mit singen vnd lesen da gelobt wurd sunder auch alß Der kuniglich Prophet Dauid vnß lernett Daß mir gott solen loben In der bauggen vnd Im kor In den saiten vnd In der orgel. Deß halben sy gott zu lob Im Jar alß man 90 zelet ain schone vnd ain lieblich orgel gebauet vnd In daß langkhauß ob der eetthür gesetzet vnd nit ain lain die Orgel sonder auch einen Maister. Da so dieser kunst bericht vnd kinstlich waß mit erlich Jerlichem sold darzu gesoldet, Darmit die eer vnd lob gottes stattlich gefudert wurde. Wellicher Maister Inen von seiner kunst wegen In nachvolgender zeit wurd durch die fursten von sachsßen abgesetzt."

In der Donauwörther Münster-Pfarrkirche dokumentieren Reste von Wandmalereien in etwa den Standort, an dem sich die Orgel befunden haben muss. Bisher ist es nicht gelungen, die Identität des Organisten zu klären, den der sächsische Hof schon nach kurzer Zeit abwarb.[20] Zehn Jahre später (1500) weilte Maximilian erneut in der Stadt. Dabei erreichte ihn die Nachricht von der Geburt seines Enkels Karl:[21]

„vnd alß sein May[estat] ain klaine Zeit da waß gewest, kamen auf den weissen sonetag frölich bottschafften Wie seiner May[estat] herr vnd sun Kinig Philips ain Jungen sun hette überkumen, weliche botschafft grosse freud machet, nit allain K. Mt. sunder auch allem hoffgesund vnd burgerschafft zu werd mit Im. [in marg. Natiuitas Carolj primó celebrata Werdeae – Dominica Inuocauit Ao 1500.]

Wie ain Froeden Feür vnd costlicher danz zuo fröden vnd eeren /K/Mt/ gehalten wurd.

Fol 209v

Also auf obgedachten weissen Sunetag haben die burgere zuo werd bey dem heiligen Creuz ain grossen hauffen holz vor Sant veits Capel an dem berg angelegt, vnd von Kaisers[22] Mt. krenz mit guldin ringen dar auf gesteckt. Den Hauffen mit stro / schweffel / pulver besteckt vnd zu ring darvm hör trumeten / vnd baugken darvm gestellet vnd also verkündet, so der hauff mit feur ward angestossen daß sy all mit schall solten aufblasen vnd weliche darnach ain kranz mechte mit seiner Hand holen, der wer sein mit sampt dem anhangenden klainet (aber wenig wurden geholet) alß nun daß feur mit seinen flamen In alle höch aufstig, vnd daß gethön von baugken vnd Trumen auserhalb der statt weit erhal vnd erschin/ Send die vm ligenden Nachbauren In den dörffen erschrocken vnd also der statt zuogeeylet, vermainten es bren oder were Inen ainicherlay schadens zu gestanden, vm soliche zulauffung wurde In fraintlich gedanckt vnd mit gutem bestand abgewisen, Alß aber nu daß feur waß erloschen / daß gethön vergangen / haben dar zwischen die ersamen burger irem Herren vnd künig zu eeren vnd freuden ain schönen Tanz mit Iren weiben vnd kindern zugericht auf dem tanzhauß, vnd daß mit fleyß vnd Zier zugericht nach aller notturfft, auch daher speiß vnd Dranck nach lust mit kostlicher Credenzen verordnet, Dann on frowen vnd wein Ist beß frelich sein.

[in marg. Kaysertanntz alhie]

Alß nun solichs alls zu waß gericht ist kunigliche may. Mit grosen eeren Dar zu belaidt worden, vnd alßo Den ersten Rayen mit Michel Imhoffs gemachel gethon, Darnach ander fursten grafen freyen, Riter vnd Knecht, hett auch K. Mt. sein Trumeter, Kessel oder hoerbaugen auf ain ortt verordnet, auf den andern Die zwerchpfeyffen vnd feldbaugken, auf den dritten Zingken vnd ander Pfeyffer, vnd alß diese freud ain end hett, Ist K. Mt. wider an sein herberg geriten Vnd da alle ding [fol. 210r] von gemainer stat dienern behalten worden / alos nach vierzen tagen zoch /K. Mt. zu werd hinweg, denn seiner Mayestat kamen bottschafft wie Ludwig Kinig zuo Franckreich mit gewaltiger hand In welschland wer gefallen In dem monat des hornungs […]"

Als Datum für das Ereignis des Freudenfests setzt Knebel in der Donauwörther Chronik zweifellos den weißen Sonntag. Im Jahr 1500 wäre dieser Tag auf den 26. April gefallen. In seinem Beitrag benennt Franz Ludwig Baumann freilich den 8. März. Die Diskrepanz rührt vermutlich daher, dass es von Johann Knebel nicht nur die genannte Donauwörther Chronik gibt, sondern auch noch eine zweite, nämlich zur Geschichte des Klosters Kaisheim. Im Jahr 1531 war sie abgeschlossen.[23] Darin hält Knebel ebenfalls die Nachricht über die Geburt von Maximilians Sohn Karl im Jahr 1500 fest:[24]

> „In disem jar kam k. mayestat Maximilian gen Schwebischenwerd und am sontag Invocavit [8. März 1500] kam seiner mayestat botschaft, wie seiner k. mayestat sun kinig Philips von Castilien, geporner erzherzog von Osterreich, ain jungen herren und sun hett uberkomen, gehaisen Carolus (izund ro. Kaiser Carolus der funft genant). Da waß grosse fred mit pfeyfen, baugken und trummenschlagen und fredenfeur gehalten, klainather darein gestekt, darnach um VII ur in der nacht wurd seiner mayestat ain burgertanz gehalten und nach kinigclichen eheren wein und confect dazue geordnet von aim ersamen rath."

Tatsächlich fiel der erste Fastensonntag *(Invocavit)* in diesem Jahr auf den 8. März. Damit gehen die beiden einander widersprechenden Datierungen auf Knebel selbst zurück, da er in der Kaisheimer Chronik den Sonntag *Invocavit* nennt, in der Donauwörther Chronik aber den Weißen Sonntag. Knebels Aufzeichnungen zu seinem Mutterkloster enthalten noch einige weitere Hinweise auf die Musik. So hatte Abt Lienhart im Jahr 1480 eine Orgel gekauft „und in seinen chor und kirchen zuo Kaißham lassen machen, weliche da belib, biß man zelet 1502."[25] Wo dieses Instrument seinen Platz gefunden hatte, erfährt man anhand einer Geschichte, die mit der alten Kaisheimer Legende vom Teufel im Glas zu tun hat. Es muss im 14. Jahrhundert gewesen sein, als ein Kaisheimer Klosterbruder bei einem Exorzismus einen Teufel gefangen nehmen konnte und ins Kloster mitbrachte, wo er ihn in einem gläsernen Gefäß einsperrte, das er oben am Gewölbe des spätgotischen Chors oberhalb des Chorgestühls aufhing.[26] 1483, also nur wenige Jahre nach Fertigstellung der Orgel, hielt sich Paul Weiler, der *fütermaister* Kaiser Friedrichs III. in Kaisheim auf. Aus Neugier schlich er dem „Conventher, der die orgel schlagen wolt, auf daß gewelb"[27] nach. Daraus kann man entnehmen, dass die Orgel hoch oben an einer der Chorwände, vermutlich auf einer Schwalbennestempore, angebracht war, wobei die Zugangstüre nicht mehr weit von der Stelle entfernt war, wo immer noch der Teufel im Glas zu sehen war. Paul Weiler nämlich „macht sich gar auf daß gewelb hinauf, wolt den teufel im glaß probieren, [...] dabei] kam im ain sollich groß scheuch und grauen, daß er vermaint, es wer ain ganze legion teufel um in, und fuel also hin in ain onmacht, lag da, biß alle menschen zu tisch sazen [...] Alß man suchet, fand man in noch ligen und ganz schwach [...] Aber er wolt furbaß nimmerer mit dem teufel scherzen."²⁸ Diese Erzählung wurde offenbar sogar mit der Person des jungen Prinzen Maximilian in Verbindung gebracht, der mit seinem Vater Friedrich das Kloster besuchte. Dieser habe dabei einem seiner Diener befohlen, auf das Gewölbe hinaufzusteigen.²⁹ Musikalisch scheint der kleine Unhold durchaus auch selbst aktiv gewesen zu sein. Als beim nächtlichen Psalmodieren die fünfzig Mönche Probleme mit dem 5. Psalmton hatten, spottete der Teufel genau auf diese Melodie rezitierend: „Sunt quinquaginta Monachi in choro, et nexciunt quintum tonum!"³⁰ 1502 schließlich wurde die Orgel unter Abt Georg ersetzt: „Er hat auch in disem jar gott zuo lob und eher (wie unß dan der psalmist lernet gott loben am CL. Psalm: Lobend gott in der baugken und chor, lobend in in den sayten und orgel) ain kostliche neue orgel lassen machen durch ain barfussermunich, Maister Martin genant, und dieweil dieser munich an der orgel machet, hat gedachter abt ainen seiner conventbruder, Leonhardus Franck genant, gen Hailsprunn geschickt, weiter auf der orgel zu lernen von ainem hoch berempten organisten, ainer deß convents daselbst, Johannes Jubilate genant."³¹

Und auch die Geschichte vom Teufel im Glas endete noch vor der Mitte des 16. Jahrhunderts. Als bei einem Gewitter im Jahr 1543 ein Blitz in der Klosterkirche einschlug, zerbrach das Glas, und der Teufel ward seither nicht mehr gesehen.³² Und noch der komponierende Mönch Valentin Rathgeber setzte in seinem Werk „Ohren=vergnügendes und Gemüth=ergözendes Tafel=Confect" dem Spott singenden Teufel im Glas ein musikalisches Denkmal.³³

Anmerkungen

1 Johannes Cuspinianus, Ein außerlesene Chronica von C. Jul. Cesare dem ersten / bis auff Carolum quintum, Straßburg 1541, S. 256. Zuvor lateinisch: Johannes Cuspinianus, De Caesaribus atque Imperatoribus Romanis opus insigne, 1540, S. 738.
2 Alwin Schultz, Der Weisskunig. Nach den Dictaten und eigenhändigen Aufzeichnungen Kaiser Maximilians I. zusammengestellt von Marx Treitzsauerwein von Ehrentreitz. In: Jahrbuch der kunsthistorischen Sammlungen des Allerhöchsten Kaiserhauses 6 (1888), S. I-XXVIII, 1–558; hier: S. 80.
3 Etwa Hans Joachim Moser, Paul Hofhaimer: Ein Lied- und Orgelmeister des deutschen Humanismus, Stuttgart und Berlin 1929. Louise Cuyler, The Emperor Maximilian I and Music, London, New York, Toronto 1973. Nicole Schwindt, Maximilians Lieder. Weltliche Musik in deutschen Landen um 1500. Kassel und Stuttgart 2018.
4 Innsbruck, Tiroler Landesarchiv, oökrb 45, fol. 42.
5 Wiesflecker, Kaiser Maximilian I. Bd. III, S. 174 ff. und 497 ff.
6 RI XIV,4,2 n. 21160, in: Regesta Imperii Online. (27.02.2020) Vgl. Schwindt, Maximilians Lieder, S. 66.
7 RI XIV,4,1 n. 19505, in: Regesta Imperii Online. (27.02.2020) Hierzu auch: Schwindt, Maximilians Lieder, S. 55.
8 RI XIV,4,1 n. 19471, in Regesta Imperii Online. (27.02.2020)
9 Schwindt, Maximilians Lieder, S. 59.
10 Schultz, Weisskunig, S. 79 f.
11 Klaus Martius und Josef Focht, Füssen – das europäische Lautenkartell, in: Boje E. Hans Schmuhl in Verbindung mit Monika Lustig (Hg.), Musikalische Aufführungspraxis in natio-

nalen Dialogen des 16. Jahrhunderts, Teil 2: Musikinstrumentenbau-Zentren im 16. Jahrhundert. 26. Musikinstrumentenbau-Symposium Michaelstein, 6. bis 8. Mai 2005, Augsburg 2007, S. 85–104.
12 Josef Focht und Klaus Martius, Wirtschaftliche Grundlagen und kulturelle Rahmenbedingungen süddeutscher Instrumentenbau-Zentren des 16. Jahrhunderts, in: Boje E. Hans Schmuhl in Verbindung mit Monika Lustig (Hg.), Musikalische Aufführungspraxis in nationalen Dialogen des 16. Jahrhunderts, Teil 2: Musikinstrumentenbau-Zentren im 16. Jahrhundert. 26. Musikinstrumentenbau-Symposium Michaelstein, 6. bis 8. Mai 2005, Augsburg 2007, S. 65–84; hier: S. 74–77.
13 Focht und Martius Grundlagen, S. 73.
14 Wien, Österreichische Nationalbibliothek, Cod. Min. 77, fol. 9.
15 Joseph Chmel, Regesta chronologico-diplomatica Frederici III. Romanorum imperatoris (regis IV), Wien 1840, S. 771. Vgl. Schwindt, Maximilians Lieder, S. 68 und 128.
16 Barra Boydell, Ieorg Wier: An Early Sixteenth-Century Crumhorn Maker, in: Early Music 7 (1979), S. 511–518. Focht und Martius, Grundlagen, S. 77.
17 Vgl. Franz Körndle und Moritz Kelber, Die Wertheimer Stadtmusik, in: Wertheimer Jahrbuch 2016/2017, Wertheim 2018, S. 95-112; hier: S. 101.
18 Franz Ludwig Baumann, Die Meistersänger und ein Volksfest zu Donauwörth, in: Zeitschrift des Historischen Vereins für Schwaben und Neuburg 3 (1876), S. 108–114; hier: S. 108.
19 Knebel, Chronik von Donauwörth: Augsburg, Universitätsbibliothek, Oettingen-Wallersteinsche Bibliothek, Cod.III.2.2.18, fol. 194r.
20 Franz Körndle, Anmerkungen zu Orgel, Alternatim und Ablass um 1500, in: Stefan Gasch, Markus Grassl und August Valentin Rabe (Hg.), Henricus Isaac (c. 1450/5-1517). Composition – Reception – Interpretation, Wien 2019, S. 247–266; hier S. 249 f.
21 Knebel, Chronik von Donauwörth, fol. 209r-210r. Hierzu: Baumann, Meistersänger, S. 113 f.
22 1500 war Maximilian deutscher König. Aus der Zeit um 1528/29 rückblickend war Maximilian für Knebel aber als Kaiser in Erinnerung.
23 Johann Knebel, Die Chronik des Klosters Kaisheim, hg. V. Franz Hüttner, in: Bibliothek des litterarischen Vereins in Stuttgart 262, Tübingen 1902.
24 Knebel, Chronik Kaisheim, S. 353.
25 Knebel, Chronik Kaisheim, S. 263.
26 Knebel, Chronik Kaisheim, S. 112.
27 Knebel Chronik Kaisheim, S. 336.
28 Ebenda.
29 Paul Beck, Der Teufel im Glase, in: Zeitschrift für Volkskunde 21 (1911), S. 278 .
30 Beck, Teufel, S. 279.
31 Knebel, Chronik Kaisheim, S. 355.
32 Beck, Teufel, S. 279.
33 Valentin Rathgeber, „Ohren=vergnügendes und Gemüth=ergözendes Tafel=Confect", Augsburg 1733, S. 4

Franz Körndle wurde 1958 in Monheim geboren. Er studierte Musikwissenschaft, Kunstgeschichte und Mittelalterliche Geschichte an den Universitäten München und Augsburg. 1990 wurde er an der Universität München zum Dr. phil. promoviert, 1996 habilitiert. Körndle war von 1986 –1997 Assistent am Münchner Institut, von 1997 –1999 wissenschaftlicher Mitarbeiter. Von 2001 – 2008 war er Hochschuldozent am gemeinsamen Institut für Musikwissenschaft der Hochschule für Musik Franz Liszt und der Friedrich-Schiller-Universität Jena. Seit April 2010 ist er Professor für Musikwissenschaft an der Universität Augsburg. 2012 bis 2014 war er dort Leiter des Leopold-Mozart-Zentrums.

Wolfgang Wallenta

Gedechtnus – Das Nachleben Kaiser Maximilians I. in den schwäbischen Städten vom 16. Jahrhundert bis zur Gegenwart

Kaiser Maximilian I. (1459–1519) gehört zu den bedeutendsten Herrschern der deutschen und europäischen Geschichte. Unter seiner Herrschaft stieg das Haus Habsburg zu einer Weltmacht auf, einem Reich, in dem die Sonne nicht unterging. Einen beträchtlichen Anteil an diesem Aufstieg des Hauses Habsburg hatten die schwäbischen Städte.

Ohne die finanzielle und militärische Unterstützung aus Städten wie Augsburg, Ulm, Memmingen, Füssen, Kaufbeuren, Donauwörth, Nördlingen, Lindau, Dillingen und Mindelheim, um nur die wichtigsten zu nennen, hätte der Kaiser seine machtpolitischen Ziele nur schwer erreichen können. Im Jubiläumsjahr 2019, in welchem sich der Todestag des Kaisers zum 500. Mal jährt, wurde deshalb auch in Schwaben in zahlreichen Veranstaltungen mit Vorträgen, Ausstellungen, Konzerten, Kolloquien, Festzügen, Buchveröffentlichungen und anderen Aktivitäten des Kaisers gedacht, der sich in den schwäbischen Städten besonders wohlgefühlt hat.

Bis heute also ist dieser Kaiser an der Wende vom Mittelalter zur Neuzeit in vielfältiger Weise im historischen und kulturellen Gedächtnis Schwabens präsent.

Eine zentrale Rolle im Leben des Kaisers spielte der Begriff „Gedechtnus", das Andenken an den Herrscher, der Nachruhm. In jeder Darstellung Maximilians liest man den Satz des Kaisers aus dem „Weißkunig", in dem er sich für die Ausgaben der Erinnerungskultur an seine Person rechtfertigt: „Wer Jme in seinem Leben kain Gedachtnus macht der hat nach seinem todt kain gedachtnus vnd desselben menschen wirdt mit dem glockendon vergessen vnd darum so wirdt das gelt so Jch auf die gedechtnus ausgib nit verloren".[1]

Im Zuge der Auseinandersetzung mit der Person und der Lebensleistung des Kaisers ist es interessant zu sehen, wie das Andenken an Maximilian in den schwäbischen Städten gepflegt worden ist, wie an Maximilian erinnert wird, woran erinnert wird und wer sich an diesem „Gedechtnus" beteiligt. Der Untersuchungszeitraum reicht dabei vom 16. Jahrhundert bis zur Gegenwart.

Alle Städte dieser Betrachtung gehören heute zum Regierungsbezirk Bayerisch-Schwaben, in der Zeit vor 1800 war dies aber völlig anders. Reichsstädte und landsässige Städte verschiedener Obrigkeiten, darunter das Hochstift Augsburg und das Kurfürstentum Bayern, bildeten zur Zeit des Heiligen Römischen Reiches im bayerisch-schwäbischen Raum die Situation eines Herrschaftspluralismus, der seit über 200 Jahren, nach dem Ende des Alten Reiches und der Gründung des Königreichs Bayern 1806, überwunden, im heutigen kulturellen und oft auch im politischen Selbstbewusstsein dieser Städte aber nicht vergessen ist.

Es gibt mehrere Formen des „Gedechtnusses" an Maximilian I. in den schwäbischen Städten. Da ist das „Gedechtnus", das der Kaiser sich selber machte, das Gedächtnis der Städte und das „Gedechtnus" von Vereinen und unterschiedlichen Organisationen.

Fangen wir mit dem „Gedechtnus" in Augsburg an, der Stadt, in der der Kaiser, zählt man den Zeitraum seiner 57 Aufenthalte als Prinz und Herrscher zusammen, drei Jahre, vier Monate und 16 Tage verbracht hat[2].

Der Kaiser hatte viel vor mit seiner Lieblingsstadt Augsburg. Es sollte dort eine Universität eingerichtet werden, deren Gründung dann allerdings erst im Jahr 1970 realisiert wurde. Vor der Kirche St. Ulrich und Afra sollte ein monumentales Reiterstandbild den Kaiser im Stil eines antiken Imperators verherrlichen. Das Projekt scheiterte, es ist nur ein Entwurf für das Denkmal von Hans Burgkmair dem Älteren erhalten. Der Kaiser hat dann aber dennoch ein Denkmal aus Stein bekommen, wenn auch mit großer Verspätung in den Jahren 1912/13, als der Bildhauer Georg Albertshofer im Auftrag der Stadt Augsburg an der Ecke Steingasse/Annastrasse ein Reiterstandbild des Kaisers schuf, das bis heute, von den Zeitgenossen weitgehend unbeachtet, Maximilian in prächtiger Rüstung zeigt[3].

Das einzige Denkmal, das zu Lebzeiten auf Initiative des Kaisers entworfen und drei Jahre nach seinem Tod fertiggestellt worden ist, sind die „Vier Gulden Stain" in der ehemaligen Dominikanerklosterkirche, bis vor wenigen Jahren noch „Römisches Museum" in Augsburg. Diese vier zum Teil vergoldeten Steintafeln erinnern durch Inschriften an Kaiser Maximilian, seinen Sohn Philipp den Schönen und an seine Enkel Karl und Ferdinand. Der Kaiser ist hier ein Meister der Selbstdarstellung seiner selbst und seiner Dynastie.

Der wohl größte „Gedechtnusort" an den Kaiser ist die Maximilianstrasse, die allerdings erst seit 1957 dem Kaiser gewidmet ist, vorher war der Widmungsträger König Maximilian I. von Bayern, seit dem Jahr 1806 König von Napoleons Gnaden und seit 1806 Stadtherr von Augsburg[4]. Mit schwäbischer Schlauheit und dem bekannten Sinn für Sparsamkeit wurde der Widmungsträgerwechsel so eingerichtet, dass in den Briefköpfen die Adresse „Maximilianstrasse" beibehalten werden konnte, nur eben jetzt habsburgisch anstatt wittelsbachisch. Das Maximilianmuseum in Augsburg, wo vom 15. Juni 2019 bis zum 15. September 2019 eine große Ausstellung zu Ehren des Kaisers stattfand, ist zwar nicht nach unserem Maximilian benannt, sondern nach dem bayerischen

König Maximilian II., es gibt aber einen Museumsführer aus dem Jahr 1910, der ein Konterfei des Kaisers auf dem Umschlag hat. Man wünschte sich den großen Kaiser als Namensgeber des Museums, nicht einen Wittelsbacher, den kaum einer kannte.

Es gibt in Augsburg über 30 Orte, die durch Gedenktafeln, Standbilder, Gemälde und andere Formen der künstlerischen Darstellung an Maximilian erinnern. Kein Kaiser ist dadurch im historischen Gedächtnis der Stadt so festgehalten wie Maximilian I. Der größte „Gedechtnusort", die Maximilianstrasse, ein Prachtboulevard, ist würdig, den Namen eines Kaisers zu tragen, auch wenn es die Straße in dieser Form erst seit dem Beginn des 19. Jahrhunderts, nach dem Abbruch des Siegelhauses von Elias Holl, gibt.

Hier sind wir bei einer ganz bestimmten Form des Gedenkens: Die Benennung von Straßen und Plätzen nach Maximilian. Eine andere Form, in mehreren Städten Schwabens zu finden, ist die Erinnerung an den Kaiser durch Feste, hier vor allem Kinderfeste.

Zu Plätzen und Straßen

In Füssen wurde am 24. Mai 1993 durch Stadtratsbeschluss der ehemalige „Augsburger-Tor-Platz" in „Kaiser- Maximilian-Platz" umbenannt[5]. Füssen gehörte, neben Augsburg und Innsbruck, zu den Orten, wo sich der Kaiser besonders oft aufhielt. Die kleine Stadt am Lech, zur Zeit Maximilians zum Fürstbistum Augsburg gehörend, ist stark am Tourismus orientiert und kann mit der Erinnerung an den Kaiser und seiner engen Beziehung zu dieser Stadt in dieser Hinsicht gut punkten.

In der ehemaligen Reichsstadt Kaufbeuren wird nicht mit einem Platz, sondern mit einer Straße an den Kaiser erinnert. Die Hauptachse der Kaufbeurer Altstadt, die über viele Jahrhunderte, auch zur Zeit Kaiser Maximilians, schlicht „Markt" oder „am Markt" hieß, wurde im Jahr 1900 in „Kaiser-Maximilian-Straße" umbenannt. Die Umbenennung im Jahr 1900 erfolgte in einer Zeit, in der überall im Deutschen Reich die Erinnerung an das Mittelalter als einer Zeit der Hochblüte deutscher Macht, Kunst und Kultur intensiv gepflegt wurde[6]. Wie in Füssen, so weilte der Kaiser auch oft in Kaufbeuren, im Gebäude der heutigen Evangelischen Dreifaltigkeitskirche in der Kaiser-Maximilian-Straße 21 nahm der Kaiser dabei oft Quartier[7]. Auch in Mindelheim gibt es eine Maximilianstrasse, diese ist allerdings nicht nach dem bedeutenden Habsburger, sondern nach einem Wittelsbacher Herrscher benannt, die Straße heißt so seit der Zeit um 1860[8]. Dennoch darf auch in dieser Stadt, die zu Maximilians Zeiten dem Ritter und Landsknechtsführer Georg von Frundsberg (1473 – 1528) gehörte, wie noch zu zeigen ist, die Erinnerung an den Kaiser nicht fehlen.

Andere Formen der Erinnerung:

Ein sehr interessantes Detail zum „Gedechtnus" Maximilians noch zu seinen Lebzeiten ist eine Statue aus Stein, die von dem berühmten Bildhauer Stefan Weyrer, Kirchenbaumeister bei St. Georg, am ehemaligen Tanz- und Brothaus der Reichsstadt Nördlingen 1513 geschaffen und aufgestellt worden ist, wofür der Künstler 16 Gulden bekam. Das Standbild ist heute an der Ostseite des ab 1442 begonnenen stattlichen Hauses am Marktplatz 15 zu finden. Es ist mit der Angabe „1513" datiert und trägt die Inschrift: „Maximilianus Romanorum Imperator Semper Augustus"[9]. Auch der ehemaligen Reichsstadt Nördlingen stattete der Kaiser zahlreiche Besuche ab[10]. In der Nachbarstadt Nördlingens, in Donauwörth, zur Zeit Maximilians ebenfalls eine Reichsstadt, wird im ehemaligen Tanzhaus an der Reichsstrasse daran erinnert, dass hier am 8. März 1500 Maximilian die Geburt seines Enkels Karl feierte, der wenige Tage vorher, am 24. Februar 1500, in Gent das Licht der Welt erblickt hatte[11]. In Abhandlungen zur Geschichte Memmingens taucht immer wieder der Topos der „Ruh- und Schlafzell" Maximilians auf, bezugnehmend auf die 13 Aufenthalte des Kaisers in der ehemaligen Reichsstadt.

Nach so vielen Städten ein kleiner Ausflug aufs Land in das schöne Allgäu: In der katholischen Pfarrkirche St. Georg und Martin zu Wildpoldsried ist im nördlichen Seitenschiff der so genannte „Wildpoldsrieder Leuchter" zu bewundern, der, um 1519, von dem bedeutenden Bildhauer Jörg Lederer geschaffen worden ist. Er zeigt die Stangen eines Zwölfenders, verbunden durch eine Doppelbüste Maximilians und seines Enkels, Kaiser Karls V. mit ihren Wappenschilden. Das Kunstwerk stammt wohl aus der ehemaligen Burg Wagegg bei Haldenwang im Oberallgäu[12].

Etwas erstaunt bei meiner Recherche hat mich, dass in meiner Geburtsstadt Dillingen relativ wenig an den großen Habsburger erinnert, obwohl er als junger Prinz dort von Dezember 1474 bis November 1475 fast ein Jahr unter der Obhut des Augsburger Fürstbischofs verbracht und dort in den umliegenden Wäldern seiner bereits damals sehr ausgeprägten Leidenschaft, der Jagd, gefrönt hat. Aus diesem Aufenthalt in der ehemaligen fürstbischöflich-augsburgischen Residenzstadt könnte Dillingen viel touristisches Kapital schlagen – vielleicht kommt das ja noch. Immerhin erinnert ein Aufsatz des ehemaligen Bistumshistorikers Friedrich Zoepfl aus dem Jahr 1963 an diesen Aufenthalt[13]. Überhaupt ist Maximilian in zahlreichen Aufsätzen der historischen Vereine der schwäbischen Städte seit dem 19. Jahrhundert präsent, auch eine Form des „Gedechtnusses".

Bedeutend ist die Erinnerung an den Kaiser in den Festen, hier vor allem den Kinderfesten Schwabens[14]. Das heutige Frundsbergfest in Mindelheim wurde 1836 zum ersten Mal als Kinderfest unter der Aufsicht der Lehrer begangen, man ging von der Stadt zum Katharinenberg empor. Den Charakter eines

Kinderfestes verlor dieses Fest, als 1912 diverse Veranstaltungen mit historisch gewandeten Personen unter dem Motto „der Einzug Kaiser Maximilians in die Stadt Mindelheim zum Besuche Ritters Frundsberg" mit dem Kinderfest zusammengelegt und in der Folge als „Frundsbergfest" begangen wurden[15].

Auch beim Kaufbeurer Tänzelfest, einem anderen bedeutenden Kinderfest, das seit dem 17. Jahrhundert gefeiert wird, ist steht der Kaiser im Mittelpunkt, allerdings erst seit 1959, dem 500. Geburtstags Maximilians. Vorher war der Protagonist des Festes der arme König Konradin, 1268 in Neapel mit 16 Jahren enthauptet. Der bekannte Dichter Arthur Maximilian Miller schrieb für 1959 die Begrüßungsszene vor dem Rathaus mit der Bürgerhuldigung und dem Treueschwur.

In Kaufbeuren gab es lange Zeit eine Diskussion, ob das Tänzelfest dort 1497 von Maximilian gestiftet worden wäre, seinen Ursprung in einem Schützenfest habend[16]. In einer neueren Abhandlung zur Geschichte Kaufbeurens kommt der Historiker Jürgen Kraus allerdings zu dem Schluss: „Die Stiftung als Kinderfest durch Kaiser Maximilian I. ist nicht nur unwahrscheinlich, sie ist abwegig"[17].

Auch in Nördlingen ist Maximilian in einem Kinderfest präsent. Dort gibt es seit dem Jahr 1406 das Stabenfest, auch dort wird an die Aufenthalte des Herrschers in der Stadt erinnert, ebenso im Scharlachfest, das von 1438 bis zum Tod des Kaisers 1519 als Turnier ausgerichtet und nach dem Zweiten Weltkrieg wiederbelebt worden ist.

Im Donauwörther Kinderfest „Schwäbischwerder Kindertag" gehört Kaiser Maximilian ebenfalls zum festen Programmpunkt. Dort ist der Kaiser, dargestellt durch ein Kind, in einer Kutsche sitzend, Teil des Festzuges.

Es gibt also eine Vielzahl des Gedenkens an Maximilian in Schwaben, auch die Veranstaltung „Kaiser Maximilian in Schwaben", zu der dieser Text entstanden ist, reiht sich ja in diesen Zusammenhang ein[18].

Seit dem 16. Jahrhundert bis heute ist der Kaiser auf verschiedene Art und Weise in Bayerisch-Schwaben präsent. Er ist ein wichtiger Bestandteil bayerisch-schwäbischen Geschichtsbewusstseins. Seine Absicht, sich ein „Gedechtnus", Nachruhm, zu schaffen, hatte also Erfolg.

Die Frage wäre zu stellen, weshalb gerade dieser Kaiser nach 500 Jahren immer noch so gegenwärtig in den schwäbischen Städten ist. Was macht diese Faszination dieses Mannes aus, dass man seiner auch nach 500 Jahren immer noch in so vielfältiger Weise gedenkt?

Anmerkungen

1   Rajkay, Barbara: Der Kaiser im Gedächtnis der Stadt. Eine Chronik, in: Maximilian I. 1459-1519, Kaiser. Ritter, Bürger zu Augsburg, hg. von Heidrun Lange-Krach, Regensburg 2019, S. 165–173, S. 165.

2   Böhm, Christoph: Die Reichsstadt Augsburg und Kaiser Maximilian I. Untersuchungen zum Beziehungsgeflecht zwischen Reichsstadt und Herrscher an der Wende zur Neuzeit (Abhandlungen zur Geschichte der Stadt Augsburg, Bd. 36), Sigmaringen 1998, S. 392.
3   Wallenta, Wolfgang: Kaiser Maximilian I. und Augsburg, in: Augsburger Zeiten, 20. Jahrgang, Sommer 2019, S. 8–11, S. 10
4   Rajkay, Der Kaiser im Gedächtnis der Stadt, S. 171.
5   Böhm, Christoph: Kaiser Maximilian I. und Füssen. Die Zeit von 1492 bis zum Tode Gossembrots 1502, in: Alt Füssen, Jahrbuch des Historischen Vereins Alt Füssen, 1994, S. 45–58, S. 45.
6   Herzlichen Dank für diese Information an Dr. Peter Keller, Leiter des Stadtarchivs Kaufbeuren.
7   Höhne, Rochus: Die Besuche Kaiser Maximilians in Kaufbeuren, in: Kaufbeurer Geschichtsblätter 11 (1993), S. 445–456, S. 446.
8   Herzlichen Dank für diese Information an die Damen des Tourismusbüros in Mindelheim.
9   Vollmar, Bernd/Paula, Georg/Kociumaka, Catharina: Stadt Nördlingen, Denkmäler in Bayern, Bd. VII 90/2, München 1998, S. 165f.
10 Schenk, Gerrit: Zeremoniell und Politik. Herrschereinzüge im spätmittelalterlichen Reich, Köln/Weimar/Wien 2003, S. 624–656.
11 Horn, Adam (bearb.): Die Kunstdenkmäler von Schwaben III, Landkreis Donauwörth, München 1951, S. 200.
12 Dehio, Georg: Handbuch der Deutschen Kunstdenkmäler, Bayern III: Schwaben, berarbeitet von Bruno Bushart und Georg Paula, Darmstadt 1989, S. 1090.
13 Zoepfl, Friedrich: Kaiser Maximilian I. in Dillingen, in: Sonderdruck aus dem Jahrbuch des Historischen Vereins Dillingen a. d. Donau LXIV/LXV, Jahrgang 1962/63, Dillingen 1963, S. 61–67.
14 Vgl. dazu: Friess, Peter: Die oberschwäbischen Kinderfeste – regionale Erinnerungsorte oder lokales Brauchtum, in: Erinnerungsorte in Oberschwaben. Regionale Identität im kulturellen Gedächtnis, hg. von Rolf Kießling und Dietmar Schiersner, Konstanz 2009, S. 321–348.
15 Dazu der reich bebilderte Band: Frundsbergfest, Texte von Dr. Reinhard Baumann u.a., Mindelheim 2015.
16 Ledermann, Richard: Das Kaufbeurer Tänzelfest im Wandel der Jahrhunderte. Forschungen und Erinnerungen eines alten Tänzelfestfreundes, Sonderveröffentlichung des Historischen Vereins für Schwaben, Augsburg o.J. (1964), S.9–16.
17 Kraus, Jürgen: Die Unantastbarkeit der Tradition. Das Kaufbeurer Tänzelfest, in: Dieter,Stefan/Kraus Jürgen (Hg.): Die Stadt Kaufbeuren, Bd. II.: Kunstgeschichte, Bürgerkultur und religiöses Leben, Thalhofen 2001, S. 196–213, S. 198.
18 Kolloquium „Maximilian in Schwaben" am 30.05.2019 im Jagdschloss Mickhausen und im Literaturschloss Edelstetten.

Dr. Wolfgang Wallenta hat an der Universität Augsburg die Fächer Geschichte und Politikwissenschaft studiert. Er lebt und arbeitet in Augsburg.

Thomas Engelke

Skizzen zum Urkundenwesen Maximilians I.

Wie beim zugrundeliegenden Vortrag im Rahmen des Literarischen Salons 2019 soll es sich beim vorliegenden Text nicht um eine – an dieser Stelle deutlich zu weit führende – wissenschaftliche Abhandlung handeln, sondern es sollen nur einige Schlaglichter auf das Urkundenwesen des Königs bzw. Kaisers Maximilian I. geworfen werden. Dies soll im Wesentlichen durch die zahlreichen, diesem Text beigegebenen Fotografien geschehen, welche die im Text angesprochenen Entwicklungen bzw. Einzelmerkmale in ihrer direkten bildlichen Gegenüberstellung deutlich besser darstellen können, als jede textliche Beschreibung. Auch wird für diesen eher visuell gehaltenen Beitrag auf Anmerkungen verzichtet. Die Quellenangaben zu den verwendeten Abbildungen fin-

Abb. 1: Salierurkunde Kaiser Heinrichs III. vom 16. Juni 1049, Bayerisches Hauptstaatsarchiv, Hochstift Passau Urkunden 29

den sich dagegen direkt in der Bildunterschrift der entsprechenden Abbildungen. Außerdem wurden gemäß einem vom Veranstalter bereits im Vorfeld des Vortrags ausdrücklich geäußerten Wunsch bewusst ausschließlich Bildbeispiele von Urkunden Maximilians I. gewählt, die nicht aus Augsburg stammen – obwohl hier naturgemäß die Auswahl am größten wäre –, sondern aus anderen Gebieten Bayerisch-Schwabens. Dementsprechend sind hier die ehemaligen Reichsstädte Kaufbeuren, Kempten, Lindau und Memmingen mit Urkundenbeispielen vertreten.

Um das Urkundenwesen in der Zeit Maximilians I. zu verstehen, muss man einen Blick auf die Entwicklung der deutschen Königsurkunde im Allgemeinen werfen. Ihre weiteste Ausprägung hinsichtlich möglicher äußerer Merkmale und hinsichtlich ihrer Formularbestandteile hatte die Königsurkunde in der Salierzeit.

Hier findet sich eine Fülle von äußeren Merkmalen, die dem Betrachter auf dem ersten Blick auffallen, und die in ihrer Gesamtheit ein eindeutiges „Layout" ausmachen, an dem jeder Zeitgenosse das Modell einer Königsurkunde erkennen konnte. Dazu gehören zum Beispiel das sogenannte „Chrismon" (eine Anrufung Gottes in graphischer Form, hier als im Inneren mit Zierelementen ausgeschmückter Großbuchstabe „C" in der linken oberen Ecke der Urkunde), die „Littera Elongata" (eine sehr langgezogene Auszeichnungsschrift, wie sie in der ersten Zeile der Urkunde verwendet wird), die „Signumzeile" (im unteren Teil der Urkunde, auch in „Littera Elongata" verfasst mit dem großen „Monogramm" in der Mitte, das sämtliche Buchstaben des Namens des ausstellenden Königs umfasst und stellvertretend für dessen Unterschrift – Signum = Zeichen – steht), die „Rekognitionszeile" (darunter und ebenfalls in „Littera Elongata" verfasste Beglaubigung der Urkunde durch den Kanzler des Reichs, die durch ein Rekognitionszeichen, hier zwei verzierte Bögen, abgeschlossen wird) oder eben das Siegel der Urkunde.

Weniger deutlich sichtbar, aber genauso eindeutig ist die Anzahl von bis zu 12 Formularbestandteilen, die in ihrer Zusammensetzung ausmachen, wie eine Königsurkunde „klingt".

Beides reduziert sich im Laufe der Zeit ganz wesentlich. Zentraler Grund hierfür ist die Durchsetzung der sogenannten „Siegelurkunde" ab der Mitte des 13. Jahrhunderts. Ab jetzt wird das Siegel der Urkunde, das früher ein Kennzeichen unter vielen war, zum zentralen Beglaubigungszeichen. Dies ist an einem weiteren Urkundenbeispiel einer Königsurkunde von Ludwig dem Bayern aus dem Jahr 1331 im direkten Vergleich zum äußerem Erscheinungsbild der Königsurkunde der Salierzeit (wie in Abbildung 1) deutlich sichtbar.

Das Gesamterscheinungsbild der Urkunde ist jetzt deutlich schlichter. Und auch beim Formular der Urkunde gibt es eine deutliche Reduktion auf jetzt nur noch 5 Bestandteile. Dies sind die sogenannte „Intitulatio" (Selbstnennung des Ausstellers mit seinen Titeln) und die „Publicatio" (Wendung an die Öffentlichkeit) vor dem eigentlichen Rechtsinhalt der Urkunde, „Dispositio" genannt, sowie darauf folgend als Abschlußformeln die „Corroboratio" (Ankündigung von Beglaubigungsmitteln, hier zumeist die Siegelankündigung) und die Datierung der Urkunde. Und auch die meisten Urkunden Maximilians I. sehen genauso aus und entsprechen genau dem selben Formular.

Abb. 2: Urkunde Kaiser Ludwigs IV. (der Bayer) vom 27. März 1331, Bayerisches Hauptstaatsarchiv, Pfalz-Neuburg, Alte Landgerichte, Urkunden 238

Abb. 3: Schuldverschreibung König Maximilians I. vom 21. September 1501, Staatsarchiv Augsburg, Reichsstadt Lindau Urkunden 956

Doch daneben gibt es auch deutlich repräsentativer ausgeführte Urkunden. Zwar entsprechen auch diese dem einfachen Formular der Königsurkunde des Spätmittelalters, aber vom äußeren Erscheinungsbild her finden sich doch auch dekorativere Elemente, wie Auszeichnungsschriften, kunstvolle Initialen, an Seidenschnur statt an einer einfachen Pergamentpressel hängende Siegel und – in Einzelfällen – kolorierte Wappendarstellungen.

Der Grund hierfür liegt im Inhalt der Urkunden begründet. Handelte es sich um einfache Rechtsgeschäfte, reichte auch die einfachere Gestaltung der ausgestellten Urkunde aus. Wichtig für die Rechtsgültigkeit der Urkunde ist im Grunde nur die ordentliche Besiegelung derselben. Dies ist bei den Urkunden Maximilians auch nicht anders, als es schon bei Ludwig dem Bayern der Fall war. Und wichtig war es nur, eigene Rechtstitel sicher zu verwahren, um sie im Zweifelsfall (gerichtlich) nachweisen zu können. Diese Urkunden waren nicht dafür gedacht, wirklich öffentlich präsentiert zu werden, auch wenn die Öffentlichkeit der Urkunde über den Formularbestandteil der „Publicatio" immer wieder festgestellt wurde. Handelte es sich dagegen beim Rechtsinhalt der

Abb. 4: Gerichtsprivileg Kaiser Maximilians I. vom 13. Mai 1518, Staatsarchiv Augsburg, Reichsstadt Kempten Urkunden 930

Urkunde um ein Privileg, also die Übertragung besonderer Rechte durch den König (bzw. die Bestätigung früherer königlicher Privilegien durch den jetzt amtierenden König, da diese den Großteil der erteilten Privilegien ausmachten; völlig neu ausgestellte Privilegien waren in der Zeit Maximilians eher die Ausnahme), dann hatte zumeist der Empfänger desselben mitunter auch das

Bedürfnis nach einer repräsentativeren äußeren Form, die man gegebenenfalls auch in der Öffentlichkeit präsentieren konnte. Und in der Regel musste der Empfänger der Urkunde auch dafür bezahlen, wenn die Urkunde aufwändiger ausgestellt wurde, denn wie gesagt: für die bloße Rechtssicherheit reichte auch die einfachere Form der Urkunde aus. Diese Entwicklung war jedoch nichts grundlegend Neues im Urkundenwesen Maximilians, sondern schon unter seinen Vorgängern (zumindest im 15. Jahrhundert) gängige Praxis.

Daneben gibt es eine weitere Form der Königsurkunde, nämlich die des Mandats. Bei Mandaten handelt es sich um Befehlsschreiben, in denen eine einzelne Anordnung des Königs an einen bestimmten Empfänger oder eine Gruppe von Empfängern – im Zweifelsfalle können dies auch alle Untertanen des Reichs sein – erteilt wird. Mandate gibt es bereits seit der Zeit Kaiser Friedrichs II., also der ersten Hälfte des 13. Jahrhunderts, doch erst ab dem 15. Jahrhunderts werden sie häufiger und entwickeln ihre eigenständige Form. Vom Äußeren her sind sie sogar noch schlichter gehalten als die einfachen Urkunden, da sie zumeist „nur" auf Papier statt auf Pergament geschrieben wurden und mit einem einfachen auf der Rückseite aufgedrückten kleineren Siegel verschlossen wurden, anstatt mit einem größeren anhängenden Siegel versehen zu werden.

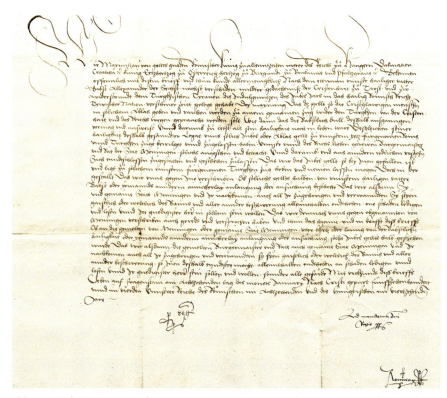

Abb. 5: Mandat König Maximilians I. vom 18. Januar 1504, Vorderseite, Staatsarchiv Augsburg, Reichsstadt Memmingen Urkunden 510

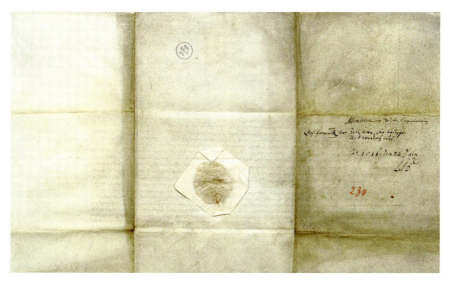

Abb. 6: Mandat Kaiser Maximilians I. vom 16. Juli 1516, Rückseite mit Verschlusssiegel, Staatsarchiv Augsburg, Reichsstadt Kaufbeuren Urkunden 230

Und Mandate unterscheiden sich auch im Formular. Statt einer „Publicatio", also der Wendung an die Öffentlichkeit, verfügen sie über eine sogenannte „Salutatio", eine Grußformel mit der Wendung an den konkreten Empfänger dieser konkreten königlichen Anweisung – auch wenn dies im Zweifelsfalle wiederum alle Untertanen des Reichs sein können.

Neben diesem kurzen Überblick über die Urkundenformen lohnt es sich exemplarisch bei zwei Aspekten noch einmal näher auf einzelne Teile des Formulars zu schauen. Der Formularbestandteil der „Intitulatio" beinhaltet die Selbstnennung des Ausstellers der Urkunde. Hierbei werden normalerweise der Name und der Titel des Ausstellers angegeben. Die „Intitulatio" gehört zu den wichtigsten Formularbestandteilen jeder Urkunde, steht in der Regel ganz am Anfang der Urkunde und fehlt praktisch nie. In der Königsurkunde ist sie seit den Anfängen immer präsent und das mit einer im Grunde erstaunlichen Gleichförmigkeit des Textes. In der Salierurkunde (Abbildung 1) heißt es „Heinricus divina favente clementia romanorum imperator Augustus" (Heinrich, aus der Gnade Gottes römischer Kaiser und Augustus). In der fast dreihundert Jahre später ausgestellten Urkunde Ludwigs des Bayern (Abbildung 2) findet sich fast dieselbe Formulierung, nur in deutscher statt in lateinischer Sprache: „Ludowig von gotes gnaden romischer cheyser zu allen ziten merer des richs" („Mehrer des Reichs" ist eine im Mittelhochdeutschen und Frühneuhochdeutschen übliche, aber nicht ganz zutreffende Übersetzung des Augustus-Titels). Beide Herrscher beschränken sich also auf die Nennung ihres höchsten Titels, nämlich den des Kaisers. Und da es im Reich auch nur einen Kaiser geben kann, ist diese Beschreibung also unzweifelhaft eindeutig. Spätestens im 15. Jahrhundert setzt sich allerdings der Brauch durch, neben dem Kaisertitel auch weitere Titel des Ausstellers aufzuführen. Im Falle Maximilians I. gibt es dabei die „Kurzform", in der neben dem Königs- bzw. Kaisertitel „nur" die weiteren Königstitel (Böhmen, Ungarn, Dalmatien und Kroatien), der Erzherzog von Österreich und eventuell weitere ausgewählte Herzogstitel angegeben werden, bevor mit einem „etc." alle anderen Titel als gekürzt angedeutet werden (vgl. Abbildung 3). In der Langform hingegen kann die Angabe der Titel – nach Bedeutung absteigend – bis hinunter zum „Herren der Windischen Mark" gehen, wobei trotzdem noch ein „etc." angefügt wird (vgl. Abbildung 4). In der Salierurkunde gehörte es noch zu den Kennzeichen der Königsurkunde, dass die erste Zeile (und nur diese) der Anrufung Gottes und der „Intitulatio" des Kaisers vorbehalten war und dies zudem durch die Verwendung einer „Littera Elongata" als Auszeichnungsschrift unterstrichen wurde. Bei Maximilian hingegen, kann sich allein die Intitulatio schon über vier lange Zeilen des Urkundentextes ziehen.

Des Weiteren war es bei der Königsurkunde nach der Merowingerzeit bis in die Zeit Karls IV. in der Mitte des 14. Jahrhunderts unüblich, dass die Kaiser bzw. Könige auf den von ihnen ausgestellten Urkunden eigenhändig unterschrieben. Waren auf den Urkunden Karls IV. nur vereinzelt Unterschriften des Königs nachweisbar, nahm dies im Verlauf des 15. Jahrhunderts ständig zu. Und unter Maximilian I. war dann der Punkt erreicht, an dem eine eigenhändige Unterschrift des Kaisers bzw. Königs standardmäßig zu einer von ihm ausgestellten Urkunde gehörte. Allerdings unterschrieb Maximilian eher selten – wie es heute üblich ist – mit seinem Namen, sondern häufiger mit der „per regem per me"-Formel.

Auf jeden Fall erfolgte die Unterschrift Maximilians zumeist auf der linken Seite unter dem Text der Urkunde. Dies hat zur Folge, dass bei Pergamentur-

Abb. 7: Steuerprivileg Kaiser Maximilians I. vom 5. Mai 1508, Ausschnitt mit der Unterschrift des Königs, Staatsarchiv Augsburg, Reichsstadt Kempten Urkunden 881

Abb. 8: Mandat Kaiser Maximilians I. vom 22. Juli 1516, Ausschnitt mit Unterschrift des Kaisers und Kanzleivermerk, Staatsarchiv Augsburg, Reichsstadt Kaufbeuren Urkunden 230

kunden die Unterschrift in der Regel von der Plika verdeckt wird. Auf Anhieb, also ohne Zurückklappen der Plika, zu sehen ist die Unterschrift Maximilians also nur auf Papierurkunden, also zumeist auf Mandaten.

Interessant ist in diesem Zusammenhang auch die Korrelation zu den Kanzleivermerken auf den Urkunden Maximilians. Die ersten von später einer ganzen Reihe unterschiedlicher Kanzleivermerke kann man fast als ein Wiederaufgreifen der früheren Rekognitionszeile auf den Königsurkunden des hohen Mittelalters ansehen. Auf jeden Fall erfüllen diese Kanzleivermerke dieselbe Funktion, nämlich eine Art der Beglaubigung durch die Kanzlei des ausstellenden Königs. Diese Kanzleivermerke sind meist auf der Plika und zwar am rechten Rand der Urkunde angebracht. Sie tauchen ebenfalls bereits seit der Zeit Kaiser Karls IV. auf, und werden deutlich früher als die Unterschrift des Königs zu einem Standardelement der Königsurkunde des ausgehenden Mittelalters. In der Regel werden sie unter Maximilian I. in der Form „ad mandatum domini

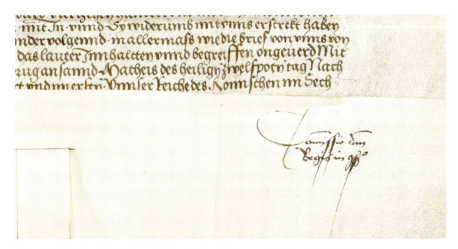

Abb. 9: Schuldverschreibung König Maximilians vom 29. September 1501, Ausschnitt mit Kanzleivermerk auf der Plika, Staatsarchiv Augsburg, Reichsstadt Lindau Urkunden 956

regis/imperatoris" (auf Anordnung des Herrn Königs/Kaisers) begonnen. Danach folgt entweder der Hinweis „proprium", der auf Eigenhändigkeit Maximilians verweist, oder „in consilio", bei dem König zwar unterschrieben haben kann, aber nicht muss. Oft folgt dann zudem noch ein namentlicher Hinweis auf den Kanzler, der die Urkunde tatsächlich ausgeführt hat, aber dies ist ebenfalls nicht zwingend der Fall.

Das Urkundenwesen unter Maximilian I. lässt sich also sowohl hinsichtlich der Formen der ausgestellten Urkunden als auch hinsichtlich der Ausführung der einzelnen Urkunden eindeutig in die Tradition der Königsurkunde im Raum nördlich der Alpen einfügen. In der Zeit Maximilians I. werden keine umfangreichen Neuerungen eingeführt, sondern lediglich bereits bestehende Entwicklungen beim Urkundenwesen intensiviert. Und auch das Urkundenwesen seines unmittelbaren Nachfolgers, Karl V. folgt weiterhin dieser Tradition und bietet ebenfalls keine wesentlichen Veränderungen, sondern nur leichtere Anpassungen.

Dr. Thomas Engelke ist Leiter des Staatsarchivs Augsburg. Als Historiker mit Schwerpunkt im Bereich der Mittelalterlichen Geschichte und der Historischen Hilfswissenschaften ist er derzeit u.a. als Kooperationspartner mit einem DFG-geförderten Projekt in Kooperation mit dem Lehrstuhl für Mittelalterliche Geschichte der Universität Augsburg zur Erschließung der Urkunden des Domkapitels Augsburg befasst. Zudem unterrichtet er das Fach Diplomatik an der Bayerischen Archivschule in München und bietet im Rahmen von Lehraufträgen Übungen zu Regestierung von Urkunden an der Universität Augsburg an.

Markus Würmseher

Städtische Baukultur im östlichen Schwaben um 1500

Die besondere Verbindung Kaiser Maximilians zur schwäbischen Kunstproduktion, vor allem zu Literatur und Druckgrafik mit ihren vielfältigen propagandistischen Möglichkeiten, gehört zu den glanzvollsten und produktivsten Phasen der deutschen Kunstgeschichte.[1] Insbesondere mit Blick auf die einheimische Interpretation der beginnenden Renaissance ist die Liaison des Kaisers mit den Künstlern Dokument eines kongenialen Zusammenwirkens von politischer Herrschaft, Mäzenatentum und individualisiertem Kunstschaffen am Beginn der frühen Neuzeit. Der Begriff »Maximilianszeit«[2] (Norbert Lieb) für den Zeitraum zwischen ca. 1490 und 1530 ist die zutreffende Bezeichnung für die besondere Stellung von Zeichnern, Holzschneidern, Kupferstechern, Malern, Bildhauern, Medailleuren und vielen anderen Gewerken in jener Zeit des Umschwungs und ihrem Verhältnis zur Person des großen Habsburgers.

Pragmatischer war dagegen dessen Umgang mit Werken der Baukunst. Aufwendungen wurden weniger in repräsentative Projekte denn in funktionale Bauwerke wie Festungs- und Amtsbauten, Zeug- und Gießhäuser investiert.[3] Die Nutzung von Architektur fand eher im panegyrischen Sinne statt, etwa als Motiv für das enorme Druckwerk der kaiserlichen Ehrenpforte oder die städtebaulich hochwirksame Platzierung des von Maximilian geplanten Reiterstandbildes vor der Augsburger Basilika St. Ulrich und Afra.[4] Sein genuines Bemühen um »Gedechtnus« ist individuelles Zeugnis einer epochenprägenden Absicht der Renaissance, die der US-amerikanische Literaturwissenschaftler Stephen Greenblatt mit »self-fashioning« bezeichnet hat.[5]

Die kaiserlichen Aufträge erreichten jedoch nicht nur die in der bedeutendsten schwäbischen Metropole Augsburg wirkenden Künstler. In den anderen ostschwäbischen Städten wurden etwa auch die Werkstätten der Strigels in Memmingen, dem zweitwichtigsten Kunstzentrum Bayerisch-Schwabens, oder auch von Friedrich Herlin und, später, von Hans Schäufelein in Nördlingen bedacht. Mit den schwäbischen Territorien stand ein an der Wende zur Neuzeit politisch höchst komplexes und differenziert gegliedertes, in seiner künstlerischen Dimension im deutschen Vergleich jedoch dominantes Gebilde zur Verfügung, in dem die Habsburger, neben anderen adligen Familien, seit langem begütert waren. Allein die Verbindungen Maximilians zu den schwäbischen Städten sind vielseitig und beziehen sich neben nicht zuletzt gerade auch persönlichen Bezügen vor allem auf die politische (z. B. Kriegsführung), personelle (schwäbische Beamte am kaiserlichen Hof) und besonders auch die ökonomische (Steuereinnahmen aus Schwabens Städten) Unterstützung kaiserlicher Unternehmungen.[6]

Die frühesten unmittelbaren Begegnungen mit Schwaben erfuhr schon der jugendliche Maximilian, nämlich als Jäger.[7] Bereits 1473 hatte er mit seinem Vater Friedrich III. erstmals Augsburg besucht, später war er oftmals in den Städten des Hinterlands zu Gast. Dort besaß er vereinzelt auch Grund oder Immobilien, wie etwa das Jagdschloss in Mickhausen, das er 1498 von den Herren von Freyberg ablöste (es wurde ab 1535/36 durch den heute noch existierenden Neubau ersetzt, ebenso wie die von Maximilian beauftragte Kapelle an der Stelle der heutigen Pfarrkirche St. Wolfgang)[8] oder den Flecken Markt, den er 1514 kurzfristig erworben hatte. Auch das Wellenburger Schloss des von ihm geförderten Augsburgers Matthäus Lang, des nachmaligen Kardinals und Erzbischofs von Salzburg, stand ihm als Ausgangspunkt für seine umfangreichen Jagdunternehmungen zur Verfügung.[9] In Wellenburg befand sich auch der Amtssitz für die mit der Pflege der kaiserlichen Gärten beauftragten Obristgärtner.[10]

Wie stellte sich ihm, der historischen Persönlichkeit Maximilian I. von Habsburg, die Stadt- und Kulturlandschaft im Osten Schwabens, in den österreichischen Vorlanden und den nahen schwäbischen Reichsstädten, auf seinen Aufenthalten westlich Augsburgs, in Füssen, Kaufbeuren, Lindau, Dillingen, in Donauwörth oder Nördlingen, bes. auch in Günzburg oder der Markgrafschaft Burgau dar, wenn er etwa in Memmingen, im Haus des Patriziers Georg (Jörg) Besserer (heute: Grimmelhaus), oder in dem spätgotischen Anwesen in Kaufbeuren Quartier nahm, in dem heute die ev. Dreifaltigkeitskirche untergebracht ist? Welche städtebaulich und architektonisch ihre Zeit prägenden Bauwerke wurden damals errichtet, welche äußeren Merkmale einer künstlerisch-geistigen Haltung lernte er hier an Schwelle zur Neuzeit kennen?

Zum Begriff „schwäbisch" in der Kunstlandschaft

Der Betrachtung der Kunstproduktion im östlichen Schwaben am Ende des Mittelalters kam, wie etwa am Beispiel der Tonplastik im Vergleich mit dem benachbarten Altbayern erkennbar, mit Ausnahme Augsburgs und einzelner Werkstätten schwäbischer Künstler zunächst nur eine mindere Rolle zu.[11] Lücken in der Fachliteratur haben sich seither geschlossen.[12] Die Arbeit der in diesem Gebiet tätigen Künstler brachte eine Vielzahl individueller wie qualitätvoller Arbeiten hervor, die aber meist im Zusammenhang mit Malerei und Grafik, mit Skulptur und Bildhauerei – und weniger mit Baukunst – genannt werden. Die Darstellung einer spezifisch schwäbischen Kunst – das gilt auch für die Jahrhunderte zuvor – ist dabei im Zusammenhang mit der räumlichen Definition des nur in Teilen homogenen Kulturraums zu betrachten, in dem sich die Fläche des heutigen bayerischen Regierungsbezirks Schwaben in einer Randlage befand.[13]

Bereits vor gut 100 Jahren wurde über die Besonderheiten der als „schwäbisch" bezeichneten Kunst spekuliert. Der Kunsthistoriker und Volkskundler Karl Gröber (1885–1945) beschrieb es wie folgt:

> Westlich des Schwarzwalds ist es zwar alemannisch, aber mit schwäbischer Kunst um 1500 hat es nicht viel gemeinsam; schwäbische Eigenart auch am Oberrhein verdrängt durch den Einfluss Straßburgs, Basels und Freiburgs auch die alemannische Schweiz ist um diese Zeit schon nicht mehr dabei; die Grenzen sind daher vielmehr: Vom Bodensee zu den Allgäuer Alpen, nach Bayern Lech und Wörnitz, im Norden zerflattert zw. Schwäbisch und Fränkisch, z. B. bei den Städten an Jagst und Tauber (Nördlingen, Schwäbisch Hall, Ellwangen, Crailsheim); am Neckar ist Heilbronn ein Eckpunkt des Stammlandes.[14]

Zur topographischen Eingrenzung: „Schwaben"

Zu den habsburgischen Territorien gehörten Gebiete, die sich heute auf die vier Staaten Bundesrepublik Deutschland, Österreich (Vorarlberg), die Schweiz und Frankreich (Elsass) erstreckten – die vorliegende Betrachtung untersucht allein die Situation im modernen Regierungsbezirk Schwaben, richtet sich also i. W. auf das Gebiet zwischen dem Raum beidseits der Donau, dann zwischen Iller und Lech bis zu einer Linie etwa vom Bodensee bis Füssen. Auf administrative Ordnungsversuche des seit der Auflösung 1268 zersplitterten Herzogtums Schwaben leitete Maximilian selbst im Jahr 1500 bzw. 1512 mit der Reichsreform die Einteilung des Schwäbischen Reichskreises ein,[15] dessen Fläche – im Westen bis in den Schwarzwald und den Oberrhein, weiter südlich bis Basel reichend – östlich mit den Territorien der Stadt und des Hochstifts Augsburg endete. Die Einflussnahme der Habsburger hatte indes im östlichen Schwaben weitaus früher begonnen. Bereits im späten 13. Jahrhundert nahm ein herrschaftliches Gebilde Gestalt an, das später unter dem Begriff »Vorderösterreich« (oder einfach: „Vorlande") bekannt werden sollte.[16] Kerngebiet wurde die Markgrafschaft Burgau, ebenso gerieten die Städte an oder bei der oberen Donau wie Günzburg und Krumbach für die Jahrzehnte um 1300 oder länger unter habsburgischen Einfluss. Ähnlich verhielt es sich etwa für Weißenhorn (seit 1505), Kirchberg oder die Burg von Markt (bei Biberbach), die 1507 an die Fugger verpfändet wurden, jedoch gemeinsam mit Vorderösterreich verwaltet wurden. Durch die Zugehörigkeit der Städte Höchstädt, Lauingen, Gundelfingen, zeitweise (1473–1505) auch mit Wemding (seit 1467), Weißenhorn, Türkheim und Wertingen reichte dagegen der Arm der Wittelsbacher seit dem Ende der Staufer bis weit über den Lech hinaus. Mit den Grafen von Oettingen, den Herren von Pappenheim, Rechberg und Kirchberg sowie zahlreichen kleineren (Ritter-)Herrschaften, desweiteren den sich auf den Weg zur Reichsfreiheit entwickelnden Städten, außerdem den Klöstern und Stiften erschien das schwäbische Territorium in der Maximilianszeit territorial weitgehend zerklüftet.[17] Auch die seit dem 14. Jahrhundert geltende politische Allianz schwäbischer Städte, für die sich ein Schwerpunkt im hier betrachteten Gebiet abzeichnete, war bereits im Jahr 1388 im Eger Landfrieden aufgelöst worden.[18]

Aus dem frühen Mittelalter stammende landsmannschaftliche Prägungen sind zuvorderst alemannischer (z. B. Lauingen, Dillingen),[19] östlich des Lechs (alt-)bayerischer und nördlich der Donau auch fränkischer (Nördlingen, Oettingen) Art, in deren Folge sich auch adelsgebundene Zuordnungen unterschiedlicher Provenienz bestimmen lassen. So folgten auf die Siedlungstätigkeit der Welfen i. d. R. staufische Erweiterungen bzw. Gründungen, die andere individuelle Phänomene erkennen lassen als etwa die wittelsbachischen Stadtgründungen ostseits des Lechs.[20] Trotz dieser sicher für lange Zeit durch instabile Verhältnisse geprägten Situation erreichte Schwaben im Wirken seiner bildenden Kunst und Architektur eine außergewöhnliche Stellung in der deutschen Kunstlandschaft.[21] Die Einschränkung des Themas auf das heute unter „Bayerisch-Schwaben" bekannte Territorium orientiert sich damit also an der gegenwärtigen politischen und administrativen Einteilung, nicht auf den historischen Kulturraum Schwaben hin.

Zur Bautätigkeit von Kirche und Adel außerhalb der Städte um 1500

Die bauliche Topographie Schwabens wird v. a. von Städten, ferner von Minderstädten, Märkten, Weilern und Dörfern[22], v. a. aber auch von adligen Ansitzen und von zahlreichen Klöstern geprägt.[23] Aufbauend auf oft noch frühmittelalterlichen Spuren hatte sich im Zeitraum vom 10. bis zum 13. Jahrhundert – zu einem großen Teil also noch vor der Gründung der Städte – eine reichhaltige und regelmäßig vom Adel geförderte Klosterlandschaft entfalten können, die im östlichen Schwaben eine nahezu staatstragende Funktion innehatte. Der Landeshistoriker Pankraz Fried erinnerte zu Recht an die Feststellung Adolf Layers (1920–1984), der in den Klöstern den Mittelpunkt des religiösen, geistigen und wirtschaftlichen Lebens verortete und auf deren damit verbundene einzigartige kulturelle Stellung im Land hinwies.[24] In der Zeit vom Tod des hl. Ulrich (973) bis um die Mitte des 12. Jahrhunderts sind in Ostschwaben über 30 Prälatenklöster neu gegründet oder wiederhergestellt worden.[25] Ihre Präsenz war eine bestimmende Größe, was zum einen für die Niederlassungen der Benediktiner, Zisterzienser, Prämonstratenser oder der Augustiner-Chorherren (außerhalb Augsburg v. a. Wettenhausen) galt. So besaßen etwa Abteien wie das spätere Reichskloster Kaisheim sowie die Reichsabteien Kempten, Ottobeuren oder Irsee (diese heute als barocke Neubauten erhalten) als benediktinische Wirkstätten eine große Strahlkraft, ebenso verhielt es sich mit den Klöstern der Prämonstratenser (Ursberg; Roggenburg Rot an der Rot; Steingaden) oder der Zisterzienser (Lauingen, Zimmern, Ober- und Niederschönenfeld, letzteres auch Aufenthaltsort und erste Grablege für Herzog Stephan III. von Bayern-Ingolstadt). Auch kleinere Niederlassungen trugen zur landschaftlichen Prägung durch sakrale Baukultur bei, so etwa die Klöster Thierhaupten (Benediktiner), Klosterbeuren (Franziskanerinnen), Unterliezheim (Benediktinerinnen) oder die durch das Wirken der Mystikerin Margaretha Ebener (um 1291–1351) bedeutende dominikanische Niederlassung von Maria Mödingen. Die Gemeinschaft der Kanonissen von Edelstetten wurde zu Zeiten Maximilians in ein adeliges Augustiner-Chorfrauenstift umgewandelt, worin es vom Kaiser durch ein juristisches Privileg (1495) gefördert wurde.[26] Mit besonderer Intensität erlangten aber auch die in den Städten seit dem 13. Jahrhundert entstehenden Niederlassungen der Mendikanten (Bettelorden) – Augsburg etwa besaß wohl seit 1221 die älteste franziskanische Niederlassung im heutigen Deutschland[27] – mit der oft großvolumigen Dimension ihrer Kirchen als in die zentralen Stadtviertel integrierte Inseln oft städtebaulich dominierende Bedeutung.[28]

Ferner existierten im östlichen Schwaben zahlreiche Wallfahrtkirchen und -kapellen,[29] die zu Zeiten Maximilians mit zahlreichen Neu- oder Umbauarbeiten bedacht wurden. So gab es Baumaßnahmen etwa für die Wallfahrt nach Frauenzell (im Oberallgäu, frühes 16. Jahrhundert). In Lauingen errichtete man 1480–83 eine Kirche für die Wallfahrt zum hl. Leonhard, außerdem existierte noch bis ins 16. Jahrhundert hinein die Verehrung Zu Unserer Lieben Frau, und zwar am Platz der späteren Spitalkirche mit dem Patronat des hl. Alban. Der im Allgäu gelegene Weiler Maria Rain erhielt 1496–1497 einen Neubau anstelle eines Vorgängerbaus von 1414 in der Form einer Pseudobasilika. In Maria Thann (Kreis Lindau) oder auch in Violau existierten seit dem 15. Jahrhundert vielbesuchte Gnadenstätten, für das im Kesseltal (bei Dillingen) liegende Buggenhofen setzte man noch im Jahr der Auffindung einer wundertätigen Muttergottesfigur einen Neubau ins Werk (1471–1476). Die aus einem bürgerlichen Augsburger Geschlecht stammende Maria Barbara Welser hatte im unterallgäuischen Amberg bereits 1435 eine Wallfahrt begründet, ebenso verehrte man ein Gnadenbild in Kirchhaslach (Neubau: 1449). Auch wenn sich einige Wallfahrten erst in späterer Zeit entwickelten und es an jenen Orten bereits zuvor zu größeren Baumaßnahmen gekommen war (wie z. B. in Biberbach, 1484, oder in Maria Steinbach, 1510), war die Maximilianszeit eine Epoche lebhafter Verehrung mit deutlichen Spuren in der (ländlichen) Sakraltopographie.

Ebenso war der Adel seit dem frühen Mittelalter mit zahlreichen Besitzungen vertreten.[30] Schwaben reiht sich damit in die baulich-kulturelle, feudale Prägung innerhalb des europäischen Raums ein.[31] Noch zu Maximilians Zeiten wurde an großen Schlossanlagen gebaut, besonders etwa in Füssen durch den Augsburger Bischof Friedrich II. von Zollern (1486–1505). Die Mindelburg, Zentrum des späteren Mindelheims, erfuhr um 1500, also in frundsbergischer Zeit,[32] die Erneuerung ihrer Verteidigungsanlagen. Bischof Johannes II. von Werdenberg ergänzte während seines Episkopats bis 1485 die Umbauarbeiten seines Amtsvorgängers, Peter I. von Schaumberg, am Dillinger Schloss[33] – Herberge des jungen Erzherzogs Maximilian für Monate in den Jahren 1474/75 und ab den späten 1530er Jahren zweite Residenz- und Hauptstadt des Bistums – das in den Jahren 1485–1520 zu einem repräsentativen Regierungs- und Verwaltungszentrum ausgebaut wurde.

Das zu Ende gehende 15. Jahrhundert war jedoch nicht mehr das genuine Zeitalter des Burgenbaus. Dennoch konnten politische Umstände Ausnahmen begründen: So errichten etwa die »Reichen Herzöge« von Bayern-Landshut die Burg von Lauingen 1474–82 südlich der bereits bestehenden und seit 1269 von ihrer Familie regierten Stadt. Daneben gab es eine Reihe weiterer Schlossbauten, denn schon länger waren in Schwaben etwa auch die Herren von Rechberg (Babenhausen; Mindelheim), Pappenheim (Markt), Kirchberg (Illertissen) oder Hürnheim (Kirchheim i. Schwaben) begütert. Die Herren von Rechberg, noch kurz zuvor am Schloss von Weißenhorn tätig, bauten etwa die verfallene Burg von Kronburg, eine ehemals staufische Anlage, ab 1490 wieder auf. Die Wasserburg von Jettingen entstand unter Hans vom Stain zu Ronsberg um 1480. Die Augsburger Patrizierfamilie Langenmantel verkaufte ihren Besitz Wertingen im Jahr 1467 an die Marschalke von Pappenheim zu Langenreichen, die dann das alte Schloss um 1500 durchgehend veränderten. Der kaiserliche Rat Hans Lampartinger von Greifenstein errichtete im ersten Drittel des 16. Jahrhunderts seinen Ansitz in Krumbach. Daneben wurde an kleineren Schlössern gebaut, so etwa in Syrgenstein (bei Lindau, 1491–1539), Guggenberg (im Landkreis Augsburg, frühes 16. Jahrhundert), in Hürben (bei Krumbach), in Unterbaar (bei Aichach), in Wertingen (größere Veränderungen um 1500) oder am neuen Schloss in Weißenhorn (das ältere Schloss war erst um 1470 aufgebaut worden), das durch Jakob Fugger 1513–1514 in Auftrag gegeben wurde und damit einen frühen Besitz dieser Familie im schwäbischen Hinterland darstellt.[34]

Die allgemeine Situation der Kunst um 1500

Auch in der Baukultur Süddeutschlands brach – der allgemeinen Entwicklung folgend – ab 1500 ein neues Zeitalter an. Zentrum war dabei Augsburg, so wie es in Bildhauerei und Malerei zuvor Ulm gewesen war.[35] Humanistische Strömungen, die hier früher als in den benachbarten Regionen einsetzten,[36] begünstigten die Einführung der Renaissance, die bereits in der Augsburger Fuggerkapelle, St. Anna (Gründungsurkunde: 1509), ihren initialen Höhepunkt erreichte.[37] Schwaben konnte sich in jener Zeit um ein weiteres Mal in die bedeutendsten

Stätten für Kunstproduktion im deutschsprachigen Gebiet einreihen. Kunstwerke – der Schwerpunkt lag hier zunächst auf Bildhauerei und Malerei – wurden sowohl exportiert, als es auch nachhaltige Einflüsse aus anderen künstlerisch bedeutenden Gebieten zu verarbeiten galt. So wandelte sich im 15. Jahrhundert die Situation dahingehend, dass südwestdeutsche Gebiete etwa gleichrangig neben die Kunstzentren des Nieder- und Oberrheins traten.[38] Bereits mit dem Niederländer Niclas Gerhaerd van Leyden (um 1430–1473) hatte Schwaben zunehmend Einflüsse oberrheinischer Kunst aufgenommen.[39]

Die Geltung des bedeutendsten ostschwäbischen Kunstzentrums des Mittelalters, Ulm, ging zur Maximilianszeit wesentlich an Augsburg über, der Einfluss beider Kunstmetropolen wurde zuerst dort,[40] schließlich sogar in der Provinz ansichtig. So arbeitete etwa der Ulmer Bildhauer Daniel Mauch den sog. Magmannshofer Altar (vermutlich als Seitenaltar der Pfarrkirche zu Frauenzell bei Altusried, Oberallgäu, um 1505–1510) oder auch den heute als Bieselbacher Altar bekannten Renaissancealtar (vor 1510), diesen wohl aber für die später abgebrochene Horgauer Schlosskapelle.[41] Von einflussreichen Meistern wie Hans Holbein d. Ä. kamen nicht nur Werke in kleinere (z. B. ein Tafelbild in Bad Oberdorf, 1505) oder entferntere Orte (Weingartner Altar, 1493), sondern es entstanden – wie im Kaisheimer Münster (1504) – raumgreifende Altarwerke, an denen auch andere in Ulm bzw. später in Augsburg tätige Werkstätten – hier die der Erhard und der Daucher – mitwirkten. Ebenso waren die in schwäbischen Städten wirkenden Werkstätten der Schäufelein (Nördlingen), der Striegl (Memmingen), der Kels (Kaufbeuren, dann Augsburg) oder des Kaufbeurers Jörg Lederer in der Lage, anspruchsvollste Kundenwünsche zu befriedigen.[42] Von besonders hoher Qualität sind hier auch die zur Maximilianszeit hergestellten Epitaphien zu nennen, besonders etwa jene aus den Werkstätten von Hans Beierlein, Loy Hering und Michael Erhart.[43]

Produkte aus schwäbischer Herstellung, dazu gehören auch Hauptwerke der spätgotischen Altarbaukunst, wurden geradezu zu Exportschlagern, besonders etwa in Franken, in Ober- und Niederösterreich, in Altbayern oder in Südtirol.[44] Diese Entwicklung ist südlich der Alpen – einer Region mit ausgeprägter Wirkungsgeschichte – stark vom Wirken Ulmer Werkstätten bestimmt worden. Eine herausragende Stellung nahm dort der Bildhauer und Wegbereiter Hans Multscher (um 1400–1467 Ulm) ein, besonders etwa durch den bereits von Zeitgenossen sehr beachteten, von seiner Werkstatt hergestellten und in der Sterzinger Pfarrkirche aufgestellten Flügelaltar.[45] Aber auch im benachbarten Altbayern waren Erzeugnisse schwäbischer Werkstätten gefragt: Herzog Ludwig VII. von Bayern-Ingolstadt orderte für den Grabstein seines herausragendes Sepultur-Projekts den »besten Werkmann und Visierer«[46] (Entwerfer, Anm. d. Verf.), den man finden könne – auch dafür fertigte die Werkstatt Multscher ein Modell.[47]

Zugleich individualisierte sich das Antlitz der Städte weiter bis in die Maximilianszeit – und diese Prägung kennzeichnet diese urbanen Räume bis heute, wie jene etwa in Memmingen, Füssen, Nördlingen, in Donauwörth, Lauingen oder Weißenhorn[48]. Dabei existierten im Städtebau durchaus bereits im hohen und späten Mittelalter zahlreiche individuelle Merkmale sowohl in sozialer, typologischer und juristischer Hinsicht. Als einer der ersten bayerischen Landeshistoriker hat Karl Bosl (1908–1993) eine vergleichende Beschreibung u. a. auch der schwäbischen Stadt unternommen.[49] Handel und Gewerbe, florierender Handel (v. a. durch die Salz- und Tuchverarbeitung) mit aufwachsendem Bargeldverkehr, Bank- und Kreditwesen und eine im Fernhandel aktive Händlerschaft, dazu immer wieder längere zeitliche Abschnitte ohne kriegerische Handlungen bei politischer Stabilität begünstigen ab dem ausgehenden 14. Jahrhundert eine positive ökonomische Entwicklung, die sich u. a. auch in der Durchführung zahlreicher Aufträge in den Städten und auf dem Land abbildete. Memmingen etwa, die einwohnerstärkste schwäbische Stadt nach Augsburg und Ulm (ab 1438: freie Reichsstadt), erreichte ab Mitte des 15. Jahrhunderts eine erste wirtschaftliche Blüte, seit 1505 unterhielt sie Handelsbeziehungen zu Portugal, ja bis nach Indien. Neben Augsburg bedeutendstes bayerisch-schwäbisches Kunstzentrum, waren hier auch der Bildhauer Thomas Heidelberger sowie die Maler Bernhard Striegl und Hans Strigel d. Ä. tätig. In Kempten, ebenfalls ein bedeutender Fernhandelsplatz, konnte sich nach der Loslösung vom späteren Reichsstift – (endgültig: 1525) – wie das Stift war die Stadt ein eigener Reichsstand – eine bedeutende wirtschaftliche Prosperität entfalten, 1520 erhielt die Reichsstadt dann auch eine eigene Münzstätte. Die Stadt Kempten war wiederholt Aufenthaltsort Maximilians und erhielt erst in jener Zeit – 1286 hatte sie bereits den rechtlichen Stand einer Reichsstadt besessen – die noch bis heute veranlagte städtebauliche Gestalt, denn ursprünglich befand sich das Reichskloster am Ort des heutigen Mangplatzes.[50] Die Inselstadt Lindau, von Maximilian für den Reichstag 1496/97 bestimmt, fungierte vorwiegend im Handel mit Korn und Salz, gar als Tor zur Schweiz.[51]

Abb. 1: Wechter-Stadtansicht Memmingen, 1573.

Prägung des öffentlichen Raums

Zwar steht die Ära Maximilians für eine bedeutende Zeit des Wandels, die schließlich den Wechsel in ein neues Zeitalter zur Folge hatte. Andere, epochale Veränderungen dagegen waren im betrachteten Gebiet längst abgeschlossen: das feudale, vorwiegend von den Burgen aus organisierte Herrschaftswesen, die politisch-dynastische Neuaufteilung des Landes nach der Ablösung staufischer Herrschaft und die große europäische Pestepidemie sind ebenso lange vorbei wie die auch kulturhistorisch hoch bedeutsamen Entwicklungen wie die Ausbreitung der sog. Bettelorden im hohen Mittelalter, die Einführung hochgotischer Elemente in die Baukunst und das Zeitalter der Stadtgründungen – so traten etwa im 15. Jahrhundert keine neuen Städte mehr zum Bestand hinzu. Selbst die jüngeren, an die hochmittelalterlichen Mauern anschließenden Stadtviertel für die wachsenden Populationen waren erst wenige Jahrzehnte zuvor in den Mauerring einbezogen worden. Wohl aber prägen städtebauliche Initiativen, Bauprojekte und Kunstwerke längst den öffentlichen Raum. In Augsburg etwa erhielt der Ulrichsbrunnen auf dem Fischmarkt 1511 eine Vergoldung,[52] der Perlachturm wurde 1526/27 auf die Höhe von 63 m, also fast auf das Doppelte als zuvor, erhöht.[53] Die Fuggerhäuser am Weinmarkt verstanden sich als lokale Interpretation oberitalienischer »palazzi«[54]. Statt eines eigenen Turmes baute die Reichsstadt Nördlingen ein älteres Gebäude, das kurz zuvor (1499/1500) erhöht worden war, mit einem Erker und dem markanten Turmaufsatz, dem sog. Schatzturm, aus (1509). Ebenso ließ die Stadt von Stephan Weyrer, dem ausführenden Meister der St.-Georgs-Kirche, eine Statuette des Kaisers Maximilian über dem Portal der städtischen Tanzhauses errichten (1513).[55] Die Bemalung des Augsburger Rathauses von Jörg Breu, Ulrich Apt und Ulrich Maurmüller zur Apotheose des kaiserlichen Hauses war zu ihrer Zeit ohne Zweifel ein vielbeachtetes Projekt. Überhaupt zählten Wandmalereien zu den spektakulären Werken, die durchaus frei zugänglich waren wie etwa in Memmingen (ehem. Antoniterklosterkirche, hier: Legende des hl. Antonius Eremita an der Hochschiffwand, bez. 1486[56]) oder in Lindau (ehem. Barfüßerkirche: Jüngstes Gericht, bez. 1516). Stattliche Turmanlagen wie etwa der mit historischen und heraldischen Themen bemalte Lauinger Schimmelturm, 1457–78 im Auftrag des Ratsherrn Georg Imhof durch den einheimischen Werkmeister Heinrich Schüttenhelm errichtet,[57] erfüllte mit seiner repräsentativen Gestaltung weit mehr als seine Funktion als Wachturm.

Ein herausragendes Projekt der Bildhauerei im offenen Stadtraum, hier dem Augsburgs, wäre ferner das Reiterstandbild Maximilians auf dem oberen Ulrichsplatz gewesen[58] – man beachte, dass das bronzene Bildnis des berittenen Söldnerführers Bartolomeo Colleoni, das gerade erst rund zwanzig Jahre zuvor für die Serenissima ausgeführt worden war, als Inkunabel dieses Bildtyps auch in der Wahl des öffentlichen Standortes galt – hier auf dem Platz vor der Dominikanerkirche S. Giovanni e Paolo in Venedig.

Besondere Beachtung konnten Kunstwerke besonders dann finden, wenn sie kongenial mit der sie umgebenden Architektur zusammenwirkten. Die Kaufbeurer St.-Blasien-Kapelle etwa, die bereits durch ihre Lage im Weichbild der Stadt als Zeichen des aufstrebenden Bürgertums verstanden werden konnte, erhielt im Jahr 1518 einen bedeutenden Flügelaltar aus der Werkstatt des am Ort tätigen Jörg Lederer.[59] Die Liste der damals einem größeren Publikum zugänglichen Kunstwerke und die von ihnen ausgehende Prägung zumindest des Innenraumes – zumeist sakralen Charakters wie Altäre, Schnitzfiguren oder Epitaphien – zur Maximilianzeit ist lang und verdient eine eigene, nähere Betrachtung.

Abb. 2: Schimmelturm Lauingen, 1914.

Wie entwickelte sich das Antlitz der Städte am Ende des Mittelalters?

Stadtanlage

Die mit der äußeren Gestaltung ihrer Herrschaft beschäftigten Familien konnten i. d. R. auf älteren Spuren aufbauen. Burg, Marktplatz und Kloster der Stadtanlage wurden zu urbanen Fixpunkten der wachsenden Siedlungsbereiche.[60] Einen günstigen Einblick erlaubt die Stadt Memmingen, wo auf römischen Spuren zunächst eine alemannische Siedlung, dann ein fränkischer Königshof, weiter – durch den letzten welfischen Herzog Welf VI. – zur Sicherung des bedeutenden Stapelplatzes an der Salzstraße eine neue Burg und schließlich die eigentliche Stadtgründung mit der Übertragung der Herrschaft in staufischen Besitz erfolgte.[61]

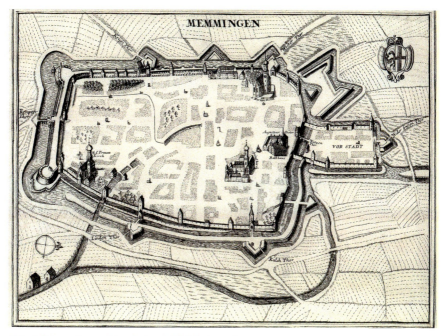

Abb. 3: Memmingen (Vogelschau), M. Merian, 1643.

Die Staufer traten immer wieder als Förderer bzw. (Neu-)Gründer von Städten auf, wie in Donauwörth, Lauingen oder Kaufbeuren – in Memmingen mit einer bereits 1230 erfolgten beträchtlichen Erweiterung um die östlich an den Siedlungskern anschließenden Kalchvorstadt. Als Grundtypen für ihre Stadtanlagen nutzen sie, wie auch das frühere salische Herrscherhaus, folgende drei Modelle: in frühester Zeit Burg/Pfalz, Kloster bzw. Stift, hier konnten dann Spital, Klöster der Mendikanten sowie die Pfarrkirche anknüpfen, woraus sich später Markt- und Bürgerrechte entwickelten.[62] Planmäßig ging auch der staufische Ausbau von Kaufbeuren vor sich, bevor ein Brand (1325) dort einen Neuaufbau notwendig machte. Die Pfarrkirche St. Martin hatte bereits zuvor den Platz zwischen den beiden parallelen, die Stadtanlage bestimmenden Straßen eingenommen, die Hintere Gasse und den Markt. Dieser langgestreckte Marktplatz wird an seinen Schmalseiten vom Rathaus im Osten und einem spätgotischen, markanten Bürgerhaus – Maximilian hatte es 1504 zum eigenen Aufenthalt erworben – im Westen flankiert.[63] Auch die Altstadt von Mindelheim – die Mindelburg wurde seit 1467 von der Familie der kaiserlichen Feldhauptleute Frundsberg bewohnt – wird von der 400 m langen, platzartigen Salzstraße mit rechtwinklig davon abgehenden Nebenstraßen geprägt. Besonders in staufischer Zeit war es typisch, die in ein Rechteck einbezogene Hauptachse durch parallel geführte Straßen zu entlasten wie in Füssen, Donauwörth[64] oder Lauingen.

Prägend wurde für die Städte außerdem die Bautätigkeit der Ordensgemeinschaften.[65] Seit ungefähr der Mitte des 13. Jahrhunderts waren dort vor allem die Mendikanten vertreten. Allein die Franziskaner besaßen, außer in Augsburg, auch in Günzburg, Kaufbeuren, Memmingen und Mindelheim Niederlassungen, die oft den Nucleus der marginalen Stadtviertel bildeten – seltener waren dagegen etwa die Dominikaner (neben Augsburg nur in Kaufbeuren und in Weißenburg), die Karmeliter (in Augsburg und Nördlingen), aber auch die Augustinereremiten vertreten, nämlich in Memmingen und Mindelheim, v. a. auch in den Donaustädten Lauingen, Gundelfingen und Höchstädt. Als unabhängig vom städtischen Gefüge organisierte Einheiten konnten auch in Schwaben singulär auftretende klösterliche Gemeinschaften bauliche Anlagen von hohem Einfluss entwickeln. Die bereits seit dem 13. Jahrhundert in Memmingen ansässigen Antoniter entfalteten von dort aus einen Wirkungskreis bis nach Mähren, Polen und Südtirol. Wegen schlechter Führung musste die Niederlassung aber kurz nach dem Neubau einer heute noch existierenden Vierflügelanlage und der Erweiterung der Klosterkirche bald nach 1500 ihren Verfall erleben.[66] In anderen Fällen, wie etwa im augsburgisch-hochstiftischen Füssen, wurde das Kloster selbst zu einem Mittelpunkt der mittelalterlichen Stadt – hier war es das von Kaiser Maximilian an den Ostertagen 1503 besuchte Mangkloster[67] – neben dem zweiten, weltlichen Zentrum, dem Hohen Schloss. Löste in einem Territorium eine neue Herrschaft eine frühere ab, konnte das zum Anlass für größere Baumaßnahmen werden. So erhielt etwa Lauingen, seit 1505 zweite Residenzstadt der Pfalzgrafschaft Pfalz-Neuburg, ab 1516 eine in Größe und Ausstattung überaus beachtliche, in der Tradition der Bauten des einflussreichen schwäbischen Baumeisters Burkhart Engelberg[68] stehende Stadtpfarrkirche.[69]

Von besonderer Bedeutung wurde die Anlage von Plätzen im sonst knappen städtischen Raum. Für Markt-, Stapel- und Umschlagzwecke sind sie für das Gefüge der ostschwäbischen Stadt nicht wegzudenken, wobei dazu auch die Hauptstraße dienen konnte wie die nach Westen lang ansteigende Reichsstraße in Donauwörth, die heutige Herzog-Georg-Straße in Lauingen oder die platzartig erweiterten Hauptachsen in den altbayerischen Städten Friedberg, Aichach und Rain.[70] In den auf Gründungen der Wittelsbacher zurückgehenden Stadtteilen ist der Marktplatz stets von besonderer städtebaulicher Bedeutung, wie etwa in der Unterstadt von Höchstädt, wo er beidseits von Kirche und Rathaus flankiert wird.[71] Wurde für Markt- und Messezwecke noch mehr Fläche benötigt, so wie es im Falle Nördlingens als einer der größten Warenumschlagplätze des 15. Jahrhunderts in Oberdeutschland der Fall war, geschah das dann außerhalb der Stadtmauern. Als existentiell erwies sich hier die Position an Fernhandels-, Pilger- oder Kaiserstraßen[72] – zum Teil förderte in Ostbayern der als Transportweg genutzte Lech den Güterverkehr[73] – so wie etwa die Salzstraße von Memmingen nach Kaufbeuren die Entwicklung Kaufbeurens unterstützte, voneinander getrennte Territorien miteinander verband[74] oder oberdeutsche Städte wie Nördlingen, Donauwörth, Augsburg und Füssen über den Vintschgau mit Meran, Bozen und schließlich Verona verband.[75]

Befestigungswerke

Es besteht kein Zweifel: Die schwäbischen Städte des beginnenden 16. Jahrhunderts stellten sich dem Herannahenden zunächst durch ihre umfangreichen Befestigungswerke dar, und eine wehrhafte, zugleich auf Repräsentation bedachte Wirkung entsprach ganz den Absichten der Stadtherrschaft.[76] Einen Einblick in diese frühneuzeitliche Wahrnehmung lassen die ältesten erhaltenen Veduten[77] zu, die damit Abbild einer politischen, auf Herrschaft und ihre Legitimation begründeten Ikonographie sind.

Das stets im Mittelalter vorgezeichnete System aus Mauern, Gräben, Schanzen, aus Türmen und Toren unterlag stetiger Weiterentwicklung, die im weiteren

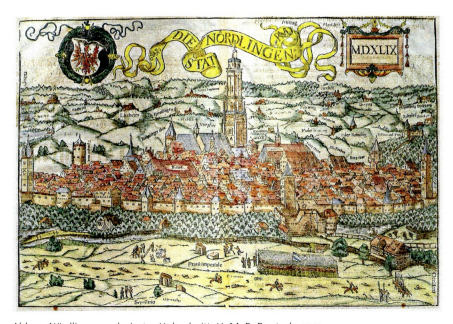

Abb. 4: Nördlingen, colorierter Holzschnitt, H. M. R. Deutsch, 1549.

Verlauf der frühen Neuzeit die Städte weitgehend hinter niedrigen Bastionen verschwinden lassen wird. Zur Maximilianszeit aber herrschte noch ganz der vertikale, repräsentative Charakter der mittelalterlichen Stadtumwehrung. Als größte schwäbische Stadt verfügte Augsburg über mehr als einhundert Türme, aber auch die Befestigungen der anderen Städte – auch der kleineren – konnten beachtlich sein. An die meist bereits zu staufischer Zeit mit gemauertem Ring, mit Türmen und Toren bewehrten Altstädte wurden die später an den Bering anschließenden Siedlungen als neuer Stadtteil in den erweiterten Mauerring einbezogen. Memmingen[78] etwa, das als nächstgrößere Stadt gegen 1500 über 28 Tore und Türme sowie über eine ca. drei Kilometer lange Stadtmauer verfügte, ist um die Kalchvorstadt im 13. und die Kempter Vorstadt im 14. Jahrhundert sowie die bis 1450 fertiggestellte Ulmer Vorstadt laufend ergänzt worden. Am Ende des 15. Jahrhunderts wurde die Befestigung Kaufbeurens noch einmal modernisiert und brachte es auf drei Tor- und neun Flankentürme, Kempten hatte im 15. Jahrhundert zwei Vorstädte, jeweils links und rechts der Iller, zu integrieren. Die alte Handelsstadt Nördlingen,[79] seit 1488 Mitglied des Schwäbischen Bundes, und im Kern bereits in der ersten Hälfte des 13. Jahrhunderts ummauert, erhielt vom 14. (bis ins 17.) Jahrhundert eine umfangreiche Erneuerung ihrer Verteidigungsanlagen. Für das ostseitige Deininger Tor (1517–19) zeichneten die auch an St. Georg tätigen Meister Stephan Weyrer (wie bereits genannt) verantwortlich, das nach Augsburg gerichtete (und ebenso auf quadratischem Unterbau aufbauende) Reimlinger Tor erhielt 1479–1488 eine größere Erneuerung nach einem Modell von Friedrich Pilgrim, dem Meister des Hochaltars.[80]

Die heute im Regierungsbezirk Schwaben liegenden Städte der Wittelsbacher – Neuburg, Friedberg, Aichach und Rain (alle auf altbayerischem Boden) sowie die Donaustädte Lauingen und Höchstädt – waren noch im beginnenden 15. Jahrhundert durch Herzog Ludwig VII., den Bärtigen, von Bayern-Ingolstadt stark befestigt worden.[81] Für die Fortifikation Höchstädts spielte die wittelsbachische Burg eine wichtige Rolle, ebenso war es in Lauingen, dessen Schloss von Herzog Ludwig IX. von Bayern-Landshut begonnen wurde (1474–82, Baumeister seit 1475: Heinrich Behem) – beide Wehranlagen übernahmen den Flankenschutz des hochmittelalterlichen Stadtkerns.

Nach 1500 wurden die Befestigungen der Städte durchaus saniert bzw. modifiziert – wie etwa die Erneuerung des Mauerrings um Wemding durch die Grafen von Oettingen. Vollständige Neuanlagen aber gab es nach den letzten Einbeziehungen der Vorstädte – in Dillingen dauerte das, mit Ausnahme der südlichen Vorstadt, bis an die Jahrhundertwende – für längere Zeit nicht mehr. Ausnahmen konnten jedoch durch größere politische Entscheidungen begründet werden, wie etwa im seit 1301 zu Habsburg gehörenden Burgau. Aus dem festungsmäßig angelegten Verwaltungsmittelpunkt der Markgrafschaft verlegte man die landesherrlichen Ämter seit dem 15. Jahrhundert jedoch nach Günzburg, wo die Oberstadt seitdem planmäßig und auf fast quadratischer Grund-

lage ausgebaut wurde. Erst in der zweiten Hälfte des 16. Jahrhunderts wird sich dort das neue Zentrum der Vorlande auch städtebaulich etablieren können, u. a. mit allen für eine territoriale Administration nötigen Funktionsgebäuden und einem stattlichen Schlossbau.[82]

Funktions- und Repräsentationsbauten

Besondere Gewichtung fanden in den gegenüber Augsburg kleineren urbanen Zentren Schwabens nun dagegen Funktions- und Repräsentationsbauten wie Rathaus, Kaufhaus, Tanzhaus, Zeughaus, die Waage, die Schranne, Zunfthäuser oder von Speichergebäuden für Korn, Salz oder Wein. Normalerweise außerhalb der Städte lagen dagegen Siechenhaus und Spital, die manchmal jedoch – wie etwa das Spital in Dillingen vor 1505 oder die Lauinger Spitalkirche St. Alban bereits ab 1415 – zu einem späteren Zeitpunkt in die Stadtumwehrung einbezogen wurden.[83] Anders verhielt es sich in Kempten, wo die Leprosenkapelle, das »Seelhaus«, erst 1521 um ein gutes Stück nach außerhalb der Stadt verlegt wurde (heute: St. Stephan am Keck)[84]. Fromme Stiftungen waren bereits die wesentliche Voraussetzung der spätmittelalterlichen Sozialfürsorge gewesen, so etwa bei der Stiftung des Spitals von Immenstadt durch den Brixener Domherrn Konrad Wenger (1495).[85] Die Donauwörther widmeten ein zunächst auch für Pilger errichtetes Gebäude zu einem reinen Spital um (1491), in Nördlingen etwa wurden die Spitalgebäude an der Wende zum 16. Jahrhundert nahezu vollständig erneuert.[86]

Wie im Altbayerischen besaßen die Rathäuser stets eine hohe städtebauliche Bedeutung durch ihre Dimension, ihre städtebauliche Position wie etwa die privilegierte Lage am Marktplatz (in Altbayern oft inmitten des Platzes)[87], mit der Gestaltung der Fassade durch Elemente der gebauten oder aufgemalten Architektur, von Fassadenmalereien oder Kratztechniken und oft einem anschließenden Turm oder Dachreiter. Nördlingen nutzte ein älteres Stadthaus der Grafen von Oettingen, das die Stadt 1499/1500 durch Stephan Weyrer d. Ä. umfangreich umbauen ließ. Die Reichsstadt Memmingen erweiterte den spätmittelalterlichen Bau ihres Rathauses in den Jahren 1488 und 1522 als vier Geschosse hohen, den Marktplatz dominierenden Satteldachbau. Für die Verwaltung errichteten die Memminger auch das zunächst eingeschossige, vielachsige Steuerhaus (1495) – zusammen mit dem Rathaus, dem Münzturm und der nahen Großzunft dominierte es das räumliche Zentrum der Reichsstadt.

Ein eigenes Rathaus war das repräsentative Privileg einer mächtigen Bürgerschaft, die damit, ihren ökonomischen Möglichkeiten entsprechend, ihren vom Landesherrn legitimierten politischen Einfluss demonstrierte. So verhielt es sich etwa in Füssen gegen die Position des Bischofs (1477), in äußerlich moderaterer Form dagegen in Dillingen. Als markanter Endpunkt der axial darauf zulaufenden Straße wurden die Rathäuser von Donauwörth und Kaufbeuren am Beginn des 15. Jahrhunderts in den städtischen Raum eingepasst. Es ist nicht ungewöhnlich, dass etwa dem Kemptener Rathaus[88] ein eigener Platz zugeordnet wurde.

Allerdings war es zunächst (1368) als Kornhaus errichtet und erst wenige Jahre darauf als Rathaus verwendet worden, wie etwa auch in Nördlingen. 1474 erhielt es einen Neubau. Neben einer einnehmenden äußerlichen Erscheinung hatten beim Rathausbau auch strukturelle und funktionale Anforderungen er-

Abb. 5: Rathaus Memmingen, 1879.

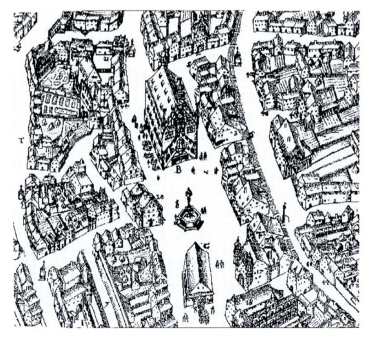

Abb. 6: Rathaus Kempten, Ausschnitt, 1628.

füllt zu werden. Während das Erdgeschoß oft als Verkaufshalle angelegt war, fanden in den oben gelegenen Räumen die Versammlungen des Rates statt. Im alten Rathaus der Stadt Lindau hat sich ein solcher, vollständig mit Holz ausgekleideter, beeindruckend großer Ratssaal erhalten, wie er zur Aufnahme des Reichstags 1496 diente.[89] Die vorherrschende Bauweise war, wie beim Adel zu früheren Zeiten, der Naturstein bzw. wurden die verputzten Außenflächen repräsentativ bemalt.[90] Auch der beginnende fränkische Einfluss im nördlichen Schwaben sorgte, wie etwa bei den in Nördlingen zahlreich noch heute existierenden Bürger- und Handwerkerhäusern (darunter das um 1470 als Holzständerbau mit leicht vorkragenden Obergeschossen errichtete und 1534 für die kaiserliche Prägestätte umgebaute Münzhaus, aber auch die dreigeschossige, ebenfalls um 1470 errichtete Metzg)[91] oder auch beim Oettinger Rathaus (1480) als stattlicher Fachwerkbau mit drei gezimmerten Stockwerken unter einem hohen, in vier einzeln gezimmerten Stockwerken gegliederten Dach, für eine allerorten bestimmende, hocheinprägsame Architektur an der Schwelle zur Neuzeit. Die Forschung hat im weiter westlich gelegenen Schwaben, etwa in Esslingen oder auch in Oberschwaben, Fachwerkkonstruktionen als mit die ältesten erhaltenen bürgerlichen Wohngebäude im Raum der heutigen Bundesrepublik identifizieren können[92] – und auch in der Zeit Maximilians bestanden die Städte Ostschwabens vielfach noch aus den damals bereits seit langem hochdifferenzierten Holzständerbauwerken zu Wohn-, Geschäfts- und Speicherzwecken.[93] Neben Augsburg waren hier v. a. Memmingen, Nördlingen und Dinkelsbühl durch den Fachwerkbau bestimmt.[94]

Abb. 7:
Rathaus Kempten, 1937.

Bürgerhäuser

Stattlich erschienen im Schwäbischen außerdem die Bürgerhäuser als hochgiebelige, oft mit gliedernden Architekturelementen oder Erkern versehene Prachtgebäude wie etwa in Lindau, in Füssen, in Donauwörth, in Lauingen oder in Landsberg.[95] In beiden Fällen säumten die oft auch in den Bauformen großzügigen, drei- bis viergeschossigen und in den Städten seit der Wende zur Neuzeit mehrheitlich gemauerten Häuser die zentrale Straße, wobei es durch Stadterweiterungen auch zu sozialen Veränderungen kommen konnte: in Memmingen etwa, wo sich die wohlhabende Bürgerschaft erst im späten Mittelalter die „Herrenstraße" zu eigen machte. Eine Vielzahl der noch erhaltenen spätmittelalterlichen Ständerbauten, die etwa in Nördlingen erhalten sind, imitierte durch Putz die Bauweise des höheren gesellschaftlichen Standes. In Füssen folgt die Reichenstraße – wohl eine planmäßige Einbeziehung als Hauptachse in die vormals existierende Stadt[96] – dem Verlauf der römischen Via Claudia. An dem länglichen Marktplatz von Kempten mit seinem freistehenden Rathaus, einem augenfälligen architektonischen Ensemble (1474)[97], versammeln sich seit dem ausgehenden Mittelalter die Häuser des gehobenen Bürgertums und der Zünfte – letztere errichteten i. d. R. repräsentative Zunfthäuser, meist in herausragender städtebaulicher Position, wie z. B. die Zunft- bzw. Amtshäuser der Weber in Kempten (zweigeschossiger Traufseitbau, um 1460), Memmingen (Giebelfassade mit drei Vollgeschossen über hohem, steilen Dach, 15. Jahrhundert) oder Augsburg, dessen Zunftstube 1437 durch Peter Kaltenegger bemalt und 1538 von Jörg Breu d. Ä. erneuert wurde[98]. Ebenso war es bei den Trinkstuben der wohlhabenden Kaufleute, wie etwa in Memmingen (ab 1537), in Kempten (ab 1557)[99] oder in Augsburg (Neubau nach 1488, ab 1563 erneuert).[100] Ein weiterer Ort der Geselligkeit war das Tanzhaus, etwa das 1442–44 von dem Kirchenbaumeister Nikolaus Eseler d. Ä. am Markt in Nördlingen errichtete oder das in Donauwörth. Letzteres, um 1400 als städtisches Kaufhaus errichtet, ist ab ca. 1507 als Schranne genutzt worden. Die örtliche Legende besagt, Maximilian habe dort mit den Bürgern die Geburt seines Enkels Karls gefeiert (1500).[101]

Kirchen

Innerhalb der Städte sind Kirchen die bedeutendsten Bauwerke. In den prosperierenden Jahrzehnten um 1500 erfuhren viele hochmittelalterliche Pfarr- und Klosterkirchen eine neue Redaktion durch größere Umbauten oder Erweiterungen, nicht wenige wurden – oft auf der Grundlage eines Vorgängerbaus – neu errichtet. Jene Zeit war also nicht nur eine der glanzvollsten Epochen süddeutscher Kunst, sondern auch eine besonders intensive Phase des schwäbischen Kirchenbaus.[102] Ähnliches wird erst wieder im Verlauf des 18. Jahrhunderts geschehen.[103]

In der Teilnahme an der Entwicklung der deutschen Sondergotik[104] sind individuelle Haltungen auf der Fläche des heutigen Bayerisch-Schwabens erkennbar, deren Phänomene sich so nicht im gleichzeitigen Kirchenbau im benachbarten Altbayern wiederfinden.[105] Hier, im östlichen schwäbischen Oberland, gab es in den letzen Jahrzehnten des 15. Jahrhunderts eine Hinwendung zu Kirchen des basilikalen Querschnitts, der bereits in Altbayern gepflegte Hallentyp erschien dagegen relativ selten.[106]

Es ist bezeichnend, dass einer mit dem Chorumgang des Augsburger Domes begonnenen grundsätzlichen Öffnung des Innenraumes (1356–1431) und dem damit möglichen Anschluss an die deutsche Sonderentwicklung nur wenig später mit dem epochalen Bau der Klosterkirche von St. Ulrich und Afra ab 1467 als dreischiffige Basilika eine konservative bauliche Gegenposition realisiert wurde. Kaiser Maximilian war de jure Mitglied der klösterlichen Gemeinschaft und bei der Grundsteinlegung des Chors im Jahr 1500 persönlich anwesend. Burkhard Engelberg, der in Augsburg seit etwa 1490 eine einflussreiche Werkstatt unterhielt, führte den Neubau seit einem teilweisen Einsturz des unfertigen Baus (1474) bis zu seinem Ende (1512).[107]

Kirchen im basilikalen Typ waren fest im kirchlichen Bauwesen Schwabens verankert, und das gilt noch in den Münsterkirchen der entfernteren schwäbischen Zentren Bern (beg. 1421) und Überlingen (15./16. Jahrhundert). Hans Karlinger erinnert in seiner „Bayerischen Kunstgeschichte" daran, dass trotz mannigfaltiger Bautätigkeit im Schwaben des 15. Jahrhunderts die »neue Raumform« (der Hallenbau, Anm. d. Verf.) weitgehend fremd blieb.[108] Die zunächst als Halle geplante Ulmer Münsterkirche wurde nach Einbeziehung des Westturms in das Langhaus in der Höhe verdoppelt, so dass dort die heute noch beachtliche Basilika entstand. Auch die Stadtpfarrkirche St. Martin in Memmingen, der größte Bau in Schwaben außerhalb Augsburgs, ist ein wuchtig erscheinender, dreischiffiger Bau mit überhöhtem Mittelschiff. Das romanische, basilikale und in Backstein gefügte Langhaus war zwar bis 1410 zunächst beendet worden. Es wurde dann 1489–1491 noch einmal, um zwei auf dann acht Joche, nach Westen verlängert. In den Jahren 1496–1500 führte Meister Jörg den Chor auf, als Berater wirkte der Ulmer Münsterbaumeister Matthäus Böblinger. Das unter Mitwirkung von Memminger Meistern ausgeführte Chorgestühl (1501–1507) gehört, wie Konstanz und Ulm, zu den bedeutendsten seiner Art in Süddeutschland.[109] Noch bis über den Anfang des 16. Jahrhunderts hinaus dominierte der Querschnitt mit gegenüber den Seitenschiffen erhöhtem Mittelschiff,[110] so etwa in Nördlingen (Karmeliten-Klosterkirche St. Salvator, Weihe: 1422), in Memmingen (Frauenkirche, 1456) oder in Höchstädt (Maria Himmelfahrt, 1523). Die kath. Pfarrkirche St. Martin, Kaufbeuren, verschränkt innerhalb des basilikalen Querschnitts sternförmige Netzrippengewölbe im Chor und in den Seitenschiffen (Umbau durch die Kaufbeurer Meister Ulrich und Leonhard Murer, erste Hälfte 15. Jahrhundert) mit der Flachdecke über dem Mittelschiff.

Auf eine Basilika setzten auch die Augustiner-Chorherren von Rottenbuch, als sie ihre in Mitleidenschaft gezogene Klosterkirche ab Mitte des 15. Jahrhunderts mit Chor und Querschiff erneuern und mit einem Rippengewölbe schließen ließen. Unter Meister Hansen wurde auch das Langhaus, in Verwendung vorhandener Substanz, bis gegen 1480 erneuert.[111]

Hier, in unmittelbarer Nähe des Lechs, hatten schon immer besondere Bedingungen gegolten,[112] waren die Durchdringungen zweier sich hier begegnender »Baukulturen« intensiver als andernorts. So lässt etwa der enorme Backsteinbau der Landsberger Pfarrkirche Mariä Himmelfahrt an die Rezeption der altbayerischen Backstein-Bauten denken, auch wenn hier basilikal gebaut wurde. Zu diesem Zweck ist der u. a. in Bern, Straßburg und Ulm tätige, bedeutende Baumeister Matthäus Ensinger berufen worden (Grundsteinlegung: 1458),[113] der die Erneuerung der zuerst 1179 erwähnten, nun viel zu kleinen Kirche anging. Nach seinem Tod führte Valentin Kindlin[114] die Arbeiten nach dem ursprünglichen Plan fort. Es ist auffällig, dass auch eine kleine Gruppe von am Lechrain gelegenen Kirchen – oder solche mit Bezug zur bayerischen Bautradition – den Basilikaltyp nur unvollständig, nämlich ohne Durchfensterung des Obergadens, als »Staffelhalle« rezipierten: die Stadtpfarrkirchen von Donauwörth (1444–73, Stadtbaumeister Hans Knebel), Rain (am Chorbogen bez. 1480, hier: als »Pseudobasilika«) und Höchstädt (Langhaus 1498 vollendet).

Abb. 8:
Rain, St. Johannes d. T.

Dennoch hielten Hallenkirchen nun auch in Schwaben Einzug: Von enormem Einfluss wirkte hier die als Stadtpfarrkirche errichtete Heilig-Kreuz-Kirche in Schwäbisch Gmünd, die noch im 14. Jahrhundert von der Baumeisterfamilie Parler dreischiffig, mit polygonalem Chor und Umgang, begonnen und, nach einem Turmeinsturz, im Jahr 1521 mit der Fertigstellung des Langhauses beendet werden konnte. Zu Maximilians Zeiten wurde St. Georg in Nördlingen als dreischiffige Halle fertiggestellt. Der überaus lange Chor (fünf Joche gegenüber den sechs Jochen des Langhauses) der dreischiffigen Kirche ist nur gering eingezogen endet auf 5/8. Der 1427 mit dem Chor begonnene Neubau eines hochmittelalterlichen Vorgängerbaus trat in den Jahren 1495–1505 mit der Einwölbung von Chor und Langhaus in eine entscheidende Phase. Es ist von einer beratenden Tätigkeit Burkhard Engelbergs auszugehen,[115] den Plan hatte jedoch wohl Hans Kuhn von der Ulmer Münsterbauhütte, zusammen mit seinem aus Nördlingen stammenden Mitarbeiter Hans Felber d. Ä., ab 1427 entwickelt.[116] Der in die Westfassade integrierte, sich im Querschnitt nach oben konzentrisch verjüngende West-Turm („Daniel"), für dessen Ausführung ein Entwurf des Regensburger Dombaumeisters Konrad Roritzer verwendet wurde, ist seit 1495 von Stephan Weyrer d. Ä. weitergeführt worden. Mit seinen 90 m Höhe in sieben Geschossen ist er seitdem eine Landmarke für das gesamte Ries. 1519 galten die Arbeiten an der Kirche insgesamt als beendet.

Im nahen, bereits stark unter fränkischem Einfluss stehenden Dinkelsbühl wurde die St.-Georgs-Kirche, ebenfalls als Hallenkirche und, ähnlich wie in Nördlingen, mit einem wuchtigen westlichen Turm errichtet (1448–1499). Der Raumeindruck ist hier durch einen Umgang des 3/8-Chores und die durchgehende Verschränkung von Stern- und Netzgewölben, die fließend in die Säulen übergehen, auf eine umfassend vereinheitlichende Räumlichkeit ausgelegt. Ihr Baumeister, der vom Mittelrhein stammende und bereits durch seine Mitarbeit

Abb. 9: Nördlingen, St. Georg, um 1930.

in Schwäbisch Hall, Nördlingen und Rothenburg ausgewiesene Niclaus Eseler d. Ä., wechselte von der Nördlinger Georgskirche nach Dinkelsbühl, wo er seit 1448 Planung und Ausführung übernahm (Vollendung durch seinen Sohn Niclaus Eseler d. J.).[117] Hallenkirchen entstanden nun auch in Memmingen (Kreuzherrenkirche, zweischiffig, 1480), in (Bad) Grönenbach (mit fensterlosem erhöhten Mittelschiff der dreischiffigen Halle, 1495) oder auch in Kaufbeuren: Das Langhaus der auf einer Anhöhe errichteten, bereits 1319 erwähnten Kapelle St. Blasius ist erst 1484/1485, vielleicht anstelle eines basilikalen Vorgängerbaus, als Halle angelegt und eingewölbt worden.[118]

Mit der stattlichen St.-Martins-Kirche zu Lauingen endet die Reihe spätgotischer Stadtpfarrkirchen in Süddeutschland in der Nachfolge Burkhard Engelbergs.[119] Der Augsburger Baumeister Hans Hieber lieferte den Entwurf (Ausführung: Stephan Weyrer), der in den Jahren 1516–1521 umgesetzt und bereits 1520 geweiht wurde. St. Martin ist ein eindrucksvolles Beispiel für die Entfaltung eines von größtmöglicher Belichtung geprägten Innenraums. Sieben

Abb. 10:
Stadtpfarrkirche Lauingen.

Säulenpaare tragen das Netzgewölbe, das von den jeweils acht hohen Fenstern zu beiden Seiten – und von je drei hohen Fenstern der drei auf 5/8 endenden, gleich breiten Schiffe – hell ausgelichtet wird. Die gewaltige Baumasse, die durch das hoch aufragende Walmdach (der Turm befindet sich hier auf der Südflanke) noch in ihrer Wirkung gesteigert wird, ist trotz ihrer Position am südlichen Rand des historischen Zentrums das prägende Bauwerk im Weichbild der Stadt Lauingen.

Mit Hieber lassen sich schon neue Zeichen am Horizont erkennen: Er richtete sein Interesse bereits nach Italien und rezipierte von dort einen neuen Stil in der Kunst[120] – es ist der Beginn der Renaissance in Schwaben.

Anmerkungen

1 Aus der umfangreichen Literatur s.: Jan-Dirk Müller/Hans Joachim Ziegeler, Maximilians Ruhmeswerk. Künste und Wissenschaften im Umkreis Kaiser Maximilians I., Berlin/Boston 2015. Einen guten Überblick über die kaiserliche Kulturpolitik bes. im 5-tlg. Standardwerk (München 1971–1986): Hermann Wiesflecker, Kaiser Maximilian I., hier: Bd. 5. Der Kaiser und seine Umwelt. Hof, Staat, Wirtschaft, Gesellschaft und Kultur (1986), bes. S. 340–362. Vgl. auch die zahlreich im 500. Todesjahr Maximilians (2019) erschienenen Publikationen.

2 Norbert Lieb verwendet den Begriff im Beitrag: Augsburgs Stadtgestalt 1518–1630, in: Welt im Umbruch. Augsburg zwischen Renaissance und Barock, Augsburg 1980, S. 94–99, hier: S. 94.

3 Wiesflecker, Maximilian (wie Anm. 1), S. 377.

4 Christoph Metzger, Das Reiterstandbild Maximilians I., in: Ausst. Kat. Bayern-Italien, hrsg. vom Haus der Bayerischen Geschichte, Augsburg 2010, S. 304–313.

5 Stephen Greenblatt, Renaissance Self-fashioning. From More to Shakespeare, Chicago/London 1980.

6 Die Aufwendungen für die umfangreichen militärischen Unternehmungen des Kaisers wurden jedoch aus anderen Quellen finanziert (»Gemeiner Pfennig«), s. Walter Hälbling, Maximilian der Erste und sein Verhältnis zu den Reichsstädten (zugl. Graz, Univ., Diss.), Graz 1970, S. 185.

7 In den Jahren 1474/1475 etwa war er dabei in Dillingen und Günzburg, in der Obhut des Augsburger Bischofs J. II. von Werdenberg. Zu den Aufenthalten um Jagd und Fischerei s. Wiesflecker, Maximilian, Bd. I (wie Anm. 1), S. 384; Kaiser Maximilians geheimes Jagdbuch, hrsg. von Theodor Georg von Karajan, Wien 1858, S. 26–41.

8 Georg Dehio, Handbuch der deutschen Kunstdenkmäler, Bayern III: Schwaben, bearb. von Bruno Bushart und Georg Paula, 2. überarb. Auflage Berlin 2008 (1989), S 730f.

9 Man darf auch von Baumaßnahmen an einigen Jagdhäusern ausgehen. Eine Rekonstruktion der Jagditinerare des Kaisers bei: Julius Sesar, Jagdzüge des Kaisers Maximilian I. in Bayerisch-Schwaben, in: Schwäbische Blätter für Heimatpflege und Volksbildung, Jg. 13 (1962), S. 109–118.

10 URL: www.hochstraessler.de/bobinger-geschichten/kaiser-maximilian-in-bobingen-1-2019.html (Franz Xaver Holzhauser), abgerufen am 19.08.2019.

11 Martin Hirsch, Die spätgotische Tonplastik in Altbayern und den angrenzenden Regionen, Petersberg 2010 (zugl. München, Univ., Diss. 2006), S. 99. Interessant dazu ist die frühe kunsthistorische Arbeit Carl Alexanders von Heideloffs, die sich auf die Kunst im Königreich Württemberg bezieht: Die Kunst des Mittelalters in Schwaben. Denkmäler der Baukunst, Bildnerei und Malerei, Stuttgart 1855.

12 Und hier v. a. Einzelmonographien und Kirchenführer, außerdem die Schriftenreihen des BLfD wie Denkmaltopographien und Kurzinventare, der von der Kommission für Bayerische Landesgeschichte hrsg. Historische Atlas von Schwaben, die Neuauflage des Dehio-Bandes Schwaben (wie Anm. 8), sowie heimatkundliche Reihen (z. B. die von Walter Pötzl für den Landkreis Augsburg hrsg. Heimatbuch-Reihe).

13 Zur Problematik des Begriffes »schwäbische« Kunst: Bernd Roeck, Das historische Auge: Kunstwerke als Zeugen ihrer Zeit. Von der Renaissance zur Revolution, Göttingen 2004, S. 93; ebenso Ausst. Kat. Suevia Sacra. Frühe Kunst in Schwaben, hrsg. von Bruno Bushart und Adelheid Riolini, Augsburg 1973, S. 8; Julius Baum, Altschwäbische Kunst, Augsburg 1923.

14 Karl Gröber, Schwäbische Skulptur der Spätgotik, München 1922, hier: Einführung (im Internet verfügbar: URL: archive.org/stream/schwbischeskulpt00grbe/, abgerufen am 8.1.2020).

15 Hanns Hubert Hoffmann: Quellen zum Verfassungsorganismus des Heiligen Römischen Reiches Deutscher Nation 1495–1815, Darmstadt 1976, hier: S. 23.

16 Zur territorialen Abgrenzung: Volker Himmelein, Vorderösterreich – nur die Schwanzfeder des Kaiseradlers?, Stuttgart 1999, S 23; vgl. auch Rolf Kießling, Habsburg in Schwaben – die Markgrafschaft Burgau im Alten Reich. Eine Einführung, in: Schwäbisch-Österreich. Zur Geschichte der Markgrafschaft Burgau (1301–1805), hrsg. von Rolf Kießling, Augsburg, 2007, hier: S. 11–28 (mit allg. Literaturangaben).

17 Zur Aufteilung Schwaben s. Peter Claus Hartmann, Bayerns Weg in die Gegenwart (...), 3. Aufl. Regensburg 2012, S. 136–140; Rolf Kießling, Kleine Geschichte Schwabens, 2. aktualisierte Auflage Regensburg 2013.

18 Bernhard Kreutz, Städtebünde (Mittelalter/Frühe Neuzeit), publiziert am 22.11.2011, in: Historisches Lexikon Bayerns, URL: www.historisches-lexikon-bayerns.de/Lexikon/Städtebünde, abgerufen am 06.05.2019.

19 Hansmartin Schwarzmaier, Königtum, Adel und Klöster im Gebiet zwischen oberer Iller und Lech, Augsburg 1961, S. 48–58.

20 Eine Zusammenfassung wittelsbachischen Städtebaus (mit Literaturangaben) bei: Wilhelm Liebhart, Städte und Märkte in Altbayern (Mittelalter/Frühe Neuzeit), publiziert am 02.02.2015; in: Historisches Lexikon Bayerns, URL: www.historisches-lexikon-bayerns.de/Lexikon/Städte und Märkte in Altbayern (Mittelalter/Frühe Neuzeit, abgerufen am: 19.08.2019.

21 Wie etwa in der Kunst der Parler oder der sog. Ulmer Schule mit den dort tätigen Spitzenkünstlern: Ausst. Kat. Michel Erhart & Jörg Syrlin d. Ä. Spätgotik in Ulm, bearb. von Brigitte Reinhardt, Ulm 2002.

22 Zum Begriff s. Wilfried Ehbrecht, »Minderstadt« – ein tauglicher Begriff der vergleichenden historischen Stadtforschung?, in: Minderstädte – Kümmerformen – gefreite Dörfer, hrsg. von Herbert Knittler, Linz 2006, S. 1–50.

23 Zur Frühgeschichte der Abteien im ostalemannischen Raum s. Schwarzmaier, Adel (wie Anm. 19), S. 46 f.

24 Pankraz Fried, Zu Anfängen und Entwicklung der ostschwäbischen Klosterlandschaft im Bistum Augsburg, in: Klosterland Bayerisch-Schwaben, hrsg. von Werner Schiedermair, 2. korr. und erw. Auflage Lindenberg 2008, hier: S. 52.

25 Pankraz Fried, Klosterland (wie Anm. 24), S. 5. Allgemein zur monastischen Topographie: Adolf Layer/Pankraz Fried, Kirchliche Gründungen und Reformen vor und nach der Jahrtausendwende, in: HBG, S. 202–207; Bernhard Brenner, Schwaben als Klosterlandschaft, in: Schwaben in Bayern. Historisch-geographische Landeskunde eines Regierungsbezirks, hrsg. von Hans Frei u. a., Lindenberg i. Allgäu 2016, S. 170–197; Sönke Lorenz, Klöster und Stifte – Zur Sakrallandschaft Schwabens im 10. und 11. Jahrhundert. Ein Überblick, in: Schwaben vor tausend Jahren, hrsg. von Barbara Scholkmann, Filderstadt 2002, hier: S. 62–139.

26 Bernhard Brenner, Edelstetten. Vom Damenstift zum Schloss der Fürsten Esterházy, Lindenberg 2012, S. 18.

27 Christian Lankes, Sylvia Stegmüller, Augsburg. Franziskanerkloster, URL: www.hdbg.eu/kloster/index.php/detail/geschichte?id=KS0023, abgerufen am: 25.08.2019.
28 Richard Krautheimer, Die Kirchen der Bettelorden, Neuausgabe mit einem Nachwort von Matthias Untermann (1925), Berlin 2000.
29 Albert Bichler, Wallfahrtsorte in Schwaben, in: Wallfahrten in Bayern, München 2011, S. 66–87. Vgl. die zahlreichen Monographien zu Wallfahrten, für die Gegend um Augsburg etwa Walter Pötzl, Der Landkreis Augsburg. Natur, Geschichte, Kunst und Kultur, Augsburg 2013.
30 Einen Überblick über den Schlossbau des Adels im heutigen Schwaben bei: Wilfried Sponsel, Burgen, Schlösser und Residenzen in Bayerisch-Schwaben, Augsburg 2006; Werner Meyer, Burgen und Schlösser in Bayerisch-Schwaben. Ein Handbuch, Frankfurt/Main 1979; Richard Schmidt/Helga Schmitt-Glassner, Burgen und Schlösser in Schwaben, München 1958; auszugsweise die Situation im Landkreis Augsburg bei Gisela Mahnkopf, Burgen und Burgställe, in: Herrschaft und Politik. Vom Frühen Mittelalter bis zur Gebietsreform, Augsburg 2003, S. 86–113.
31 Gerrit Deutschländer, Europäische Adels- und Hofkultur im Regionenvergleich, in: Adelssitze, Adelsherrschaft, Adelsrepräsentation in Altbayern, Franken und Schwaben, hrsg. von Gisela Drossbach, Augsburg 2012, S. 397–412.
32 Christoph Schedler, Mindelheim. Stadt der Kultur und Lebensfreude, Lindenberg 2013, S. 24.
33 Zum Aufenthalt Maximilians in Dillingen und beim Augsburger Bischof J. V. Werdenberg s. Friedrich Zoepfl, Kaiser Maximilian I. in Dillingen, JHVD 64/65, 1962/63, S. 61–67.
34 In Gablingen: Fugger´scher Besitz seit 1527. In Glött: 1537 von Anton Fugger erworben, weiter kaufte derselbe 1538 das Rechberg-Schloss Babenhausen und veränderte es tiefgreifend, 1536 das Donauwörther Pfleghaus. Raimund Fugger kaufte 1528 Schloss Elmischwang bei Augsburg, Anton Fugger 1551 das Schloss von Kirchheim i. Schwaben (Ausbau von dessen Sohn Hans Fugger ab 1578).
35 Etwa in der Bildhauerei, s. Ulrich Söding, Von der Spätgotik zur Renaissance. Meisterwerke der Skulptur in Ulm und Augsburg nach 1494, Augsburg 2007, in Kunst und Humanismus. FS für Gosbert Schüßler zum 60. Geburtstag, Passau 2007, S. 105–132.
36 Hartmann, Bayerns Weg (wie Anm. 17), S. 140.
37 Bruno Bushart, Die Fuggerkapelle bei St. Anna in Augsburg, Berlin/München 1994.
38 Karl Swoboda, Geschichte der bildenden Kunst, Bd. 6: Das 16. Jahrhundert nördlich der Alpen, Wien 1980, S. 43–66, bes. S. 50.
39 Vgl. Kreuzaltar in der Nördlinger Pfarrkirche St. Georg, Vollendung (1462) N. G. van Leyden zugeschrieben.
40 Herbert Schindler, Große bayerische Kunstgeschichte, Teil I. Frühzeit und Mittelalter, München 1997, S. 388.
41 Bettina Mayr, Spätgotische Plastik – Stilvergleich und Ikonographie, in: Kunstgeschiche. Hrsg. vom Landkreis Augsburg, Augsburg 1997, S. 71–98, hier: S. 78–81; s. a. Norbert Lieb, Der Bieselbacher Altar, München 1963.
42 Gröber, Spätgotik (wie Anm. 14).
43 Aus dem erhaltenen Bestand der Maximilianszeit etwa: Grabplatten in Augsburg und in Dillingen, s. Schindler, Kunstgeschichte (wie Anm. 40), S. 388; in der Pfarrkirche Jettingen (Fam. vom Stein zu Ronsberg); in Ursberg, Laugna oder in Mindelheim (Ulrich und Ursula von Teck).
44 Schindler, Kunstgeschichte (wie Anm. 40), S. 385–410; Erich Egg, Kunst zwischen Schwaben und Tirol. Mittelalter und Renaissance, in: Ausst. Kat. Schwaben – Tirol, Bd. 2, hrsg. von Wolfram Baer, Rosenheim 1989, S. 326–334; Herbert Schindler, Der Schnitzaltar. Meisterwerke und Meister in Süddeutschland, Österreich und Südtirol, Regensburg 1978.
45 Ulrich Söding, Hans Multscher – Der Sterzinger Altar, Bozen 1991.
46 URL: www.ingolstadt.de/stadtmuseum/scheuerer/museum/r-14-007.htm, abgerufen am 3.1.2020.

47 Theodor Müller, Zur schwäbisch-bayerischen Plastik der Zeit Hans Multschers, in: FS Wilhelm Pinder, Leipzig 1938, S. 301–324.
48 Hans Karlinger, Bayerische Kunstgeschichte, München 1928, S. 58.
49 Karl Bosl, Die bayerische Stadt in Mittelalter und Neuzeit. Altbayern, Franken, Schwaben, Regensburg 1988.
50 Zur Stadtentwicklung Kemptens: Alexander von Württemberg/Werner Sienz, Stadt Kempten. Ensembles, Baudenkmäler, archäologische Geländedenkmäler, München 1990.
51 V. a. zu Kempten, Lindau, Memmingen und Ravensburg s. Wolfgang Petz, Reichsstädte zur Blütezeit. 1350 bis 1550. Alltag und Kultur im Allgäu und in Oberschwaben, Kempten 1989.
52 Martha Schad/Helmut Müller, Brunnen in Augsburg, Bindlach 1992, S. 77f.
53 Renate Miller-Gruber/Wolfgang B. Kleiner, Elias Holl, Augsburg 2010, S. 59f.
54 Christof Paulus, Augsburg, Reichsstadt: Territorium und Verwaltung, publiziert am 22.12.2017; in: Historisches Lexikon Bayerns, URL: www.historisches-lexikon-bayerns.de/Lexikon/Augsburg,_Reichsstadt:_Territorium_und_Verwaltung, abgerufen am 30.12.2019.
55 Mayer, Christian, „Weyrer, Stephan" in: Allgemeine Deutsche Biographie 42 (1897), S. 284–285; Hermann Keßler, Das Standbild des Kaisers Maximilian I. am Tanzhaus der Stadt Nördlingen, in: Nordschwaben 10 (1982), S. 70–72.
56 Denise Steger, Bilder für Gott und die Welt. Fassadenmalerei an Kirchengebäuden in Deutschland vom 12. bis zum Anfang des 16. Jahrhunderts, Köln 1998, S. 91f.
57 Hermann Josef Seitz, Der Schimmelturm zu Lauingen, in: Die 7 Schwaben, 7. Jg. (1957) H. 3, S. 137f.
58 Zum Reiterstandbild vgl. Metzger, Reiterstandbild (wie Anm. 4), S. 304–313.
59 Dehio, Schwaben (wie Anm. 8), S. 546.
60 Cord Meckseper, Kleine Kunstgeschichte der deutschen Stadt im Mittelalter, Darmstadt 1991, bes. S. 45–88.
61 Zur Stadtentwicklung s. die Beiträge von Michael Dapper, Joachim Jahn und Rolf Kiessling, in: Die Geschichte der Stadt Memmingen, Bd 1. Von den Anfängen bis zum Ende der Reichsstadt, hrsg. von Joachim Jahn (fortgeführt von Hans-Wolfgang Bayer in Verbindung mit Uli Braun), Stuttgart 1997, S. 21–246.
62 Bosl, Bayerische Stadt (wie Anm. 49), S. 183f.
63 Das Bürgerhaus (heute: Kaiser-Max-Straße 21) seit 1604 im Besitz der evangelischen Gemeinde und heute zur Dreifaltigkeitskirche umgebaut, s. Anton Brenner/Tilmann Breuer, Die urbane Überlieferung Kaufbeurer Baudenkmale und ihre Besonderheiten, in: Die Stadt Kaufbeuren 2. Kunstgeschichte, Bürgerkultur und religiöses Leben, hrsg. von Stefan Dieter und Jürgen Kraus, Thalhofen 2001, S. 20–63.
64 Dehio, Schwaben (wie Anm. 8), S. 257.
65 Pankraz Fried/Bernhard Hagel, Spätmittelalterliche Klöster in Schwaben 1300–1500, in: Historischer Atlas von Bayerisch-Schwaben, hrsg. von Hans Frei, Pankraz Fried und Franz Schaffer, 2. Aufl. Augsburg 1985, VIII.14.
66 Jahn, Stadt Memmingen (wie Anm. 61), bes. S. 247–286.
67 Tiroler Ausstellungsstraßen. Maximilian I., hrsg. von Alfred Kohler, Mailand 1996, S. 88.
68 Hans Koepf, »Engelberg, Burkhart«, in: Neue Deutsche Bibliographie 4 (1959), S. 507f.
69 Dehio, Schwaben (wie Anm. 8), S. 631.
70 Zum Städtebau s. Hans Koepf, Schwäbische Kunstgeschichte 1, Romanik und Städtebau, Konstanz 1962.
71 Dehio, Schwaben (wie Anm. 8), S. 467.
72 Bosl, Bayerische Stadt (wie Anm. 49), S. 184.
73 Rudolf Haussmann, Zur Geschichte der Wasserstraßen in Bayern, in: Das Bayerland, Bd. 63 (1961), S. 289–295; Martin Kluger, Der Lech. Landschaft, Natur, Geschichte, Wirtschaft, Wasserkraft. Der Fluss und das Lechmuseum Bayern, Augsburg 2011, hier: S. 92–96.
74 Dehio, Schwaben (wie Anm. 8), S. 542.

75 Thomas Szabó, Le strade in Germania e in Italia nel Medio Evo, in: La Via Teutonica, hrsg. von Renato Stopani und Fabrizio Vanni, Florenz 2013, S. 105–116.
76 Am deutlichsten wurde dieser Zusammenhang bisher für Augsburg zum Thema gemacht, s. etwa Paulus, Augsburg (wie Anm. 54).
77 Max Schefold, Alte Ansichten aus Bayerisch-Schwaben, Bd. 1 (Katalogband), Weißenhorn 1985.
78 Christian Kayser: Die Stadtmauer von Memmingen, in: Christoph Engelhard/Historischer Verein Memmingen e.V. (Hrsg.): Wissenschaftliche Reihe zur Memminger Geschichte 8, Memmingen 2016.
79 Hermann Kessler, Die Stadtmauer der Freien Reichsstadt Nördlingen, Nördlingen 1982.
80 Dehio, Schwaben (wie Anm. 8), S. 801.
81 Siegfried Hofmann/Theodor Straub, Ausst. Kat. Das Herzogtum Bayern-Ingolstadt, Ingolstadt 1980; Anonymus, Die ehemalige Befestigung Höchstädts, in: Nordschwäbische Chronik, Bd. 4 (1951), S. 8f.
82 Dehio, Schwaben (wie Anm. 8), S. 410f.; Wolfgang Wüst, Günzburg und die habsburgische Politik in Vorderösterreich (Heimatkundliche Schriftenreihe für den Landkreis Günzburg 21), Günzburg 1997; Paul Auer, Geschichte der Stadt Günzburg, Günzburg 1963, S. 23–40.
83 Meckseper, Kunstgeschichte (wie Anm. 60), S. 86–88.
84 Dehio, Schwaben (wie Anm. 8), S. 571.
85 Ebenda, S. 517.
86 Ebenda, S. 298; 796f.
87 Matthias Untermann, Plätze und Straßen. Beobachtungen zur Organisation und Repräsentation von Öffentlichkeit in der mittelalterlichen Stadt, in: Stadtgestalt und Öffentlichkeit. Die Entstehung politischer Räume in der Stadt der Vormoderne, hrsg. von Stephan Albrecht, Köln u. a. 2010, S. 59–72.
88 Das Rathaus zu Kempten im Wandel der Geschichte. Eine Dokumentation, hrsg. von der Stadt Kempten, Kempten 1987.
89 Das alte Rathaus zu Lindau im Bodensee, hrsg. vom Kulturamt der Stadt Lindau, Lindau 1961.
90 Zur Situation in Augsburg s. Doris Hascher, Fassadenmalerei in Augsburg vom 16. bis zum 18. Jahrhundert, Augsburg 1996.
91 Das 1955 abgebrannte, bereits 1425–27 errichtete Hafenhaus in Nördlingen galt als einer der interessantesten Holzbauten des deutschen Mittelalters, s. Hans Koepf, Deutsche Baukunst, Stuttgart 1956, S. 111.
92 Siegfried Stötzer, Mittelalterliche Fachwerkschätze und bürgerliche Baukunst aus der Zeit vor 1550 in Esslingen. Einführung in die mittelalterliche Fachwerk-Bauweise als Beitrag zur Entwicklungsgeschichte des frühen Stadt- und Bürgerhauses in Schwaben, Altbach 2003.
93 Konrad Bedal, Historische Hausforschung, Bad Windsheim 1993. Für den spätmittelalterlichen Hausbau, der für das benachbarte Franken (bes. für das Mittelalter) hervorragend erforscht ist, fehlt für Schwaben noch eine jüngere, vergleichbare Darstellung. Vgl. jedoch die von Adolf Bernt in Tübingen begründete Reihe »Das deutsche Bürgerhaus«, bes. die Bd.e von Robert Pfaud zu Augsburg (1976) und Horst Ossenberg zu Oberschwaben (1978), sowie die vom BLfD herausgegebene Reihe »Denkmäler in Bayern«.
94 Tilmann Breuer/Denis A. Chevalley, Die Gotik, in: HBG 3,2. Geschichte Schwabens bis zum Ausgang des 18. Jahrhunderts, 3., neu bearb. Aufl. München 2001, S. 722.
95 Karlinger, Kunstgeschichte (wie Anm. 48), S. 59.
96 Dehio, Schwaben (wie Anm. 8), S. 359.
97 Das Rathaus in Kempten im Wandel der Geschichte, hrsg. vom Oberbürgermeister der Stadt Kempten, Kempten 1987.
98 Monika Meine-Schawe, Die Augsburger Weberhaus-Stube im Bayerischen Nationalmuseum, in: Münchner Jahrbuch der bildenden Kunst, F. 3. 46 (1995/1996), S. 25–80.

99 Die spätere Kemptener Trinkstube begründete sich auf eine frühere Kapelle, die dem Erzengel Michael geweiht war und als Karner verwendet wurde, s. Gerhard Weber, Von der Karnerkapelle zur Trinkstube. Grabungen am St.-Mang-Platz in Kempten, in: Das Archäologische Jahr in Bayern 2009 (2010), S. 147–150.
100 Pius Dirr, Kaufleutezunft und Kaufleutestube in Augsburg zur Zeit der Zunftverfassung, in: ZHVS 39 (1909), S. 132–151.
101 URL: www.donauwoerth.de/rathaus/unsere-stadt/geschichte/, abgerufen am 27.12.2019.
102 Klaus Jan Philipp, Pfarrkirchen. Funktion, Motivation, Architektur. Eine Studie am Beispiel der Pfarrkirchen der schwäbischen Reichsstädte im Mittelalter, Marburg 1987; Pablo de la Riestra, Kunstdenkmäler in Bayern, Bd. 2, München, Ober- und Niederbayern, Schwaben, Darmstadt 2004.
103 Sigmund Benker, Die Kunstentwicklung vom 16. bis zum Ende des 18. Jahrhunderts, in: HBG 3,2 (2002), S. 775–805.
104 Der Begriff »Sondergotik« wurde 1913 von Kurt Gerstenberg mit dem in Berlin erschienenen Buch »Das Wesen der deutsche Sondergotik« in die Kunstgeschichte eingeführt.
105 Die großen Hallenkirchen wurden eher in der altbayerischen Nachbarschaft (wie etwa in Landshut, München, Straubing oder Ingolstadt) gepflegt, s. Ludwig Stoltze, Die romanischen Hallenkirchen in Altbayern, Leipzig 1929; Hans Koepf, Baukunst in fünf Jahrtausenden, Stuttgart 1954, S. 111.
106 Karlinger, Kunstgeschichte (wie Anm. 48), S. 53; Breuer/Denis A. Chevalley, Gotik (wie Anm. 94), S. 760.
107 Franz Bischoff, Burkhardt Engelberg und die süddeutsche Architektur um 1500. Anmerkungen zur sozialen Stellung und zur Arbeitsweise spätgotischer Steinmetze und Werkmeister, Augsburg 1999.
108 Karlinger, Kunstgeschichte (wie Anm. 48), S. 53.
109 500 Jahre Chorgestühl in St. Martin zu Memmingen, hrsg. vom Historischen Memmingen, Memmingen 2007.
110 Die Aufstellung zu ergänzen bei: Karlinger, Kunstgeschichte (wie Anm. 48), S. 53.
111 URL: www.rottenbuch.de/media/files/pdf/Flyer_Stiftskirche.pdf, abgerufen am 31.12.2019.
112 Markus Würmseher, Der Lech: Eine Grenze?, in: Grenzüberschreitungen zwischen Altbayern und Schwaben. FS für Wilhelm Liebhart, hrsg. von René Brugger und Markus Würmseher, Regensburg 2016, S. 19–41.
113 Christoph Roppel, Meister Matthäus von Ensingen in Landsberg. Neue Erkenntnisse zur Bau- und Kunstgeschichte der spätgotischen Stadtpfarrkirche, in: Landsberger Geschichtsblätter 10 (1989/90), S. 14–19.
114 V. Kindlin übernahm später (1467) auch den Bau von St. Ulrich und Afra, Augsburg, s. Bischoff, Engelberg (wie Anm. 107), S. 65–146.
115 Dehio, Schwaben (wie Anm. 8), S. 790.
116 Albert Schlagbauer, St. Georg Nördlingen, 5. Aufl. Regensburg 1999, S. 1.
117 Bruno Klein, Nikolaus Eseler und die „Sippe der Eseler", in: Kunsttransfer und Formgenese in der Kunst am Mittelrhein 1400–1500, hrsg. von Martin Büchsel u. a., Berlin 2019, S. 191–201.
118 Karlinger, Kunstgeschichte (wie Anm. 48), S. 53; Dehio, Schwaben (wie Anm. 8), S. 546.
119 Dehio, Schwaben (wie Anm. 8), S. 631–634; Reinhard H. Seitz, Der Augsburger Hans Hieber und die Lauinger Stadtpfarrkirche, in: Jahrbuch des Historischen Vereins Dillingen a. d. Donau 77 (1975), S. 106–112.
120 Irmgard Büchner-Suchland, Hans Hieber. Ein Augsburger Baumeister der Renaissance, München 1962.

Dr. (phil.) Markus Würmseher: Offizier, Kunsthistoriker, Architekt. Nebenberufliche Lehre zur Kunst- und Architekturgeschichte in Schwaben an der Hochschule Augsburg, der fbs Ulm und am ZAWiW der Uni Ulm.

Eberhard Birk

Maximilian I. und die Landsknechte

Hinführung zum Thema

Neben genereller wissenschaftlicher Grundlagenforschung und deren Darstellungen wird Vieles, was wir aus der Betrachtung der Geschichte wissen, über „(Geschichts-) Bilder" transportiert.[1] Sehr oft geschieht dies auch anlässlich von historischen Jubiläen, wenn an besonders „runden" Jahrestagen – dies trifft auch für den 500. Todestag von Maximilian (12. Januar 2019) zu – in Feuilletons schreibende Historiker und Politikwissenschaftler, aber auch Bild- und Kulturwissenschaftler sowie die (unverzichtbaren) historisierenden Journalisten den „Markt" bedienen.

Maximilian I. war als König und Kaiser zwischen seinem Kampf um das burgundische Erbe und der Reformation weit über 30 Jahre an entscheidender politischer Position – im Übergang von Spätmittelalter zur beginnenden Neuzeit.[2] Schon allein die Dauer, aber auch die Tatsache, dass diese, seine Zeit von den Polen „Tradition" und „Innovation" geprägt war,[3] machen ihn zu einem interessanten Thema für die Geschichtsschreibung: War er mehr geprägt von den Zeitumständen oder gelang es ihm diese zu prägen? Wie groß ist der Einfluss des Faktors Persönlichkeit in Umbruchsprozessen? Auf welchen Politikfeldern kann das Zusammenwirken von Persönlichkeit, Tradition und Innovation (exemplarisch) aufgezeigt werden? Welches Bild resp. welche Bilder macht sich die Gegenwart – und weshalb?

Zu diesen Bildern gehört eben auch jenes von Maximilian als „Vater der Landsknechte", welches im Zuge des Aufbaus dieser Truppe entstand. Die Neuartigkeit der Landsknechte wurde von aufmerksamen Beobachtern beizeiten erkannt, wie es auch im „Lied von der Kriegsleut Orden" (ca. 1520) des Jörg Graff aus Nürnberg, selbst ein Landsknecht,[4] überliefert ist: „Gott gnad dem großmechtigen Keiser frumme/ Maximilian, bei dem ist aufkumme/ ein Orden, durchzeucht alle Land/ mit Pfeifen und mit Trummen, Landsknecht sind sie genannt."[5] Aber dieser pathetischen Apotheose des neuen Soldatenstandes standen die Zeitgenossen sehr reserviert gegenüber, da die Auswüchse tagtäglich zu bemerken waren.

Die Selbstbeschreibung als „Orden"[6] – so sah auch Maximilian seine Landsknechte in Anlehnung an die Ritterorden als „Kriegsorden" – und die ständige

Kriegsbereitschaft sowie exzessive Gewaltkultur scheinen früh, zumindest in der Außenwahrnehmung, Merkmale ihrer Existenz gewesen zu sein. Ein zeitgenössischer Chronist vermerkte in klarer Sicht: „Anno 1495 (…), als Maximilian Keyser ist / seind über all andere / zwo mechtige plagen in Teutsch landen kommen unnd entstanden: die Franzosen unnd die Landsknecht."[7]

Auch wenn hier nicht konkret Maximilian als „Vater der Landsknechte" bezeichnet wurde, so galt er doch den Zeitgenossen als „Schöpfer" dieser Truppe. Dieser Begriffstopos hatte sich schon längst etabliert, bevor in den 1830er Jahren der vermeintliche Gegenpol durch das Bild vom „letzten Ritter" hinzutrat.[8]

Fortan rätselte man in Forschung und populärwissenschaftlichen Darstellungen lange Zeit bekanntlich darüber, was eher passte. Vielleicht hilft ein Blick in die Vergangenheit: Dabei soll es nicht darum gehen, in jene ausgetretene Narrativspur zu treten, die (über-)lange Zeit bei dieser Thematik geradezu als „klassisch" galt, nämlich wie ein Mann als „Schöpfer" von Neuem tätig war; es ist vielmehr danach zu fragen, wie in dieser Umbruchzeit um 1500 Verschränkungen wirkten, die wechselseitig aufeinander zu beziehen sind, um – in kurzen Skizzen – einen Überblick zu gewinnen. Denn letztlich ist das Thema viel zu komplex und umfangreich. Reduktionen und Schwerpunktsetzungen sind unumgänglich.

Hierzu werden verschiedene Ebenen der Betrachtung gewählt: zunächst wird über eine kurze individuelle Annäherung an Maximilian dessen Selbstverständnis skizziert, dann wird die Makro-Ebene betrachtet, d.h. die politischen und wirtschaftlichen Rahmenbedingungen seiner Epoche, bevor als Meso-Ebene die Entwicklung und das Aufziehen neuer militärischer Formationen und Institutionen angesprochen wird. Anschließend gilt es dann die Mikro-Ebene der Lebenswelt der Landsknechte und deren Wahrnehmung im Urteil ihrer Zeitgenossen in den Mittelpunkt zu rücken.

Individuelle Annäherung an Kaiser Maximilian I. und sein Selbstverständnis

Maximilian war eine schillernde und facettenreiche historische Persönlichkeit,[9] was seinen Niederschlag in einer Vielfalt der (Geschichts-) Bilder von und über Maximilian fand. Diese ist auch der damals beginnenden „Öffentlichkeitsarbeit" geschuldet, die er oftmals selbst mit politischen Intentionen inszenierte. Natürlich hatte er ein Interesse daran, sich dem Adel in dessen Gesamtheit als Repräsentant der „alten Zeit" zu zeigen, der aber gleichzeitig bereit war, auf Reichstagen – anders noch als sein Vater Friedrich III. – den Ständen eine Vorform politischer Teilhabe in Angelegenheiten des Reiches zuzugestehen;[10] der Christenheit zeigte er sich als gläubiger Monarch, der periodisch Kreuzzugsgedanken aufwarf[11] oder gegenüber dem Osmanischen Reich Kriegsbereitschaft demonstrierte;[12] dem städtischen Bürgertum präsentierte er sich als ein Monarch, der dessen wirtschaftlichen Positionen nahesteht, und den Intellektuellen zeigte er sich als Humanist. Er begriff die neuen Möglichkeiten der visuellen Kommunikation, die die neuen Vervielfältigungsmöglichkeiten von Schrift- und Bilderzeugnissen boten.[13]

Gerade dieser letzte Punkt verweist darauf, dass Persönlichkeiten, die sich selbst enorme Bedeutung zuschreiben, bestrebt sind, der Nachwelt ein Bild von sich zu präsentieren, das ihrer Meinung nach das „richtige" Bild ist. Und Maximilian schaffte es tatsächlich, viele „Bilder" von sich der Nachwelt zu überreichen[14] – dies schloss selbst die Inszenierung seines Sterbens mit ein.

Zu den überlieferten und kultivierten „militärischen" Bildern gehören auch die beiden, in einem eigentümlichen Spannungsfeld stehenden Topoi „Vater der Landsknechte" und „letzter Ritter". Beide ergänzen sich wechselseitig und finden ihre Begründung letztlich in Maximilians fürstlichem und kriegerischem Selbstverständnis.[15] Gerade dieses war bei Maximilian besonders ausgeprägt. Einerseits, weil es seinen Interessen entsprach – er war seit früher Zeit dem Militärischen aus Neigung zugewandt. Er wollte geachtet und gewürdigt werden als Heerführer, der sich eine eigene Truppe zusammenstellte – die Landsknechte –, und er interessierte sich für die technischen Aspekte der aufziehenden Truppengattung Artillerie, weshalb er auch gelegentlich als der „erste Artillerist" bezeichnet wird.

Andererseits war dieses Interesse auch politisch notwendig: Er war der Erbe Burgunds. Dessen früheren Herzöge Philipp der Gute und Karl der Kühne sahen sich als ritterliche Edelleute, Epigonen im verdämmernden Mittelalter. Sie führten Kriege und sie kämpften selbst aktiv an vorderster Front. Karl der Kühne verstand sich als Ritter und Held und verlor geradezu folgerichtig 1477 sein (Helden-)Leben in der Schlacht von Nancy. Maximilian musste sich, um die Legitimität seiner Herrschaft über Burgund zu bestätigen, auch als militärischer Held verhalten, aber eben auch inszenieren. Er tat beides. Er kämpfte nach eigenen Aussagen in 27 Schlachten, mehrmals stieg er vom Schlachtross und stürzte sich ins Kampfgetümmel – so zum Beispiel 1479 in der Schlacht von Guinegate. Er war – damals gerade 20 Jahre alt – ohne Frage persönlich außergewöhnlich tapfer.

Auch die vielen Turniere, die er abhalten ließ, dokumentierten stete Bereitschaft, persönliche Tugenden wie Tapferkeit und militärische Gewandtheit mit den Idealen der höfischen Kultur zu verbinden. Diese Ritterturniere dienten der Selbstbespiegelung des Adels und förderten daher auch das Prestige Maximilians und dessen Selbstverständnis als Fürst und „Ritter". Das öffentliche Dokumentieren des Beibehaltens und Kultivierens traditioneller Normen sicherte in der europäischen Adelsgesellschaft die Legitimation zur Ausübung des Herrschaftsamtes und Gefolgschaft.[16] Was heute vielleicht als Symbolpolitik zu bezeichnen wäre, galt damals als notwendige Voraussetzung für Politikfähigkeit.

Schließlich war sein Interesse an Militärischem in der Vergangenheit – mochte es länger oder kürzer zurückliegen – auch der offensichtlichen Tatsache geschuldet, dass es ohnehin im Europa des Spätmittelalters und der Neuzeit stets Kriege gab. Seit jeher waren daher und sind Militärs nach wie vor bestrebt, sich Vorteile zu verschaffen – mögen sie aus politischen, gesellschaftlichen oder technologischen Neuerungen resultieren. Im Übergang vom 15. zum 16. Jahrhundert befand sich Europa in einer Übergangs- resp. Umbruchzeit. Für die Analyse und Beschreibung der (militär-) historischen Veränderungen, die teils Grund, teils Folgen eines tiefgreifenden Veränderungsprozesses waren, und den „Herbst des Mittelalters"[17] in das „lange 16. Jahrhundert"[18] führten, wurde hierfür der Begriff einer „Militärischen Revolution" in die wissenschaftliche Diskussion eingeführt,[19] der sich zwar auf die Zeit danach konzentrierte, aber seine historischen Grundlagen in jener zuvor erhielt.

Makro-Ebene: Politische und wirtschaftliche Rahmenbedingungen

Nach dem Niedergang des mittelalterlichen Kriegswesens mit seiner ritterlichen Basis kam die Forderung auf, den mit Sold zu bezahlenden Infanteristen zum Hauptträger des Gefechts zu machen. Dieser genuin militärische Aspekt war indes nur einer in einem umfassenden Extraction-Coercion-Cycle: der Prozess der frühmodernen Staatsbildung verschärft die politische Rivalität, die eigene Expansion geht zu Lasten anderer Akteure, die Mobilisierung von (finanziellen) Ressourcen und die Aktivierung technologischer Innovationen – auch für die Bereitstellung von besseren Waffen – sowie die Verbreiterung der sozialen Rekrutierungsbasis zur Vergrößerung des Heeresumfangs setzen wiederum einen Erzwingungsapparat zur Verstetigung von Finanzmitteln voraus; innen- und außenpolitische Macht sind Ziel, Zweck und Mittel, die sich selbst perpetuieren.[20]

Die Bedeutung des Zusammenhangs von Politik, Wirtschaft und militärischer Macht hat überzeitlichen Charakter. Auch zu Maximilians Zeit galt daher: „Wohlstand ist in der Regel notwendig, um militärische Macht abzustützen, und militärische Macht ist in der Regel notwendig, um Wohlstand zu erwerben und zu stützen."[21] Beide sind die Pfeiler politischer Macht.

Die perspektivischen Folgen, die daraus erwuchsen, waren für folgende Jahrhunderte evident: das Krieg-Führen mit Söldnern war sehr kapitalintensiv. Militärische und politische Handlungsfähigkeit beruhten letztlich auf Bonität in Bezug auf Steuererhebung und Kreditwesen (Zinsen, Schuldentilgung, Kreditwürdigkeit). Insofern leistete auch das Zeitalter der Landsknechte im Zuge der kostspieligen Vergrößerung der Heere und deren modernen Bewaffnung einen Beitrag zur Entstehung des bürokratischen Verwaltungsapparates, aus dem der neuzeitliche absolutistische Staat entstand – allerdings nicht auf Reichsebene.

Die Epoche Maximilians war in militärgeschichtlicher Hinsicht eine Art Schwellenzeit: nur vordergründig fiel dies mit dem Aufkommen des Schwarzpulvers für Handfeuerwaffen und Artilleriegeschütze zusammen, grundsätzlicher aber war der Beginn „moderner" Staatlichkeit mit seinen rudimentären Versuchen nach und nach größere Herrschaftsgebiete auch verwaltungstechnisch zu durchdringen sowie die fürstliche Absicht, die durch die Renaissance begründeten Entwicklungen auf technischem, wirtschaftlichen und finanziellen Terrain für die eigenen politischen Ziele (auch militärisch) dienstbar zu machen.[22] Diese Herausforderung betraf in erster Linie die Großmächte Europas – namentlich Frankreich und die Habsburger. Gerade die Habsburger standen dabei in einem Spannungsfeld: sie hatten das Kaiseramt und verfolgten parallel dazu eigene dynastische Interessen.

Das Kriegswesen war also auf neue Beine zu stellen. Dabei gibt es stets Friktionen. Neuerungen institutionell zu etablieren, bedarf bei strukturkonservativen Berufsbildern ein gewisses Maß an Nachhaltigkeit und Energie. Diese freilich brachte Maximilian auf – früh erkannte er die politische Notwendigkeit der Etablierung des „Neuen" im Militärwesen.

Meso-Ebene: Neue militärische Formationen und Institutionen

Es gilt nun einen Blick auf jene zu werfen, die für die politischen Ziele militärische Dienstleistung zu erbringen hatten: die Landsknechte, deren Aufbau Maximilian, der 1486 zum römisch-deutschen König gewählt worden war, für seinen niederländischen Krieg im Jahre 1487 begann. Zu deren Aufbau sah sich Maximilian geradezu gezwungen: Nach dem Tod von Herzog Karl des Kühnen von Burgund im Jahre 1477 in der Schlacht von Nancy hatte er durch seine Heirat mit der später verklärten Erbherzogin Maria von Burgund dessen Erbe angetreten – Burgund war und blieb ein politischer Zankapfel zwischen Frankreich, Habsburg, aber auch den Ständen der Niederlande, was sich in einer Vielzahl von Kriegen, Feldzügen und Schlachten bis in den Raum Oberitaliens niederschlug. Um Burgund gegen die Ambitionen des französischen Königs Ludwig XI. verteidigen zu können, griff Maximilian zunächst auf flämische Aufgebote zurück und konnte seine Gebiete durch den Sieg in der Schlacht bei Guinegate behaupten. Aber neben einem drohenden Frankreich im Westen existierten mit den beiden mächtigen Territorialstaaten Bayern und Böhmen zwei große machtpolitische Konkurrenten in unmittelbarer Nähe. Und da das Reich zudem durch das offensive Agieren des Osmanischen Reiches in Ungarn 1490 gebunden war, sah Maximilian für sich die Notwendigkeit zum Aufbau einer einsatzbereiten eigenen Truppe – eben die Landsknechte.

Als Maximilian die Landsknechte „schuf" – im Sinne einer strafferen Organisation der bewaffneten Macht –, war er noch nicht Kaiser; sie sollten dem Auf- und Ausbau seiner territorialen Ziele dienen. Aus (vermeintlicher) Not geboren, wurden diese Landsknechte zum militärhistorischen Signum der Epoche vom ausgehenden 15. Jahrhundert bis zur Mitte des 16. Jahrhundert. Für deren Bezeichnung wurden in früherer Zeit zahlreiche Erklärungsvorschläge,[23] oft in Anlehnung an geographische Grundlagen, also die in „deutschen Landen"[24] geworbenen Kriegsknechte bzw. Fußsöldner, vorgeschlagen, ohne dass eine allseits zufriedenstellende Begriffsetymologie erfolgt wäre. Auf jeden Fall haben sie ihren Namen nicht als Ableitung vom Waffentyp Lanze erhalten – schließlich waren ihre infanteristischen Hauptwaffen die in Form von Langspießen benutzten Piken.

Genauso interessant ist aber auch die Annahme eines politischen Grundes. Der Begriff des Landsknechts, der schon länger im 15. Jahrhundert virulent war, leitet sich möglicherweise von einer (zivilen) Amtsbezeichnung ab (Lantknecht war ein „Büttel", i.e. Gerichtsbote). Seine Ursprünge wären dann also nicht-militärischer Natur, was für einen Politiker zur Verschleierung der eigenen Absicht nur dienlich sein konnte. Wenn nämlich ein Landsknecht zuvor (zivil-) amtliche oder (hilfs-) polizeiliche Aufgaben hatte, dann konnte mit der Aufrechterhaltung der inneren Ordnung argumentiert werden.[25] Wie dem auch sei – die Landsknechte wurden schnell zu einer militärischen Truppe.

Das Aufkommen der Landsknechte vollzog sich nicht „aus dem Nichts". Historische Vorgängermodelle für käufliche militärische Dienste gab es bereits in der Antike. Auch das beginnende neuzeitliche Europa vor und um 1500 kannte verschiedene Formen des Söldnerwesens[26] genauso wie organisatorische Neuerungen, um auf Herausforderungen aller Art angemessen zu reagieren. Zudem bestanden auch parallel zur Dominanz des beginnenden „Zeitalters der Landsknechte" verschiedene Wehrformen. Hier wäre zu erinnern an die Landesdefensionen[27] und deren Vorformen – also defensiv ausgerichtete territoriale Aufgebote zur Verteidigung unter Hinzuziehung von zum Dienst verpflichteten Ständen oder Landschaften – oder aber auch an die vielen und vielfältigen städtischen Aufgebote.

Dass sämtliche dieser Wehrformen – und dies galt in größerem Rahmen auch für die trotz der Einteilung in zehn Reichskreise de facto nicht existente „Kriegsverfassung" des Heiligen Römischen Reiches, das in Hinblick auf Bevölkerungszahl, Wirtschaft- und potentieller Wehrkraft alle Staaten Europas übertraf – keine Relevanz entwickeln konnten, lag einerseits an den politisch determinierten Strukturgrenzen und andererseits an mangelnden, hauptsächlich finanziellen Ressourcen. Hier besaßen die Stände im Reich in Fragen der Heeres- und Steueraufbringung die Hoheit. Die größeren Territorien hatten daher erhebliche Startvorteile gegenüber dem Reich und kleineren Herrschaften.[28]

Die Suche nach den unmittelbaren Vorläufern der Landsknechte führt zu mehreren Wurzeln. Bereits im Zuge der Hussitenkriege (1419–1434) in der ersten Hälfte des 15. Jahrhunderts kam es nicht nur zu einer Differenzierung in verschiedene, auch beweglichere „Truppengattungen",[29] sondern auch zu einer Aufwertung der Fußtruppen. Dadurch erhöhte sich auch die Reichweite des

Rekrutierungspotenzials in sozialer Perspektive, weil somit die bisherige Dominanz von Aufgeboten von Adligen und städtischen Wehrformen durchbrochen werden konnte.[30]

In diese zeitgenössische „Ahnengalerie" sind zudem insbesondere die italienischen Condottieri und die Gewalthaufen der Schweizer Eidgenossen zu verorten. Während die Condottieri vornehmlich in ihrem geographischen Raum verblieben – meist in Oberitalien, wo sie mit mehr oder weniger großem Engagement die militärischen Auseinandersetzungen der Stadtstaaten führten – und im Laufe der Zeit mehr und mehr in Verruf kamen,[31] entwickelten sich die Schweizer aufgrund ihrer Professionalität insbesondere im 15. Jahrhundert zur besten Infanterie Europas und daher zum ultimativen Exportschlager der Eidgenossenschaft.[32] Das in diesem Zusammenhang gerne bemühte Beispiel ist jenes der Schweizer „Reisläufer", die sich auf die „Reyse" machten, in der Regel – aber nicht immer – arme Bauernburschen, die sich in kaiserlichen, meist aber in oberitalienischen Diensten verdingten.[33] Ihren „Höhepunkt" hatten die Schweizer durch ihre Erfolge in den Burgunderkriegen (1474–1477) erreicht: „Der Sieg der mit Langspiessen und Hellebarden ausgerüsteten eidgenössischen Knechte über Herzog Karl den Kühnen signalisierte das definitive Ende der bisherigen Überlegenheit der mittelalterlichen Ritterheere."[34]

Die Landsknechte standen von Beginn an in einem konfliktreichen Spannungsverhältnis zu ihren Lehrmeistern – so standen sie über Jahre gelegentlich miteinander, dann wieder gegeneinander im Feld. Für die Schweizer entwickelten sich die Landsknechte zunehmend zum „Erbfeind" – einen Schweizer als „Landsknecht" zu titulieren, galt bald als Beleidigung.[35] Die Landsknechte konnten sich schnell als Schüler von ihren Lehrern emanzipieren. Ein wesentlicher Grund hierfür war, wenn man von militärisch-funktionalen Gesichtspunkten, d.h. der mangelnden Bereitschaft der Schweizer, sich mit den Neuerungen im Zuge des Aufkommens von Schwarzpulver für Handfeuerwaffen und Artillerie zu beschäftigen, absieht, in der Mentalität zu sehen. Für die Landsknechte und ihre Anführer war der „Krieg und die mit ihm verbundenen Techniken ein geschäftliches Vorhaben", ein Markt, dem sie sich anzupassen hatten, und eben nicht, „wie der Tendenz nach bei den Schweizern, eine starre gesellschaftliche Institution."[36] Im Gegensatz zu den Schweizern waren die Landsknechte ein offenes soziales System. Im Prinzip konnte jeder Mann ein Landsknecht werden. Das „Neue" war indes eine Antwort auf den Niedergang des „Alten".

Mikro-Ebene: Soldatische Lebenswelt im Zeitalter der Landsknechte und deren Wahrnehmung

Die Voraussetzung für das Landknechtsleben war das Eintreten in den militärischen Raum. Auf Söldnermärkten, die nicht auf den deutschen Sprachraum zu begrenzen sind,³⁷ sondern in weiten Teilen Europas – und darüber hinaus – kamen unzählige Menschen in Kontakt mit der soldatischen Lebenswelt, ob als Verpflichtungswilliger oder Außenstehender.³⁸ Dieser Jahrmarktcharakter der Söldnermärkte wurde jedoch oftmals auch negativ gesehen. Zwar war auf diesen viel Geld im Umlauf, die Schattenseite war jedoch die potenziell ausufernde Gewalttätigkeit, die damit einherging, weshalb viele Städte versuchten, die Söldnermärkte fernzuhalten.

Der grundsätzlichen Idee nach beauftragten entweder der Kaiser, ein Fürst oder eine Stadt – aber natürlich auch ausländische Potentaten – durch einen sog. Bestallungsbrief (oder ein Patent) einen erfahrenen und bekannten Kriegsherrn, einen nach militärischen und privatwirtschaftlichen Kriterien führenden Subunternehmer,³⁹ der dann als Regimentskommandeur auf Vertragsbasis die Söldner rekrutierte und für Kriegsdienste zahlte.⁴⁰ Als Feldobrist war er an verschiedene Rahmenbedingungen der Gesamtorganisation gebunden: Heeresstärke, Gliederung, Soldhöhe, Dienstverhältnisse und Aufstellungstermin.⁴¹

Die Bewährungsprobe der Landsknechte war natürlich die Schlacht. Und damit diese dort „ihren Mann stehen" konnten, war schon bei der Auswahl und Ausbildung darauf zu achten, dass nach Möglichkeit nur geeignete Söldner rekrutiert wurden.⁴² Natürlich waren sie durch das Verlesen und der Einschwörung auf die Kriegsartikel auf ihren Kommandierenden verpflichtet, der jedoch nicht nur an der Aufrechterhaltung rigoroser Disziplin interessiert war; in erster Linie wollte er „Profis", d.h. kriegsgeübte Landsknechte. Wer Kriegserfahrung hatte – also ein schon „beschossener Knecht" war⁴³ –, wer körperlich robust war und eine eigene Hochwertausrüstung beim Eintritt in das Regiment vorweisen konnte, erhielt selbstverständlich einen höheren bis hin zum doppelten Sold. Das Söldnerwesen war schließlich Kapitalismus pur. Jeder verkaufte sich so gut er konnte.

Neben der Theorie gab es natürlich auch die Praxis: Es wurde auch viel Schindluder betrieben. Wer keine wertvolle Waffe mitbrachte, konnte sie sich vor der Einschreibung eben auch kurz ausleihen und wer keinen schriftlichen Nachweis für Kriegserfahrung hatte – woher auch in unruhigen Zeiten? –, der fand schnell einen Gewährsmann, der diese bestätigen konnte. Damit war der Schritt in eine neue Lebenswelt vollzogen.

Ein Muster sozialer Herkunft⁴⁴ der Landsknechte zu eruieren, ist schwierig. Unter den Landsknechten waren nicht immer nur „Landeskinder" – wie es manche früheren populären Interpretationen sehen wollten – und sie kamen aus heterogenen Hintergründen: von nachgeborenen Bauernsöhnen über städtische Bürger, Taglöhner, Handwerker und Gesellen, ländlichen Untertanen lokaler Herrschaften bis hin zu Adeligen.⁴⁵ Auch die Motive für den Eintritt in den Solddienst waren vielfältig: wirtschaftliche Not, soziales Prestige, Aufstiegsmöglichkeiten abseits der gesellschaftlichen Norm zumindest im militärischen Raum, Abenteuerlust, Flucht vor Strafverfolgung, aber auch die Aussicht für einige Jahre „gutes Geld" zu verdienen (oder zu plündern), um mit diesem Startkapital das Glück wieder im Zivilen zu versuchen sowie Mund-zu-Mund-Propaganda durch Söldner in ihrer Heimat gingen Hand in Hand.[46]

Bei Betrachtung der regionalen Herkünfte der Söldner jedoch gibt es erkennbare Schwerpunkte: neben der Eidgenossenschaft, dem böhmischen und nordwestdeutschen Raum spielte der süddeutsche Raum eine besondere Rolle – sowohl in Bezug auf das Rekrutierungspotenzial als auch im Hinblick auf besondere Spezifika für einen zunehmend professionalisierten Wirtschaftszweig.

Das Aufblühen des süd- bzw. oberdeutschen Söldnermarktes kann auf mehrere Gründe zurückgeführt werden: Zunächst (1.) die geographische Nähe zur Eidgenossenschaft und deren Reislauftradition, die auf süddeutsche Gebiete ausstrahlte. Zudem war (2.) das Söldnerangebot groß. Neben den aus der Region stammenden Söldnern gab es zudem viele, die sich im süddeutschen Raum aufhielten, weil hier (3.) zahlreiche erfolgreiche Söldnerunternehmer ansässig waren – an prominenter Stelle ist hier Georg von Frundsberg zu nennen. Hinzu kommt (4.), dass es im süddeutschen Raum eben auch viele Handelshäuser und Bankiers als potenzielle und tatsächliche Kreditgeber gab – natürlich in erster Linie die Fugger. Auch gab es (5.) für die Ausstattung der Landsknechte mit Waffen etc. und die Versorgung mit Lebensmitteln genügend leistungsfähige Zulieferer. Betrachtet man – wie Baumann – (6.) die besondere territoriale Zerstückelung im süddeutschen Raum mit der Vielzahl kleiner und kleinster weltlicher und geistlicher Herrschaften, so ist die Vermutung anzustellen, dass deren Modernisierungsdefizite und mangelnde Reichweite in Bezug auf eine Verhinderung der Werbung äußerst beschränkt waren. Und schließlich konnten sich die „gartenden" Landsknechte hier durch schnelle Bewegungen bei vielen „Landesgrenzen" stets erfolgreich der Verfolgung entziehen – und auf neue Rekrutierungsmöglichkeiten warten. Als ein letztes (7.) Argument gilt es auf eine Banalität hinzuweisen: Der süddeutsche Raum war die „Drehscheibe" für die vielen Einsatzräume der Landsknechte – für süddeutsche Konflikte einerseits, andererseits aber auch für die wichtigen europäischen Kriegsschauplätze in Frankreich oder Italien bis hin zur „Türkengrenze".[47]

Gerade diese Summe an günstigen Rahmenbedingungen führte dazu, dass der süddeutsche Raum das ganze 16. Jahrhundert seine Bedeutung beibehalten konnte. In diesem Umfeld bildeten sich daher auch gewisse „Traditionen" heraus – einerseits bildeten sich geradezu Familientraditionen in militärischem Unternehmertum, andererseits bot sich geschickten Persönlichkeiten auch die Chance zum Aufstieg[48] – wie etwa im Fall des Sebastian Schertlin von Burtenbach[49], dem legitimen schwäbischen Nachfolger des „großen" Frundsberg, dem tatsächlichen „Vater der schwäbischen Landsknechte".[50]

Der Kern des Landknechtswesens – Organisation und soziale Realität der Söldner innerhalb und außerhalb eines Landknechtsregiments

Administrative Grundeinheit wurde das zwischen 200–300, gelegentlich aber auch bis zu etwa 400–500 Mann starke Fähnlein unter der Führung eines Hauptmanns, das mit mehreren anderen – meist 10 – zu einem Regiment unter der Führung eines Obersten zusammengeführt wurde. Quartier-, Proviant- und Pfennigmeister waren für Logistik und Bezahlung zuständig. Daneben gab es noch unzählige Funktionen, die einen reibungslosen militärischen und administrativen Ablauf innerhalb des Regiments sicherzustellen hatten.

Bei allen diesen „klassischen" Beschreibungen darf nicht vergessen werden, dass die Landknechtstruppe keine reine „Männersache" war. Denn wo immer „deutsche" Landknechte geworben wurden, musste der Werber letztlich davon ausgehen, dass diese oft mit Frau und Kind zum Dienst erschienen. Gerade die Frauen nahmen viele „Hilfsdienste" wahr – von der ärztlichen Versorgung über diverse logistische Dienste bis hin zur Hilfestellung bei Plünderungen.[51]

Neben dieser sozial- resp. genderwissenschaftlichen Perspektive ist dennoch auf den „harten" Kern zu verweisen: Militärische Verbände werden aufgestellt, damit sie ein schlagkräftiges Instrument bilden, mit dem politische Ziele militärisch durchgesetzt werden können. Für die Einsatztauglichkeit der Landknechte war es daher notwendig, sie im Sinne des damaligen Kriegsbildes mit ihren Waffen und den für den Schlachteinsatz notwendigen taktischen Verfahren vertraut zu machen.

Während sich die Landknechte zunächst an ihrem Vorbild der Eidgenossen orientiert hatten, so erkannten sie schnell, dass der alleinige Einsatz von Piken im Gefecht keine Überlegenheit generieren konnte, insbesondere dann, wenn die Landknechte gegen die Eidgenossen zu kämpfen hatten, die mit ihren Geviert- resp. riesigen Gewalthaufen und ihrem dynamischen Anstürmen – oft ohne Furcht vor eigenen Verlusten – eine Bresche in die feindliche Formation schlagen konnten. Deshalb wurden früh Arkebusen (dt.: Hakenbüchse) eingeführt, um – parallel zum Artillerieeinsatz – auch den infanteristischen Feuerkampf führen zu können. Während die Arkebusen zunächst aufgrund ihres relativ hohen Gewichts eine Stützgabel benötigten, wurde im Zuge von Gewichtsreduzierung auch ein Einsatz in größeren Mengen bei der Infanterie möglich; ihre schlechte Treffgenauigkeit ließen ihren Einsatz in der Schlacht allerdings nur auf kürzere Entfernung zu.

Damit die Landknechte in der Unübersichtlichkeit der Schlacht „funktionieren", waren sie im Vorfeld zu „Drillen", um wechselnden Kommandos der kommandierenden Offiziere möglichst schnell Folge leisten zu können. Einen Einblick in die Perfektion des Einübens taktischen Verhaltens als Verband ist zu erkennen in einer zeitgenössischen Beschreibung aus dem Jahre 1495 – allerdings auf dem Exerzierplatz im Rahmen einer Parade und nicht im Gefecht:

„Nach deutscher Sitte hörte man in diesem Schlachthaufen eine Menge von Trommeln, daß die Ohren platzten. Nur auf der Brust gewappnet, schritten sie einher mit geringem Zwischenraum zwischen den Gliedern, die vordersten trugen lange Lanzen mit scharfer Spitze, die folgenden trugen die Lanzen hoch, dann folgten Hellebarden und Zweihänder; Fahnenträger waren bei ihnen, nach deren Wink sich der ganze Haufe rechts, links, rückwärts bewegte, als ob er auf einem Floß fahren würde. Weiter folgten Arkebusiere und rechts und links Armbrustschützen. Im Angesicht der Herzogin Beatrix verwandelten sie den Gevierthaufen plötzlich auf ein Zeichen in einen Keil, dann teilten sie sich in Flügel, endlich schwenkte die ganze Masse, indem ein Teil sich ganz langsam, der andere aber schnell bewegte und so der eine Teil um den anderen, der stehen blieb, herumbewegt wurde, so daß sie einen einzigen Körper zu bilden schienen."[52] Die gerne hervorgehobene Disziplin der Landsknechte scheint sich jedoch nur auf die taktische Ausbildung und das Verhalten in der Schlacht bezogen haben.

Die soziale Lebenswelt der Landsknechte reichte aber über regelmäßiges, wenn auch meist nur gelegentliches Exerzieren und den Kriegseinsatz hinaus bis zum Vergnügen: „Erstlich muß er ein weib und flaschen haben (…) das weib und wein erfrewt den man (…) Das was der brauch, gewohnheit bei den alten/ also sol es ein ieder landsknecht halten/ würfel und karten ist ir geschrei/ wo man hat guten weine/ sollen sie sitzen bei."[53] Um Auswüchse zu unterbinden, schlug des Abends daher meist ein Rumormeister mit dem Knüppel auf die Zapfen der Fässer, um den Ausschank zu beenden und den „Zapfenstreich" im Sinne der Nachtruhe einzuläuten.

In ausbildungsfreien Zeiten genossen die Landsknechte also auch ihr Leben – weshalb sonst hätte jedes Regiment einen Hurenweibel benötigt? Dieser hatte nicht nur den Tross mit allerlei logistischen Aufgaben für die Eigenversorgung des Regiments zu führen, sondern auch auf ein Mindestmaß an Sittlichkeit zu achten. Dies war umso schwieriger, als sich die Landsknechte gerne in bewusst obszöner Tracht kleideten und ihre Geschlechtsteile mit ihren gigantisch übergroßen Hosenlätzen (genannt: braguette) – mal Ochsenkopf, mal Schneckenhäuslein genannt – ihre sexuellen Omnipotenzphantasien visualisierten.[54] Dies galt insbesondere für den süddeutschen Raum: „Physische Kraft und sexuelle Potenz sind immer wieder anzutreffende Merkmale in der oberdeutschen Renaissance."[55] Die Faszination an moralischer und gesellschaftlicher Randständigkeit scheint ein epochenübergreifendes Phänomen zu sein.

Sie konnte anziehend wirken, aber auch abstoßend. Die denkbarst pejorative Bilanz des Landknechtswesen stammt aus der Feder von Sebastian Franck (1499–1542), einem Geistlichen, Historiker und Schriftsteller, der in eben jene Epoche hineingeboren wurde, sie miterlebte und wie folgt beschrieb: „Zu Maximilians Zeit sind auch die Landsknechte, dieses unnütze Volk aufgekommen, das unaufgefordert und ungesucht herumläuft, Krieg und Unglück sucht und ihm nachgeht (...) Dieses unchristliche Volk, dessen Handwerk ist Hauen, Stechen, Rauben, Brennen, Morden, Spielen, Saufen, Huren, Gotteslästern, freiwillig Witwen und Waisen machen, das sich über nichts denn anderer Leute Unglück freut (...) und niemandem, auch sich selbst nichts nütze ist: das kann ich mit keinem Schein entschuldigen, dass sie nicht aller Welt Plag und Pestilenz seien."[56]

Diese Wahrnehmung des Landknechtswesens durch die Zeitgenossen ist leicht zu erklären: War der Söldnerführer nicht mehr in der Lage seinem Soldversprechen nachzukommen, erlosch der Vertrag und der Söldner konnte sich andere Dienste aussuchen, meist bei einem Fähnlein, das in der Nähe war, gerne eines, gegen das er zuvor noch im Kampf gestanden hatte. Gelang dies nicht, schlossen sich die Vertragslosen oftmals zu „gartenden"[57] Landsknechten zusammen; als Plünderer und Marodeure wurden sie zur Landplage.

Zudem verstanden es die Landsknechte, sich mit ihrer geschlitzten und zerhauenen Söldnertracht als modische Schrittmacher – und damit, zusammen mit dem ständigen Tragen von Waffen, für jedermann schon aufgrund äußerlicher Merkmale als Landsknecht erkennbar – in Szene zu setzen;[58] dies aber durchaus in einer auf Erschrecken zielenden Art und Weise – „In summa: wüst aller Gestalt, Wie man vor jarn uns teuffeln malt",[59] wie es der Nürnberger Poet Hans Sachs ironisch aufs Korn nahm.

Soziale „Anderswelten" hatten aber schon immer großen Wert auf ihre corporate identity zu legen – nicht immer zum Gefallen der jeweils vorherrschenden gesellschaftlichen Norm. Gleichwohl ist die Wertung der Söldnertracht als modischer Trendsetter insofern interessant, als diese Funktion in der damaligen Zeit eher den höheren Ständen auch als Mittel der sozialen Differenzierung vorbehalten war.[60] Einerseits also mögen die Landsknechte danach getrachtet haben, sich selbst durch das Tragen ihrer eigenen Tracht als außerhalb des Zivilen stehenden Raum zu definieren, andererseits boten sie dadurch auch die Gelegenheit, schon durch ihr weithin erkennbares Äußeres negative Konnotationen hervorzurufen und zur Bildung pejorativer Beschreibungen und Stereotypen beizutragen,[61] was freilich erst durch ihr Verhalten – insbesondere als „gartende" Landsknechte – ermöglicht wurde.

Auch wenn es über die Selbstwahrnehmung der Landsknechte nicht allzu viele Ego-Dokumente gibt (sie waren ja meist Analphabeten), so ist deren Verhalten insbesondere während der Zeit, in der der „Krieg ein Loch hatte",[62] also keine Vertragsbindung in kriegsloser Zeit bestand, äußerst gut dokumentiert. Wenn der Pfennigmeister keinen Sold bezahlte und die Landsknechte „gartend" umherzogen, geben meist Gerichtsakten Auskunft über die Inkompatibilität einerseits militärisch-zunftmäßigen und andererseits straffälligen Handelns – meist Diebstahl und andere Formen der Kleinkriminalität sowie körperliche Gewalt – in Zivilangelegenheiten. In der Regel ist dabei festzustellen, dass es den Landsknechten an der Unterscheidungsfähigkeit von legitimer Gewaltausübung mit politischer und militärischer Legitimation einerseits und banalen Straftaten resp. Gewaltdelikten andererseits mangelte.[63] So schuf der Versuch der Anbindung des Militärs an proto-staatliche Zwecke auch ein Gewaltpotenzial, gegen das der Landesherr als vormaliger Kriegsherr zur Rettung des Landfriedens vorzugehen hatte.

Die Aufrechterhaltung der Ordnung hingegen war innerhalb des Regiments einfacher. Für die disziplinare Aburteilung von Verfehlungen im Hinblick auf den nach Eintritt in ein Regiment verlesenen Artikelbrief, aus denen sich die späteren Kriegsartikel entwickelten, standen verschiedene Möglichkeiten zur Verfügung. Eine differenzierte Rechtsordnung war aufgrund unterschiedlichster Vergehen auch notwendig. Diese Vergehen konnte Kleinkriminalität innerhalb des Regiments betreffen, aber auch persönlichen Zwist. Besonders schwerwiegende Verstöße gegen die militärische Ordnung (tätliche Angriffe auf Vorgesetzte, Mord und Totschlag, Feigheit vor dem Feind, Desertion etc.[64]) waren hingegen einer rigorosen Militärgerichtsbarkeit unterworfen, weshalb auch jedes Regiment einen Profoß (oberster Lagerpolizist und Ankläger bei Gerichtsverfahren) hatte.[65]

Wurde aus Sicht der Angehörigen eines Fähnleins dessen „Ehre" durch „schändliche Missetaten" beschmutzt, konnten sie bei ihrem Oberst das „Recht vor dem gemeinen Mann" einfordern, was bei einer Verurteilung im Anschluss an ein Verfahren, in dem es Anklagevertreter aber auch Fürsprecher des Beschuldigten gab, in der Regel mit dem „Gericht der langen Spieße", woraus sich das „Spießrutenlaufen" entwickelte, (ebenso tödlich) für den verurteilten Delinquenten endete.

Hierin kann man durchaus proto-demokratische, genossenschaftliche Züge erkennen. Wenn man schon bei perspektivisch politischen Deutungen ist, so muss ebenfalls konstatiert werden, dass genau diese Dimension des soldatischen Berufsverständnisses im Hinblick auf die Staats- resp. Heeresverfassung für die Landknechtszeit ernüchternd ausfällt: Die Landsknechte entwickelten sich tatsächlich zu einem „Staat der Landsknechte" – nicht zu einem „Staat im Staat" (dafür waren die Voraussetzungen nicht gegeben) –; sie entzogen sich aber „im Widerspruch zu entsprechenden Bemühungen Kaiser Maximilians einer dauerhaften ‚öffentlich-rechtlich' strukturierten politischen Bindung an Kaiser und Reich, an Obrigkeit und Volk".[66]

Fazit

Es ist eine banale Einsicht, darauf zu verweisen, dass Politiker in Umbruchszeiten Gestalter oder Getriebene – oder aber beides gleichzeitig – sein können. Letzteres trifft auf Maximilian zu, wenn wir aus dem ganzen Reigen möglicher Untersuchungsgegenstände den Fokus auf ihn und das Militärische in seiner Zeit legen. Maximilian lebte in einer Umbruchs- resp. Schwellenzeit. Spätmittelalterliche Entwicklungsstränge liefen aus, neue begannen und verstärkten sich zunehmend.

Wer in Umbruchszeiten regiert oder handelt, wurde aber in der älteren Zeit sozialisiert – diesem Spannungsfeld ist nicht zu entkommen. Die Bewährung in der neuen Zeit hängt davon ab, ob man kognitiv und mental in der Lage ist, das grundsätzliche Neue zu erkennen und bereit ist, sich bietende Chancen zu ergreifen. Dazu werden – allzu oft unabhängig von einer Wertehaltung incl. Fragen von Legitimation oder Legitimität – mindestens benötigt: (1.) ein klarer (politischer) Wille, (2.) eine Zielsetzung sowie (3.) die Fähigkeit Ressourcen zu mobilisieren, um (4.) in Verfolgung einer Strategie (5.) Strukturen zu etablieren und (6.) die Mittel so zu synchronisieren, dass sie zum Erfolg führen.

Für Maximilian – aber nicht nur für ihn – waren die Herausforderungen also immens: Niemand steht – schon gar nicht eine Person – für diesen idealtypischen Ablauf. Maximilian hat sich daran versucht und abgearbeitet.

Maximilian war Wegbereiter für ein neues Militärwesen – viele Entwicklungen waren schon vor ihm angelegt. Nicht selten sahen sich Monarchen anders – oft waren sie aber nicht die Treiber von Entwicklungen, sondern eher symbolische Schirmherren oder im besten Fall Begleiter.

Er hat es nicht vermocht, die Landsknechte fest an seine Person zu binden, weder als „Fürst" noch als Kaiser. Die Volatilität der Söldnerheere mit ihren Zu- und Abgängen, aber auch den zeitlich befristeten Verträgen der Landsknechte sowie die politischen und wirtschaftlichen Rahmenbedingungen der Zeit ließen dies genauso wenig zu wie die Bildung eines homogenen, militärischen Fachberufs-Offizierkorps.

Maximilian begleitete also de facto qua Amt den Aufstieg und die „Blütezeit" der Landsknechte, zu seinem Glück aber nicht die bestialische Entartung dieser Horden beim Bauernkrieg 1525 und dem Sacco di Roma 1527. Die Geister, die er rief, waren nicht mehr zu bändigen.

Anmerkungen

1 Vgl. etwa Christina Jostkleigrewe/Christian Klein/Kathrin Prietzel/Peter F. Saeverin/Holger Südkamp (Hg.), Geschichtsbilder. Konstruktion – Reflexion – Transformation (= Europäische Geschichtsdarstellungen, Bd. 7), Köln/Weimar/Wien 2005.
2 Vgl. grundlegend Hermann Wiesflecker, Kaiser Maximilian I. Das Reich, Österreich und Europa an der Wende zur Neuzeit, 5 Bde., München 1975–1986 und Manfred Hollegger, Maximilian I. Herrscher und Mensch einer Zeitenwende, Stuttgart 2005.
3 Johannes Helmrath/Ursula Kocher/Andrea Sieber (Hg.), Maximilians Welt. Kaiser Maximilian I. im Spannungsfeld zwischen Innovation und Tradition, Göttingen 2018.
4 Vgl. Reinhard Baumann, Landsknechte. Von Helden und Schwerthälsen (hg. vom Frundsberg-Festring), Mindelheim 1991, S. 30–35.
5 Albert Meinhardt (Hg.), Der Schwartenhals. Lieder der Landsknechte, Heidenheim an der Brenz 1976, S. 9.
6 Vgl. Reinhard Baumann, Landsknechte. Ihre Geschichte und Kultur vom späten Mittelalter bis zum Dreißigjährigen Krieg, München 1994, S. 115–120 und Siegfried Fiedler, Kriegswesen und Kriegführung im Zeitalter der Landsknechte, Koblenz 1985, S. 61.

7   Sebastian Franck, Germaniae Chronicon (Frankfurt am Main und Augsburg 1538), CCLXXII. Die Bezugnahme auf „die Franzosen" spielt dabei auch an auf die Invasion von Karl VIII. mit seinen Truppen in Italien. Vorgeblich als Teil einer Kampagne in Richtung Konstantinopel und zur Befreiung des „Heiligen Landes" deklariert, sollte er damit eine sechs Jahrzehnte dauernde Reihe an Kriegen auslösen; vgl. Ilja Mieck, Europäische Geschichte der Frühen Neuzeit, 4. Aufl. Stuttgart 1989, S. 96. Vorwiegend mithilfe der Artillerie gelang es den Truppen von Karl VIII. in schneller Zeit und mühelos Städte zu erobern, die zuvor als uneinnehmbar gegolten haben.

8   Malte Prietzel, „Letzter Ritter" und „Vater der Landsknechte". Fürstliche Gewaltausübung als Praxis und Inszenierung, in: Helmrath/Kocher/Sieber (Hg.), Maximilians Welt, S. 209–224, hier S. 209.

9   Vgl. zuletzt Sabine Weiss, Maximilian I. Habsburgs faszinierender Kaiser, Innsbruck 2018.

10 Vgl. Richard Seyboth, Reichsreform und Reichstag unter Maximilian I., in: Helmrath/Kocher/Sieber (Hg.), Maximilians Welt, S. 227–258.

11 Vgl. Manfred Hollegger, „Damit das Kriegsgeschrei der Türken und anderen bösen Christen in den Ohren widerhalle". Maximilians I. Roms- und Kreuzzugspläne zwischen propagierter Bedrohung und unterschätzter Gefahr, in: Helmrath/Kocher/Sieber (Hg.), Maximilians Welt, S. 191–208.

12 Vgl. Mustafa Soykut, Mutual Perceptions of Europe and the Ottoman Empire, in: Helmrath/Kocher/Sieber (Hg.), Maximilians Welt, S. 139–158.

13 Vgl. Jan-Dirk Müller, Gedechtnus. Literatur und Hofgesellschaft um Maximilian I. (Forschungen zur Geschichte der älteren deutschen Literatur 2), München 1982, zudem: Larry Silver, The Visual Ideology of a Holy Roman Emperor, Princeton 2008.

14 Vgl. Thomas Menzel, Kaiser Maximilian I. und sein Ruhmeswerk. Selbstdarstellung als idealer Ritter, Fürst und Feldherr, in: Militärgeschichtliche Zeitschrift 63 (2004) Heft 2, S. 401–427.

15 Vgl. grundsätzlich für diese Umbruchszeit Thomas Menzel, Der Fürst als Feldherr. Militärisches Handeln und Selbstdarstellung bei Reichsfürsten zwischen 1470 und 1550, Berlin 2003.

16 Vgl. Malte Prietzel, „Letzter Ritter" und „Vater der Landsknechte" generell und für die Beispiele S. 220f.

17 Johan Huizinga, Herbst des Mittelalters. Studien über Lebens- und Geistesformen des 14. und 15. Jahrhunderts in Frankreich und in den Niederlanden, München 1924.

18 Winfried Schulze, Deutsche Geschichte im 16. Jahrhundert, Frankfurt/M. 1987.

19 Michael Roberts, The Military Revolution, 1560–1660, Belfast 1956, Nachdruck in seinen Essays, in: Swedish History, London 1967, S. 195–225. Dieser Ansatz wurde übernommen und weitergeführt von Geoffrey Parker, Die militärische Revolution. Die Kriegskunst und der Aufstieg des Westens 1500–1800, Frankfurt/M. 1990. Dieser Begriff zielt dabei weniger auf eine zeitlich schnelle und „revolutionäre", als vielmehr eine profunde strukturelle und sich wechselseitig beeinflussende Erweiterung der Basis für Bereitstellung und Nutzung vielfältiger Ressourcen für politische und militärische Zwecke.

20 Zum grundsätzlichen Modell vgl. Charles Tilly, Coercion, Capital, and European States, AD 990-1990, Oxford 1990.

21 Paul Kennedy, Aufstieg und Fall der großen Mächte. Ökonomischer Wandel und militärischer Konflikt von 1500 bis 2000, Frankfurt/M. 1987, S. 12.

22 Vgl. Thomas Arnold, The Renaissance at War, London 2002 und J.R. Hale, War and Society in Renaissance Europe 1450–1620, London 1985.

23 Vgl. Hans Delbrück, Geschichte der Kriegskunst im Rahmen der politischen Geschichte, Vierter Teil: Neuzeit; photomechanischer Nachdruck der ersten Auflage von 1920. Mit einer Einleitung von Otto Haintz, Berlin 1961, S. 9.

24 Vgl. Fiedler, Kriegswesen, S. 59.

25 Vgl. etwa Charles Oman, A History of War in the Sixteenth Century, London 1937, S. 76.

26 Vgl. Michael Sikora, Söldner – historische Annäherung an einen Kriegstypus, in: Geschichte und Gesellschaft 29 (2003), S. 210–238.

27 Vgl. für den Überblick Winfried Schulze, Die deutschen Landesdefensionen im 16. und 17. Jahrhundert, in: Johannes Kunisch (Hrsg.), Staatsverfassung und Heeresverfassung in

der europäischen Geschichte der frühen Neuzeit (= Historische Forschungen, Band 28), Berlin 1986, S. 129–149.
28　Vgl. Fiedler, Kriegswesen, S. 56.
29　Vgl. Volker Schmittchen, Karrenbüchse und Wagenburg. Hussitische Innovationen zur Technik und Taktik im Kriegswesen des späten Mittelalters, in: Volker Schmittchen / Ernst Jäger (Hg.), Wirtschaft, Technik und Geschichte. Beiträge zur Erforschung der Kulturbeziehungen in Deutschland und Osteuropa, Berlin 1980, S. 83–108.
30　Vgl. Uwe Tresp, Söldner aus Böhmen im Dienst deutscher Fürsten. Kriegsgeschäft und Heeresorganisation im 15. Jahrhundert, Paderborn 2004, S. 22–31.
31　Vgl. Heinrich Lang, Kriegsunternehmer und kapitalisierter Krieg: Condottieri, Kaufmannsbankiers und Regierungen als Akteure auf Gewaltmärkten in Italien (1350–1550), in: Philippe Rogger/Benjamin Hitz (Hg.), Söldnerlandschaften. Frühneuzeitliche Gewaltmärkte im Vergleich (= Zeitschrift für Historische Forschung, Beiheft 49), Berlin 2014, S. 47–66.
32　Vgl. Michael Jucker, Erfolgreiche Söldnerlandschaft Eidgenossenschaft? Die innenpolitische Perspektive um 1476, in: Philippe Rogger/Benjamin Hitz (Hg.), Söldnerlandschaften. Frühneuzeitliche Gewaltmärkte im Vergleich (= Zeitschrift für Historische Forschung, Beiheft 49), Berlin 2014, S. 85–105.
33　Letztlich geht auch die 1506 unter Papst Julius II. aufgestellte Päpstliche Schweizergarde auf den Nimbus militärischer Professionalität und unbedingter Loyalität zurück.
34　Philippe Rogger/Benjamin Hitz, Einführung, in: dies. (Hg.), Söldnerlandschaften. Frühneuzeitliche Gewaltmärkte im Vergleich (= Zeitschrift für Historische Forschung, Beiheft 49), Berlin 2014, S. 9–43, hier S. 29; vgl. zudem André Holenstein, Heldensieg und Sündenfall. Der Sieg über Karl den Kühnen in der kollektiven Erinnerung der Eidgenossen, in: Klaus Oschema/Rainer C. Schwinges (Hg.), Karl der Kühne von Burgund. Fürst zwischen europäischem Adel und der Eidgenossenschaft, Zürich 2010, S. 327–342.
35　Vgl. Franz Bächtiger, Andreaskreuz und Schweizerkreuz. Zur Feindschaft zwischen Landsknechten und Eidgenossen, in: Jahrbuch des bernischen Historischen Museums 51/52 (1971/72), Bern 1975, S. 205–270, hier S. 258.
36　Michael Howard, Der Krieg in der europäischen Geschichte. Vom Ritterheer zur Atomstreitmacht, München 1981, S. 43.
37　Hier ist insbesondere an den böhmischen Raum zu denken; vgl. Uwe Tresp, Söldner aus Böhmen und ders., Die „Quelle der Kriegsmacht". Böhmen als spätmittelalterlicher Söldnermarkt, in: Stig Förster/Christian Jansen/Günther Kronenbitter (Hg.), Rückkehr der Condottieri? Krieg und Militär zwischen staatlichem Monopol und Privatisierung: Von der Antike bis zur Gegenwart, Paderborn et. al. 2010, S. 43–61.
38　Vgl. generell Philippe Rogger / Benjamin Hitz (Hg.), Söldnerlandschaften. Frühneuzeitliche Gewaltmärkte im Vergleich (= Zeitschrift für Historische Forschung, Beiheft 49), Berlin 2014.
39　Vgl. generell und grundlegend Fritz Redlich, The German Military Enterpriser and his Work Force. A Study in European Economic and Social History, Wiesbaden 1964 und David Parrot, The Business of War. Military Enterprise and Military Revolution in Early Modern Europe, Cambridge 2012.
40　Vgl. zum Verfahren der Anwerbung u.a. Hans-Michael Möller, Das Regiment der Landsknechte. Untersuchungen zu Verfassung, Recht und Selbstverständnis in deutschen Söldnerheeren des 16. Jahrhunderts (= Frankfurter Historische Abhandlungen, Bd. 12), Wiesbaden 1976, S. 13ff.
41　Vgl. Fiedler, Kriegswesen, S. 62.
42　Dies hing natürlich von der „Marktlage" ab. Bedarf schafft Eignung. In Zeiten mehrerer Konflikte wurden hier Ausnahmen gemacht, um die Reihen aufzufüllen. Hier ist zu erinnern an das zeitliche Zusammenfallen von Bauernkrieg und den Kriegszügen in Oberitalien in der Mitte der 1520er Jahre.
43　In der weithin abergläubischen Söldnerwelt wurde diesen aber auch nachgesagt, einen Pakt mit dem Teufel geschlossen zu haben.
44　Vgl. Baumann, Landsknechte, S. 63f.

45 Vgl. Peter Burschel, Söldner in Nordwestdeutschland des 16. und 17. Jahrhunderts, Göttingen 1994, Kap. III.

46 Das Argument der Abenteuerlust wird in der Fachwelt jedoch sehr ambivalent diskutiert, da sie oft eher spekulativen Charakter hat und aufgrund fehlender Ego-Dokumente schwer bzw. kaum beweisbar ist.

47 Vgl. Reinhard Baumann, Süddeutschland als Söldnermarkt, in: Philippe Rogger/Benjamin Hitz (Hg.), Söldnerlandschaften. Frühneuzeitliche Gewaltmärkte im Vergleich (= Zeitschrift für Historische Forschung, Beiheft 49), Berlin 2014, S. 67–83, hier S. 69–81.

48 Vgl. zu diversen Biographien weniger bekannter kleinerer Söldner bzw. Söldnerführer Reinhard Baumann, Landsknechte. Von Helden und Schwerthälsen (hg. vom Frundsberg-Festring), Mindelheim 1991.

49 Zu Schertlin gibt es (leider) keine aktuellere Biographie (Franz von Rexroth, Der Landsknechtführer Sebastian Schertlin. Ein Bild seines Lebens und der beginnenden Neuzeit, Bonn 1940; Lebensbeschreibung des Schärtlin von Burtenbach und Burkhard Stickels Tagebuch (= Schwäbische Lebensläufe, 11), herausgegeben von Helmut Breimesser, Heidenheim 1972); Schertlin war beim Sacco di Roma dabei, später stand er auch in Diensten der Reichsstadt Augsburg; nach und nach konnte er sich über das Militärische hinaus auch eine leidlich prominente politische Rolle erarbeiten, vgl. dazu Christof Paulus, Sebastian Schertlin von Burtenbach im Schmalkaldischen Krieg, in: Zeitschrift für bayerische Landesgeschichte, 67 (2004) 1, S. 47–84. Als Ego-Dokument noch immer lesenswert: Leben und Taten des weiland wohledelen Ritters Sebastian Schertlin von Burtenbach. Durch ihn selbst deutsch beschrieben, herausgegeben von Engelbert Hegaur, München 1909.

50 Vgl. Reinhard Baumann, Georg von Frundsberg. Der Vater der Landsknechte, München 1984.

51 Dieser Sachverhalt wurde bis über die Zeit des Dreißigjährigen Krieges zu einer „Konstante"; vgl. hierzu generell John A. Lynn II, Essential Women, Necessary Wives, and examplary Soldiers: the military Reality and cultural Representation of Women`s military Participation (1600–1815), in: Barton C. Hacker u.a. (Hg.), A Companion to Women`s Military History, Leiden u.a. 2012, S. 93–136.

52 So der italienische Arzt Alessandro Benedetti über eine Parade von 6000 Fußknechten vor Novara, zit. nach Delbrück, Geschichte der Kriegskunst, Band IV, S. 15.

53 So Auszüge aus den weiteren Strophen des Landknechtsliedes von Jörg Graff (s. Anm. 5).

54 Diese drastische Interpretation erfährt ihre Relativierung durch den Verweis darauf, dass sich derartige bildliche Darstellungen in der damaligen Zeit auch bei der Visualisierung von Bauern findet; vgl. etwa Hans-Joachim Raupp, Bauernsatiren. Entstehung und Entwicklung des bäuerlichen Genres in der deutschen und niederländischen Kunst ca. 1470–1570, Niederzier 1986.

55 Mattias Rogg, „Wol auff mit mir, du schoenes weyb". Anmerkungen zur Konstruktion von Männlichkeit im Soldatenbild des 16. Jahrhunderts, in: Karen Hagemann/Ralf Pröve (Hg.), Landsknechte, Soldatenfrauen und Nationalkrieger. Militär, Krieg und Geschlechterordnung im historischen Wandel, Frankfurt a.M. 1998, S. 51–74, hier S. 66.

56 Vgl. generell sein „Kriegsbüchlein des Friedens", Augsburg 1539. Franck war als Schriftsteller natürlich auch am Verkauf seiner Werke interessiert und wollte weite (bürgerliche bzw. gebildete) Leserschichten erreichen, weshalb er auch stark polarisierende Formulierungen wählte, um die Landsknechte als ein moralisch besonders abschreckendes Beispiel zu ikonisieren.

57 Der Begriff soll sich vom französischen „garder" ableiten. Ungeklärt ist dabei jedoch, ob sich die arbeitslosen Landsknechte wachsam verhalten sollten (im Hinblick auf neue Anwerbungen) oder die Bevölkerung vor diesen wachsam sein sollte, vgl. Baumann, Landsknechte, S. 132, aber auch Hans-Joachim Behr, Garden und Vergardung. Das Problem der herrenlosen Landsknechte im 16. Jahrhundert, in: Westfälische Zeitschrift 145 (1995), S. 41–72.

58 Matthias Rogg, Landsknechte und Reisläufer: Bilder vom Soldaten. Ein Stand in der Kunst des 16. Jahrhunderts (= Krieg in der Geschichte, Band 5), Paderborn 2002 sowie

ders., „Zerhauen und zerschnitten, nach adelichen Sitten": Herkunft, Entwicklung und Funktion soldatischer Tracht des 16. Jahrhunderts im Spiegel zeitgenössischer Kunst, in: Bernhard R. Kroener / Ralf Pröve (Hg.), Krieg und Frieden. Militär und Gesellschaft in der Frühen Neuzeit, Paderborn 1996, S. 109–135 und Rainer und Trudl Wohlfeil, Das Landsknecht-Bild als geschichtliche Quelle. Überlegungen zur Historischen Bildkunde, in: Probleme – Thesen – Wege, im Auftrag des Militärgeschichtlichen Forschungsamtes aus Anlaß seines 25jährigen Bestehens ausgew. u. zsgest. von Manfred Messerschmidt, Stuttgart 1982 (= Beiträge zur Militär- und Kriegsgeschichte, Band 25), S. 81–99.

59 Hans Sachs, Werke, 26 Bde, hrsg. v. Adalbert von Keller, Edmund Götze, Stuttgart 1870–1908 (ND 1964), hier Bd. 5, S. 123.

60 Vgl. Jan Willem Huntebrinker, Soldatentracht? Mediale Funktionen materieller Kultur in Söldnerdarstellungen des 16. und 17. Jahrhunderts, in: Militär und Gesellschaft in der Frühen Neuzeit 13 (2009), S. 75–103, hier S. 77.

61 Vgl. Huntebrinker, Soldatentracht?, S. 84f.

62 Vgl. hierzu auch den berühmten Kupferstich von Hans Sebald Beham aus dem Jahre 1543, u.a. abgebildet in Baumann, Landsknechte, S. 133: „Wu nun hinaus. Der Krieg hat ein Loch".

63 Vgl. Brigitte Rath, Zur Repräsentation von Gewalt, oder: Landsknechte in Tirol zu Beginn des 16. Jahrhunderts, in: MGFNZ Bulletin 6/2002, S. 7–21, hier S. 10.

64 Hierzu zählte auch der Verlust der Regimentsfahne durch einen Fähnrich in der Schlacht; diese stand sinnbildlich als Symbol kriegerischer Tugenden und war damit ideell aufgeladen, vgl. Fiedler, Kriegswesen, S. 76.

65 Vgl. generell Baumann, Landsknechte, S. 103–108 und Fiedler, Kriegswesen, S. 77–83.

66 Rainer Wohlfeil, Das Heerwesen im Übergang vom Ritter- zum Söldnerheer, in: Johannes Kunisch (Hg.), Staatsverfassung und Heeresverfassung in der europäischen Geschichte der frühen Neuzeit (= Historische Forschungen, Band 28), Berlin 1986, S. 107–127, hier S. 123.

Dr. Eberhard Birk, Oberregierungsrat und Oberstleutnant d. R., ist seit 2000 Dozent für Militärgeschichte an der Offizierschule der Luftwaffe in Fürstenfeldbruck und seit 2016 Eingeladener Gastprofessor an der Fakultät für Ingenieurwissenschaften in Fremdsprachen an der Universität Polytehnica Bukarest. Er hat als (Graduierten-) Stipendiat der Konrad-Adenauer-Stiftung von 1993–1997 in Augsburg Politikwissenschaft und Geschichte studiert und 1999 promoviert. Zu seinen Forschungsschwerpunkten zählen Deutsche Militärgeschichte im europäischen Kontext, Sicherheitspolitik und Strategie sowie Fragen der militärischen Traditionsbildung. Seit 2011 ist er Mitherausgeber der „Schriften zur Geschichte der Deutschen Luftwaffe".

Sieglinde Hartmann

Kaiser Maximilian als Literat

Der letzte Ritter und der letzte Minnediener?

Wie kein anderer Kaiser des Heiligen Römischen Reichs hat Maximilian I. selbst für seinen Nachruhm gesorgt. Mehrere Beschreibungen seines ruhmreichen Lebens hat er persönlich in Auftrag gegeben.

Zudem ließ der Kaiser seine Meisterschaft in ritterlichen Kampfspielen in einem autobiographischen Turnierbuch verewigen. Neben alledem plante Maximilian, sein überragendes Wissen im Bereich der Kriegskunst, der Jagd, sowie in allen übrigen Hofkünsten in entsprechenden Fachbüchern darzustellen. Diese Buchprojekte, „130 an der Zahl"[1], sind jedoch nur in Fragmenten oder in Notizen seiner persönlichen Gedenkbücher dokumentiert.

Unabhängig davon hat es Maximilian verstanden, die führenden Köpfe seiner Zeit an seinem Hof zusammenzuführen, wodurch „von hier wichtigste Anstöße für Kunst und Wissenschaft der Zeit" ausgingen[2].

Speziell auf dem Gebiet der Literatur wirkte der Kaiser als Mäzen, indem er innerhalb der Universität Wien im Jahr 1501 das erste deutsche Dichterkolleg (collegium poetarum atque mathematicorum) begründete. Das Kolleg war als akademische Institution zur Förderung neuester humanistischer Gelehrsamkeit und Dichtkunst konzipiert. Daher ernannte Maximilian den berühmtesten deutschen Humanisten, Konrad Celtis, zu seinem Leiter und betraute ihn mit der Aufgabe, Poeten für die neu eingeführte Dichterkrönung zu berufen. Die solchermaßen preisgekrönten Dichter erhielten mit dem Dichterlorbeer zugleich materielle Zuwendungen in Form von Privilegien. Insgesamt 37 Autoren kamen so in den Genuss kaiserlicher Förderung ihrer Dichtkunst, die allerdings mit der Verpflichtung zum Herrscherlob verbunden war. Maximilians literarisches Mäzenatentum mag erklären, warum der Kaiser in diesem humanistischen Gelehrten- und Dichterkreis als „rex litteratus" verherrlicht wurde.

Aber aus der Rückschau unserer Zeit wirkt es erstaunlich, dass die literarischen Werke, die der Kaiser persönlich in Auftrag gegeben und teilweise selbst verfasst hat, keinerlei Einflüsse der von ihm geförderten Ideale und

Formen humanistisch lateinischer Dichtkunst aufweisen. Die Forschung hat mehrfach versucht, diese offensichtlichen Widersprüche mit den „Oppositionspaare(n), letzter Ritter und Gelehrtenkaiser … zu charakterisieren"[3], ohne sie zu lösen. Einigkeit besteht allein in der Feststellung, dass der Kaiser seinen literarischen Nachruhm wie auch seinen heutigen Beinamen ‚der letzte Ritter' einzig dem ‚Teuerdank' verdankt, einem autobiographisch verschlüsselten Versroman in deutscher Sprache, worin keinerlei humanistische Intentionen zu erkennen sind – im Gegenteil.

Denn die Druckausgabe von 1517 eröffnet eine Widmung an Maximilians Enkel Karl, worin der Endredaktor ausdrücklich erklärt, die Geschichte „des loblichen, teuern und hochberümbten Helds und Ritters, mit Namen Herr Teuerdank (…) in Form, Maß und Weis der Heldenbücher (…) in verborgener Gestalt zu beschreiben"[4]. Jan-Dirk Müller erläutert dazu, dass der Begriff ‚Heldenbuch' „im Sprachgebrauch der Zeit heroische und höfisch-ritterliche Epik"[5] umfasse. In der Tat ist bis jetzt übereinstimmend festgestellt, dass in der Handlung des ‚Teuerdank' das Grundmuster der klassischen Artusromane deutlich erkennbar sei. Der Titelheld zieht hinaus in die Welt, um nach einer Reihe lebensgefährlicher Abenteuer höchste weltliche Ehren, die Hand einer hochgeborenen Braut und kraft des ethischen Wertes ritterlicher Bewährungsproben die Herrschaft über ihre Länder zu gewinnen. Diese bewusste Rückbindung an mittelalterliche Vorbilder wird indes überlagert durch weitere Handlungselemente, wie die allegorischen Personifikationen aller handelnden Figuren.

Die Deutung dieser durchgängigen Allegorisierung des Geschehens, die der Endredaktor Melchior Pfinzing als „verborgene Gestalt"[6] bezeichnet, ist bis heute umstritten. Worin Sinn und Zweck des ‚Teuerdank' zu suchen seien, welche Art von „Leitbild eines fürstlichen Heros"[7] der Titelheld verkörpere, das bleibt daher immer noch eine offene Frage.

Wenn ich jetzt neue Ansätze zur Beantwortung dieser Fragen vorstelle, so werde ich versuchen, den ‚Teuerdank' aus einer Doppelperspektive zu beleuchten: einerseits im Gegenlicht des biographischen Kontextes und andererseits aus der Rückschau auf die literarische Rezeptionsgeschichte, genauer: auf die romantische Wiederentdeckung und mythische Verklärung von Maximilians Lebensgeschichte in einem Romanzenkranz, den der österreichische Autor Anastasius Grün (= Pseudonym für Anton Alexander Graf von Auersperg (1806–1876)) unter dem Titel ‚Der letzte Ritter' im Jahr 1830[8] veröffentlicht hatte.

Dadurch hoffe ich zugleich, Antworten auf die Fragen nach den Gründen für die ungewöhnlichen Verfügungen zu finden, die der Kaiser für seinen Tod erlassen hatte. Dazu gehört der Auftrag, seinen Leichnam nach seinem Tod zu geißeln und sein Herz im Sarkophag seiner über 30 Jahre zuvor verstorbenen ersten Gemahlin Maria von Burgund beizusetzen.

Zur Rezeptionsgeschichte des „Teuerdank": Anastasius Grün und sein Romanzenkranz „Der letzte Ritter"

Die Rückschau auf die literarische Rezeptionsgeschichte des ‚Teuerdank' empfiehlt sich schon allein deshalb, weil wir es allein diesem romantischen Romanzenkranz zu verdanken haben, dass der ‚Teuerdank' zu neuem literarischen Ruhm gelangte und dass sich Maximilians Herrscherpersönlichkeit mit seinem bis heute üblichen Beinamen ‚Der letzte Ritter' im kollektiven Gedächtnis verankert hat.

Inhaltlich gliedert sich der Romanzenkranz in 18 Teile von einer ungleichen Anzahl an Romanzen. Darin folgt der Autor im Wesentlichen der Chronologie der Ereignisse von der Geburt bis zum Tode Maximilians. Dabei ist der jeweilige Inhalt einer Romanze, bis auf die Sterbeszene, entweder durch Maximilians autobiographische Schriften oder durch Chroniken verbürgt. Den durchschlagenden Erfolg verdankt dieses Werk indes nicht nur dem Stoff, sondern vielmehr seiner literarischen Gestaltung. Anastasius Grün wählte nämlich die damals beliebte Form der Romanzen: das sind kurze lyrisch-epische Verserzählungen, die es erlaubten, Maximilians Lebensstationen wie staunenswerte Âventiuren aus einem mittelalterlichen Heldenepos zu schildern.

Die mittelalterlich-romantische Suggestionskraft seiner Verse weiß der Autor noch durch die Übernahme der Strophenform des *Nibelungenlieds* wirkungsvoll zu steigern. Außerdem erfindet er für das Sterben des Kaisers eine besonders anrührende Szene voller ritterlicher Minneromantik.

In der letzten Romanze schildert der Autor, wie der Kaiser im Lehnstuhl sitzt und im Buch „seiner Thaten, genannt der Theuerdank"[9] liest. Die Erinnerung an seine heroischen Jugendtaten wird wach und gipfelt in der leibhaftigen Erscheinung seiner ersten Braut, Maria von Burgund:

> Im weißen Brautgewande, mit grünem Myrtenzweig,
> Steht vor dem Kaiserjüngling Prinzessin Ehrenreich;
> Da glänzt das Antlitz Maxens hell wie des Morgens Strahl,
> „Maria!" schluchzt' er leise, – „Maria!" verhallt's im Saal.
>
> Es glüht ein mildes Lächeln auf seiner Wang' empor,
> Und eine helle Thräne bricht aus dem Aug' hervor;
> Es hat sich still zum Busen sein Haupt herabgebeugt,
> Und zu den Knieen mählich nun Buch und Hand geneigt.
>
> So fanden ihn die Seinen; so saß er regungslos,
> Das Denkbuch seiner Thaten lag offen in seinem Schoos.[10]

Mit dieser Szene, an die sich noch die Totenfeier anschließt, endet die letzte Romanze und damit der gesamte Zyklus. Anastasius Grün hat sein abschließendes Gedicht mit dem Titel ‚Held Theuerdank' überschrieben. Damit hatte er den Grundstein für den Mythos von Kaiser Maximilian alias Teuerdank als dem letzten Ritter gelegt.

Wie weit sich die mythische Überhöhung der letzten Romanze von der historischen Wirklichkeit entfernt, beweisen die zeitgenössischen Berichte über des Kaisers Sterben am 12. Januar 1519 auf Burg Wels in Österreich. Ich komme darauf zurück.

Denn paradoxerweise erschließt sich mit der poetischen Erfindung der Sterbeszene zugleich eine Deutung von Sinn und Zweck des ‚Teuerdank', wie sie dem originalen Werk eingeschrieben ist.

Zu Form, Inhalt und Datierung des „Teuerdank"

Bevor ich auf die Datierung des ‚Teuerdank' und den biographischen Entstehungskontext eingehe, scheint es mir für das Verständnis der Dichtung wichtig zu erklären, in welcher Art und Weise die Handlung allegorisch verschlüsselt ist.

In dieser Versdichtung haben wir es nicht mit einer Konstruktionsallegorie zu tun, sondern mit Personifikationsallegorien. Die Werbung um eine Minneherrin oder Braut wird beispielsweise nicht mithilfe einer Jagd veranschaulicht, wie es in der berühmten Dichtung von Hadamar von Laber der Fall ist. Nein, im Unterschied zu den üblichen spätmittelalterlichen Liebesallegorien sind die Handlungen und Schauplätze hier in realen geographischen Räumen lokalisiert. In diesen gemeinhin bekannten Orten des Herzogtums Burgund, sowie der habsburgischen Erblande, bewegen sich die Handlungsträger allerdings wie allegorische Figuren, deren Eigenschaften, Werte oder Gesinnungen durch sprechende Namen charakterisiert sind. Im ‚Teuerdank' veranschaulichen die allegorischen Figuren aber nicht nur abstrakte Begriffe, sondern sie stehen zugleich für reale Personen. Hierin zeigt sich gegenüber den traditionellen, mittelalterlichen Allegorien ein ganz neues, poetisches Konzept.

Diese neuartige Doppelbedeutung allegorischer Figuren hatte Maximilian bereits in dem autobiographischen Vorgängerwerk, dem ‚Weißkunig',[11] eingeführt. So ist der „Alt Weiß kunig" als Maximilians Vater, Kaiser Friedrich III., zu entschlüsseln und der „Jung Weiß kunig" dementsprechend als sein Sohn und Nachfolger Maximilian. Die gewählte Farbbezeichnung veranschaulicht dabei die Reinheit des Handlungsträgers gemäß der mittelalterlichen Symbolik der Farbe weiß. Explizite Erläuterungen der allegorischen Bedeutung fehlen allerdings im ‚Weißkunig', möglicherweise weil das Werk nicht vollendet und nicht zum Druck überarbeitet worden ist.

Im ‚Teuerdank' ist der Erzähltext hingegen in poetisch vollendeter Form mit Eröffnungswidmung und einer abschließenden, epilogartigen Erläuterung der allegorischen Darstellung, gemeinhin als „Clavis" bezeichnet, im Frühjahr 1517 zum Druck befördert worden.

Die poetische Umgestaltung in eine epische Dichtung aus klassisch-höfischen Reimpaarversen hatte der Kaiser bekanntlich seinem langjährigen Sekretär und Rat Melchior Pfinzing (1481–1535) anvertraut. Mit gekonnter Prägnanz stellt der Redaktor die handelnden Personen mit ihren Namen vor, und zwar in der Reihenfolge ihres Eintritts in die Handlung:

Künig Romreich
Die Künigin Ernreich
Der Held Teurdank
Der Ernhold
                          Fürwittig
Drei Hauptleut   Unfallo
                          Neidelhart.[12]

Diese Namen seien „erdacht" und ihre richtigen Namen seien mit Rücksicht auf lebende Angehörige verschwiegen. Trotz dieses Vorbehalts liefert Pfinzing nun folgende Erklärungen zu den allegorischen Bezeichnungen der Figuren:

Zu „Künig Romreich", das heißt: König Ruhmvoll bietet er folgende Entschlüsselung: „… so wirdet durch den edlen Künig Romreich verstanden der löblich, adenlich und mechtig Herr H.C.V.B."[13], Übersetzung: So ist unter dem edlen König Ruhmvoll der preisenswerte, adelige und mächtige Herr H.C.V.B. zu verstehen.

Zu „Künigin Ernreich", also Königin Ehrenreich, heißt es: „Die Künigin Eernreich bedeut desselben Künig Romreichs Tochter E.M.H.Z.B."[14] Königin Ehrenreich bezeichnet desselben Königs Ruhmvoll Tochter E.M.H.Z.B.

Zu Teuerdank fügt Pfinzing außer den Initialen auch eine Erläuterung zur Namensbedeutung an: „Teuerdank bedeut den loblichen Fürsten K.M.E.Z.O.V.B. und ist darum Teuerdank genannt, daß er von Jugend auf all sein Gedanken nach teuerlichen Sachen gericht, die er auch vilfeltiglich über menig ander Fürsten und Ritter, von den man geschriben findt, mit eignem Leib vollbracht hat, wie man in disem, auch sunst noch in andern zwei Büchern klerlichen vernemen wirdet."[15]

Der Name „Teuerdank" zeigt also an, dass sein Träger sein Denken von Jugend an auf höchste Dinge gerichtet hatte und daher alle anderen Fürsten und Ritter, deren Leben beschrieben sind, übertrifft, weil er seine vielfältigen Taten selbst, mit seiner eigenen Person vollbracht hat.

Die Initialen dürften für Angehörige des kaiserlichen Hofes leicht zu entschlüsseln gewesen sein. Herr H.C.V.B. bedeutet Herzog Carl von Burgund, die Initialen seiner Tochter E.M.H.Z.B. lesen sich als Erbtochter Maria Herzogin zu Burgund und Teuerdanks Initialen lauten K.M.E.Z.O.V.B. Kaiser Maximilian Erzherzog zu Österreich und von Burgund. Als Haupthandlungsträger werden also Herzog Karl der Kühne, seine Tochter Maria von Burgund, Maximilians erste Braut, und Kaiser Maximilian selbst enthüllt.

Die Namen der folgenden Handlungsträger, „Ernhold", „Fürwittig", „Unfallo" und „Neidlhart", werden keinen namentlich bezeichneten Personen mehr zugeordnet, sondern nur noch in ihrer allegorischen Bedeutung vorgestellt.

Dabei weist Pfinzing der Gestalt des „Ernhold" eine rein fiktionale Bedeutung zu: diese Figur begleite den Helden wie eine Art Doppelgänger bis ans Ende seines Lebens, um die Wahrheit seiner Taten zu offenbaren und zu bezeugen.

In der Figur des Ernhold verdichtet sich die Personifikationsallegorie also zur Allegorese. Diese poetische Intention gipfelt in der Erklärung, die Pfinzing zu den drei Hauptleuten „Fürwittig", „Unfallo" und „Neidlhart" anfügt: „Die drei Hauptleut bedeuten die drei Alter, nemblichen die Jugend, das Mittel und das Alter, und sein darumb erdacht, als weren die drei, Fürwittig, Unfallo und Neidlhart, drei Menschen gewest, damit die Dreiteil des Alters dest klerer mügen beschriben werden und der Histori einen Form und Lieblicheit zů lesen geben."[16]

Diese allegorische Ausdeutung auf die drei Lebensalter des Menschen, Jugend, mittleres Lebensalter und das Alter, erläutert Pfinzig anschließend im Detail. „Fürwittig" sei der sprechende Name für jugendliche Unbekümmertheit und unbedachtes Draufgängertum des Helden Teuerdank. „Unfallo" bezeichne hingegen die Tatsache, dass einem Mann in gestandenem Alter die meisten Widerwärtigkeiten wie in Unfällen begegnen, denen der Held aber beherzt und geschickt entgangen sei. Der Neidlhart bedeute schließlich die vielfältigen Gefahren von Neidern und hasserfüllten Gegnern, welchen der Fürst im Alter, wenn er sich auf dem Gipfel seines Glücks befinde, ‚mit ritterlicher Hand' begegnet und entronnen sei.

Wenn man diese poetologischen Erläuterungen bedenkt, muss sich folgende Frage aufdrängen: Ist im ‚Teuerdank' also das gesamte Leben des Titelhelden, von der Jugend bis ins Alter, als eine Werbungsfahrt des Helden Maximilian zu Erenreich, alias Maria von Burgund dargestellt? So suggerieren es zahlreiche Charakterisierungen des Versromans, allen voran die Formulierung und Interpretation von Jan-Dirk Müller im Verfasserlexikon[17].

Um zu erfassen, was in den Versen des ‚Teuerdank' tatsächlich erzählt wird, sollten wir uns jetzt einen unvoreingenommenen Überblick über den Inhalt und den Gang der Handlung verschaffen.

Zu Inhalt und Gang der Handlung im „Teuerdank"

Im Druck von 1517 ist der ‚Teuerdank' mit der bereits erwähnten Widmung und dem erläuternden Anhang in insgesamt 118 Kapitel unterteilt, denen meist eine farbige Titelminiatur mit der arabischen Kapitelziffer vorangestellt ist. Dabei lassen sich inhaltlich folgende Teile unterscheiden:

- Teil I (Kapitel 1–10) – Hochzeitsvorbereitungen in Burgund
- Teil II (Kapitel 11–95) – Ausfahrt des Helden Teuerdank: 80 „Geferlichkeiten"
- Teil III (Kapitel 96–118) – Ankunft in Burgund, Belohnung des Helden und Auftrag zum Kreuzzug

Teil I (Kapitel 1 – 10) – Hochzeitsvorbereitungen in Burgund

Das Narrativ beginnt also im Herzogtum Burgund. Dort macht der regierende Fürst Romreich alias Karl der Kühne sein Testament und bestimmt unter 12 Bewerbern den jungen Fürsten Teuerdank zum Gemahl für seine Erbtochter Ehrenreich. Bevor die Verhandlungen über die Eheschließung in die Wege geleitet werden, verstirbt der Fürst. Deshalb ruft seine Erbtochter den Rat der Generalstände ein. Die Versammlung aller Räte des Herzogtums beschließt dann einstimmig, den letzten Willen des verstorbenen Fürsten zu erfüllen. Sogleich wird ein Gesandter beauftragt, den erwählten Bräutigam aufzusuchen. Binnen kurzem hat der burgundische Bote den Auserwählten in seinem Land erreicht, händigt ihm sein Beglaubigungsschreiben aus und beteuert mündlich, wie sehr sich die Herzogin den Teuerdank zum Ehemann sowie zum Beschützer ihrer Erblande wünsche. Hocherfreut über den Wunsch der Herzogin erklärt der junge Held seinem Vater, dass er beabsichtige, sich unverzüglich auf die Reise zu seiner Braut zu machen, um „die Künigin zart / Durch ritterlich Tat und Eer"[18] zu gewinnen.

Durch Teuerdanks Absichtserklärungen mündet das eigentlich umgekehrte Brautwerbungsverfahren doch noch in das traditionelle Schema eines ritterlichen Auszugs mit dem Ziel, durch ritterliche Bewährungsproben die Gunst einer hochgestellten Fürstentochter zu erlangen.

Teil II (Kapitel 11 – 95) – Ausfahrt des Helden Teuerdank: 80 „Geferlichkeiten"

Der Hauptteil zeigt nun, in welchem Ausmaß der Held Teuerdank alle übrigen ritterlichen Helden zu übertreffen gedenkt, deren Geschichten er „aus den Chroniken (...) und Historien"[19] gelernt hätte. In der Tat. Denn verglichen mit Helden wie Erec, Iwein oder Parzival wird der neue Held Teuerdank nicht nur ein Dutzend Âventiuren siegreich bewältigen, sondern ein Vielfaches, insgesamt 80 an der Zahl. Diese ritterlichen Heldentaten werden aber nur noch vereinzelt als „Abenteuer" bezeichnet. Stattdessen verwendet der Erzähler den Begriff „Geferlichkeit". Die einzelnen Begebenheiten werden in der Reihenfolge geschildert, wie sie durch die drei Hauptleute namens „Fürwittig", „Unfallo" und „Neidlhart" verursacht werden.

So füllen die Kapitel 12 bis 23 die ersten elf Gefahren, in die der Held durch sein jugendliches Ungestüm von Fürwittig gelenkt wird. Meist sind es lebensgefährliche Situationen bei Großwildjagden auf Bären, Hirsche, Eber und Gämse. Insofern sind die Kapitel rein thematisch gereiht, nicht etwa nach dem Itinerar, der Teuerdank aus seiner Heimat in die burgundischen Niederlande zu seiner Braut geführt hätte.

In ähnlich thematischer Reihung folgen die Schilderungen der nächsten 48 Gefahrensituationen, die Unfallo dem Titelhelden bereitet (Kapitel 26 bis 73). Der Unterschied zur ersten Serie bestünde darin, dass der Held seine Jugend abgestreift hätte und fortan mit vollem Bewusstsein gehandelt hätte. Die Gefahren seien ihm aber wie durch Unfälle zugestoßen, weshalb diese von Unfallo bewirkt worden seien. Zu den Jagdunfällen kommen jetzt auch andere Unfälle zu Wasser und zu Lande, wie beispielsweise ein Lawinenabgang im Gebirge, Seenot in Holland oder ein Blitzschlag in einem Wald in der Steiermark. Der spektakulärste Unfall auf einer Gämsenjagd wird seit dem 16. Jahrhundert in der Martinswand nordwestlich von Innsbruck verortet. Wie in Kapitel 71 geschildert, schoss Teuerdank auf einen Gamsbock, der hoch oben in der schroff abfallenden Bergwand stand, auch gleich getroffen herabstürzte, aber den Jäger durch einen Glücksfall nicht mit in die Tiefe riss. Zur Errettung aus dieser Todesgefahr ließ Maximilian bereits zwischen 1503 und 1504 ein Gedenkkreuz in einer Halbhöhle der Steilwand errichten, die bis heute Kaiser-Max-Grotte benannt wird. Wahrscheinlich sind die übrigen Gefahrensituationen ähnlich historisch verbürgt. Aber die genannten Schauplätze folgen wieder in solch abruptem Ortswechsel von Norden nach Süden und quer durch die Erblande der beiden Brautleute, dass sich daraus weder geographisch noch chronologisch ein Itinerar für die postulierte Fahrt aus dem Herzogtum Österreich in die burgundische Heimat der Braut ergibt.

Wie sehr in den Reihungen der „Geferlichkeiten" statt des Brautfahrtschemas die Allegorese der drei Lebensalter als tragendes Gerüst der Handlung wirkt, erweist sich in der abschließenden Serie von 21 Episoden, die von Neidlhart, der Personifikation von Neid und Missgunst, gesteuert wird. Thematisch erfolgt allerdings ein Wechsel zu Gefahrensituationen in allen Arten von militärischen Einsätzen. Hierbei sind Chronologie und Geographie ebenfalls außer Acht gelassen.

Teil III (Kapitel 96-118) – Ankunft in Burgund, Belohnung des Helden und Auftrag zum Kreuzzug

Erst im dritten Teil des Narrativs wird das Thema der Brautgewinnung wieder zum Prinzip der Handlungslogik.

Kapitel 98 schildert Teuerdanks Ankunft am Hof seiner Braut, die ihn sogleich empfängt und ihn mit einem Hoffest für seine außerordentlichen Heldentaten belohnt. Die drei Widersacher sind damit allerdings nicht ausgeschaltet. Sie rufen sechs Ritter herbei, die für ihre Kampfeskraft berühmt sind, und überreden die Herzogin dazu, Teuerdank im Zweikampf gegen die sechs

Helden antreten zu lassen (Kapitel 101 bis 106). Erwartungsgemäß besiegt Teuerdank diese sechs Gegner, worauf ihn Königin Ehrenreich zum „teurist Held auf Erden"[20] (Kapitel 106) ausruft und mit einem Lorbeerkranz krönt (Kapitel 107). Daraufhin entlarvt Ehrenhold die drei Bösewichter, sie werden vor Gericht gestellt und zum Tode verurteilt (Kapitel 108 bis 112). Königin Ehrenreich bestimmt weiter den Gang der Handlung, indem sie ihren Kronrat einberuft (Kapitel 113), um zu beschließen, dass der „teuerste Held auf Erden" einen Kriegszug gegen die „unglaubigen Feind Jesu Christ"[21] führen solle. Dadurch könne er zu seiner weltlichen Ehre zugleich die göttliche Gnade erringen.

Ehrenhold wird beauftragt, dem Helden diesen Willen seiner Braut kundzutun. Teuerdank bittet sich eine Nacht Bedenkzeit aus. In dieser Nacht erscheint ihm ein Engel, der ihn auffordert, den Willen der Herzogin zu erfüllen (Kapitel 115). Aber am andern Morgen (Kapitel 116) bittet Teuerdank seine Braut zuerst, ihm zu versichern, dass sie ihn und keinen der übrigen Bewerber zum Ehemann nehmen wolle. Königin Ehrenhold bekräftigt daraufhin ihren Willen, sogleich den Ehebund mit ihm, dem größten Helden, zu schließen. Der Beischlaf, also der Ehevollzug, solle jedoch bis nach seiner Heimkehr aufgeschoben werden. Der Held willigt ein und der Priester besiegelt den ‚göttlichen Ehebund':

> Die göttlich Ee was zů der Zeit
> Beschlossen und der eerlich Streit.
> Darin welle behüeten Gott
> Si bedesambt vor aller Not.[22]

Damit endet der Erzähltext. Der Platz für Kapitel 117 ist frei gelassen. Denn bis zum Jahr 1517, als das Werk publiziert wird, hatte Maximilian sein Gelöbnis nicht erfüllen können. Dennoch verklärt der Erzähler den Titelhelden zum Schluss zu einem von Gott begnadeten Herrscher, der nötig sei, um die durcheinander geratenen Weltgeschicke zu lenken.

Was für eine Geschichte! Ist das wirklich Maximilians Lebensgeschichte? Oder anders gefragt: Warum endet die postulierte Brautfahrt nicht so wie in Maximilians Leben, in einer ungewöhnlich glücklichen Ehe?

Um diese Frage neu zu beantworten, müssen einige Details in Erwägung gezogen werden, die bisher außer Acht geblieben sind: erstens der biographische Kontext und zweitens die Liebeskonzeption, welche die Handlungen des Helden motiviert.

Zum biographischen Kontext

Der ‚Teuerdank' erschien im Frühjahr 1517 im Druck, knapp zwei Jahre vor dem Tod des Kaisers im Januar 1519. Nach den Forschungen von Spezialisten hatte Maximilian die Arbeiten an dem Werk seit 1513 persönlich beaufsichtigt,

Materialien zur Verfügung gestellt und Aufträge für die Illustrationen vergeben. Die Endredaktion von Melchior Pfinzing wird indes kaum vor dem Erscheinungsjahr des Druckes angesetzt. Mithin lässt sich der ‚Teuerdank' als Alterswerk des Kaisers charakterisieren.

Dazu passt auch die Widmung an seinen Enkel Karl, seinen Nachfolger auf dem Kaiserthron, also: Karl V. (1500–1558). Karl wird hier als König von Spanien, Erzherzog zu Österreich und Herzog zu Burgund adressiert. Bekanntlich war Maximilians Enkel erst im Jahr 1515 zum Herzog der Burgundischen Niederlande und erst im Jahr 1516 zum König der vereinigten spanischen Königreiche erhoben worden.

Wie wichtig dem alternden Kaiser die Sorge um seine legitime Nachfolge auf dem Kaiserthron war, bezeugt ein Familiengemälde aus dem Jahr 1516. Sein Hofmaler Bernhard Strigel hat Maximilian und Maria hier als Stammeltern der fürstlichen Dynastie dargestellt, mit dem jugendlichen Enkel Karl in der Bildmitte. Zwar trägt die Stammmutter hier die Züge der zweiten Ehefrau des Kaisers, aber die Überschrift weist sie eindeutig als Maria von Burgund aus.

Mithin ließe sich dieses Familienporträt zugleich als eine Hommage an die vielgeliebte, aber seit über dreißig Jahren verstorbene erste Ehefrau verstehen. Schaut man von hier aus auf die Struktur des ‚Teuerdank', so erkennt man, dass die Handlung von Anfang an bis zum Schluss durch Maria von Burgund alias Königin Ehrenreich bestimmt wird. Das Geschehen nimmt ja nicht seinen Ausgang mit dem Aufbruch des Titelhelden, sondern mit der Geburt der Königin Ehrenreich, dem einzigen Kind und der Erbtochter König Romreichs. Auch sind die ersten Kapitel mit dem Tod des Königs, seinem Testament und der Wahl des Gemahls für die nun verwaiste Erbtochter gefüllt. In der Wahl ihres Bräutigams folgt Königin Ehrenhold zwar den testamentarischen Bestimmungen des Vaters, aber sie nimmt sofort das Heft des Handelns in die Hand und sendet einen Boten zu Maximilian alias Teuerdank, um ihm ihren Ehe-

Abb. 1:
Bernhard Strigel (1460 – 1528): Familie Kaiser Maximilians.

wunsch kund zu tun. Insofern kann also nicht von einer Brautwerbung die Rede sein. Denn nicht der Ritter wirbt um die Braut, sondern die Königin beordert den Bräutigam ihrer Wahl in ihr Land.

Wie in der klassischen Konzeption der Hohen Minne erweist sich auch Königin Ehrenreich als dominante Partnerin. Dementsprechend fügt sich der Erwählte sogleich in seine dienende Rolle und erklärt, ihr nicht eher unter die Augen zu treten, bis er so ‚viele edle Taten' vollbracht habe, dass sie ihn mit allen Ehren zur Ehe nehmen könne (Kapitel 8). Denn so antwortet Teuerdank dem von Königin Ehrenreich abgesandten Boten:

> Ich wöll si nicht beschauen,
> Ich hab sann vor sovil tan
> Gůter sach, daß si mög han
> Mich zů der Ee mit Eren.[23]

In den nun folgenden Episoden mit den 80 Bewährungsproben flicht der Held immer wieder sein Bekenntnis ein, all diese Lebensgefahren einzig aus Liebe zu seiner Herrin und Braut auf sich genommen zu haben. Das tragende Motiv eines lebenslangen entsagungsvollen Minnedienstes verschmilzt also mit der Allegorie der drei Lebensalter, die von den Widersachern Fürwittig, Unfallo und Neidlhart verkörpert werden. Nicht die Chronologie des wahren Lebens, sondern die innere Logik dieser Hohen Minne der beiden Brautleute entpuppt sich als das tragende Motiv des gesamten Narrativs. Und das gilt bis zu dem Ende und begründet die Verehelichung ohne den Vollzug der Ehe mit Beischlaf.

Insofern erhebt sich jetzt die Frage, ob der ‚Teuerdank' nicht nur zur Verherrlichung des Titelhelden konzipiert war, sondern mindestens ebenso zur Mystifikation der ersten Braut Maria von Burgund. Denn durch den Aufschub des Ehevollzugs wird der ‚heilige' Ehebund bis über den Tod hinaus verlängert. So vermag Königin Ehrenreich als reine, unbefleckte Stammmutter ins ‚Gedächtnis' der Nachwelt einzugehen.

Der romantische Dichter Anastasius Grün scheint den ‚Teuerdank' ähnlich gedeutet zu haben: Das letzte Wort des sterbenden Kaisers lautet „Maria". Sie erscheint ihm im weißen „Brautgewand", in unbefleckter Reinheit. Ob der Autor des Romanzenkranz nicht die wahren Umstände von Maximilians Todesstunde kannte?

Wie übereinstimmend von Zeitzeugen berichtet, gelangte der Kaiser am 12. Januar 1519 sterbenskrank zur Burg Wels. Gerichtsmediziner können heute nachweisen, dass ein Pankreaskarzinom die unmittelbare Todesursache gebildet haben muss. Denn im Endstadium dieser Krebserkrankung der Bauchspeicheldrüse kommt es zu einem Stau in der Galle, wodurch der in der Gallenflüssigkeit enthaltene gelbe Farbstoff vermehrt ins Blut gelange und so eine Gelbfärbung der Haut zur Folge habe. So ließe sich die Gelbfärbung der Haut auf Maximilians Totenbild erklären. Außerdem vermuten die Gerichtsmediziner, dass Maximilian seit längerem an Syphilis gelitten haben müsse. Deshalb habe er sich nicht aus Scham, seinen Unterleib zu entblößen, Leichenhemd und Beinkleid selbst angelegt, sondern um die Geschwüre an seinen Geschlechtsorganen zu verbergen.

Dem Kaiser muss also genau bewusst gewesen sein, dass er keineswegs ‚unbefleckt' vor den höchsten Richter trat. Insofern erscheint es mir glaubhaft, dass Maximilian aufgrund dieser ‚Sünden' des außerehelichen Geschlechtsverkehrs, die ja in Gestalt der bekannten unehelichen Kinder nicht zu leugnen waren, den Auftrag gab, seinen Leichnam zu geißeln und dadurch seine Schuld zu büßen.

Sein Herz jedoch blieb ausgenommen von dieser strafenden Buße. Denn Maximilian verfügte, sein Herz nach Brügge zu überführen und im Sarkophag seiner vielgeliebten ersten Braut Maria von Burgund zu bestatten.

Abb. 2:
Grabmal der Maria von Burgund, Liegefigur, Kupfer vergoldet, Goldschmied: Pieter de Beckere, geschaffen: 1490–1502; Liebfrauenkirche, Chor, Brügge, Belgien.

Sollte so die Liebesgeschichte des ‚Teuerdank' im wahren Leben mit der Vereinigung ihrer beider Herzen vollendet werden?

Literatur

Der Weiß Kunig. Eine Erzehlung von den Thaten Kaiser Maximilians des Ersten – Von Marx Treitzsaurwein auf dessen Angeben zusammengetragen, nebst den von Hannsen Burgmair dazu verfertigten Holzschnitten. Herausgegeben aus dem Manuscripte der kaiserl. Königl. Hofbibliothek. Wien 1775. Mit einem Kommentar von Christa-Maria Dreißiger. Leipzig 2006.
Anastasius Grün: Der letzte Ritter. Romanzenkranz. 2., durchgesehene Auflage. Stuttgart 1838.
Sieglinde Hartmann und Freimut Löser (Hrsg.): Kaiser Maximilian I. (1459-1519) und die Hofkultur seiner Zeit. Jahrbuch der Oswald von Wolkenstein Gesellschaft (JOWG) Band 17 (2008/2009), Reichert Verlag Wiesbaden 2009.
Kaiser Maximilian I. TEUERDANK. Vollständiger Text unter Zugrundelegung der Erstausgabe von 1517. Mit 20 Illustrationen der Erstausgabe. Hrsg. und mit einem Nachwort von Helga Unger. München 1968.

Kaiser Maximilian I. Die Abenteuer des Ritters The Adventures of the Knight THEUERDANK. Kolorierter Nachdruck der Gesamtausgabe von 1517 Complete coloured facsimile of the 1517 edition. TASCHEN, ohne Ort, ohne Jahr.

Jan-Dirk Müller: Kaiser Maximilian I., Artikel in: Die deutsche Literatur des Mittelalters. Verfasserlexikon. Berlin / New York. 1987, Band 6, Spalten 204-236,

Jan-Dirk Müller: Gedechtnus. Literatur und Hofgesellschaft um Maximilian I. München 1982;

Jan-Dirk Müller: Maximilian und die Hybridisierung frühneuzeitlicher Hofkultur. Zum Ludus Diane und der Rhapsodia des Konrad Celtis. In: Jahrbuch der Oswald von Wolkenstein Gesellschaft (JOWG) Band 17 (2008/2009), Seite 3-21.

Regina Toepfer: Mäzenatentum in Zeiten des Medienwechsels. Kaiser Maximilian als Widmungsadressat humanistischer Werke. In: Jahrbuch der Oswald von Wolkenstein Gesellschaft (JOWG) Band 17 (2008/2009), Seite 79-92.

Sabine Weiss: Maximilian I. Habsburgs faszinierender Kaiser. Innsbruck – Wien 2018.

Anmerkungen

1 Jan-Dirk Müller: Kaiser Maximilian I., Artikel in: Die deutsche Literatur des Mittelalters. Verfasserlexikon. Berlin / New York. 1987, Band 6, Spalten 204-236, hier: Spalte 209.
2 Jan-Dirk Müller: Kaiser Maximilian I., 1987, Spalte 208.
3 Regina Toepfer: Mäzenatentum in Zeiten des Medienwechsels. Kaiser Maximilian als Widmungsadressat humanistischer Werke. In: Jahrbuch der Oswald von Wolkenstein Gesellschaft (JOWG) Band 17 (2008/2009), Seite Seite 79-92, hier: 79; siehe auch Jan-Dirk Müller: Gedechtnus. Literatur und Hofgesellschaft um Maximilian I. München 1982; sowie ders.: Maximilian und die Hybridisierung frühneuzeitlicher Hofkultur. Zum Ludus Diane und der Rhapsodia des Konrad Celtis. In: Jahrbuch der Oswald von Wolkenstein Gesellschaft (JOWG) Band 17 (2008/2009), Seite 3-21. – Jüngste Gesamtdarstellung von Sabine Weiss: Maximilian I. Habsburgs faszinierender Kaiser. Innsbruck – Wien 2018, besonders das Kapitel „Der kaiserliche Autor", Seite 217-270.
4 Textgrundlage für alle Zitate ist folgende Ausgabe: Kaiser Maximilian I. TEUERDANK. Vollständiger Text unter Zugrundelegung der Erstausgabe von 1517. Mit 20 Illustrationen der Erstausgabe. Hrsg. und mit einem Nachwort von Helga Unger. München 1968, Zitat: Seite 5: im Folgenden abgekürzt zitiert als TEUERDANK. – Vollfaksimile in Farbe: Kaiser Maximilian I. Die Abenteuer des Ritters The Adventures of the Knight THEUERDANK. Kolorierter Nachdruck der Gesamtausgabe von 1517 Complete coloured facsimile of the 1517 edition. TASCHEN, ohne Ort, ohne Jahr.
5 J.-D. Müller, 1987, Spalte 221.
6 Teuerdank, Seite 5.
7 J.-D. Müller, 1987, Spalte 222.
8 Zitate aus: Anastasius Grün: Der letzte Ritter. Romanzenkranz. 2., durchgesehene Auflage. Stuttgart 1838.
9 A. Grün: Der letzte Ritter, Seite 202.
10 A. Grün: Der letzte Ritter. Seite 204-205.
11 Faksimile-Ausgabe des unvollendet gebliebenen Werks: Der Weiß Kunig. Eine Erzehlung von den Thaten Kaiser Maximilians des Ersten- Von Marx Treitzsaurwein auf dessen Angeben zusammengetragen, nebst den von Hannsen Burgmair dazu verfertigten Holzschnitten. Herausgegeben aus dem Manuscripte der kaiserl. Königl. Hofbibliothek. Wien 1775. Mit einem Kommentar von Christa-Maria Dreißiger. Leipzig 2006.
12 TEUERDANK Seite 302.
13 Ebda. Seite 303.
14 Ebda. Seite 303.
15 Ebda. Seite 303.
16 Ebda. Seite303.
17 Siehe Anmerkung 1, Spalte 220.

18 TEUERDANK, Seite 25.
19 TEUERDANK, Seite 24, vollständiger Satz: „Ich (*Maximilian*) hoff auch, mit meiner Hand / Ir Huld noch baß zů erwerben / Oder darumb zů sterben; / Dann jetzt ist kommen der Tag, / Daß ich wol bewern mag / Das, so ich aus den Chroniken / Gelernt hab und Historien."
20 TEUERDANK, Seite 273.
21 TEUERDANK, Seite 288.
22 TEUERDANK, Seite 298.
23 TEUERDANK, Seite 24 Ich will sie nicht treffen / bevor ich so viele große Taten / vollbracht habe, / dass ich ihre Ehe / ehrenvoll verdient habe.

Sieglinde Hartmann ist Honorarprofessorin für Ältere deutsche Philologie an der Julius-Maximilians-Universität Würzburg (seit 2004) und Professorin für Germanistik an der Slawistischen Universität Baku, Aserbaidschan (seit 2010) sowie an der Sprachenuniversität Baku (seit 2017).
Der Schwerpunkt ihrer Forschung und Lehre liegt auf Oswald von Wolkenstein (ca. 1376/77–1445) sowie der europäischen Literatur des Spätmittelalters. Sie ist Mitbegründerin und langjährige Vorsitzende der Oswald von Wolkenstein-Gesellschaft, hat zahlreiche interdisziplinäre Symposien zur Wolkenstein-Forschung sowie zu wegweisenden Themen der Spätmittelalterforschung organisiert und die Beiträge im Jahrbuch der Oswald von Wolkenstein-Gesellschaft veröffentlicht; dazu zählt der viel beachtete Band 17 zum Thema „Kaiser Maximilian I. (1459-1519) und die Hofkultur seiner Zeit".
Zu ihren erfolgreichsten Veröffentlichungen zählt die Monographie Deutsche Liebeslyrik vom Minnesang bis zu Oswald von Wolkenstein oder die Erfindung der Liebe im Mittelalter (Wiesbaden: Dr. Ludwig Reichert Verlag 2012).

Ulrike Bergmann

Die alte Kunst vom Singen und Sagen am Hofe Kaiser Maximilians[1]

Als ich gefragt wurde, ob ich denn auch 2019[2] wieder einen musikalischen Programmpunkt zum Literarischen Salon in Edelstetten beisteuern wollte, diesmal anlässlich des 500. Todestages von Kaiser Maximilian, war mir das eine große Ehre, und nach kurzem Innehalten und Nachdenken über meine speziellen musikalischen Möglichkeiten zu diesem Themenbereich habe ich sofort zugesagt.

Denn drei Themenschwerpunkte[3] boten sich mir für einen musikalischen Beitrag dazu an:
1. ein Landsknechtslied von Jörg Graff
2. eine Szene aus Michel Beheims Versdichtung „Buch von den Wienern"
3. Ausschnitte aus Maximilians Ritterroman „Theuerdank"

Doch gestatten Sie mir zunächst einige Bemerkungen zu meiner musikalischen Intention.

Meine absolute Leidenschaft ist die historische Musik, sind historische Lieder und Texte. Ich bin Musikerin, und zwar eine, die eigene Wege geht.

Das heißt, ich bewege mich einerseits jenseits des derzeitigen „Mittelalterbooms" mit all seinen teils äußerst fragwürdigen Erscheinungsformen von Mittelaltermärkten und blühenden Larp-Szenerien[4]. Andererseits stehe ich aber auch jenseits einer historisch informierten Musikerszene, die Alte Musik – im einen Extrem – entweder streng akademisch perfektioniert oder aber – im anderen Extrem – als Exotikum für Cross-over-Versuche benutzt.

Ich trete allein auf, indem ich singe und mich selbst instrumental vorzugsweise mit einer Drehleier begleite.

Abb 1:
Das Instrument war vom 11./12. Jh. ausgehend von Südfrankreich und Nordspanien über ganz Europa verbreitet, im österreichisch-bayerischen Kulturraum bis weit ins 19. Jh. hinein. Nachbau der sog. Hallstätter Leier um 1800 (Werkstatt Arnold Lobisser, Hallstatt).

Daher ist mein Weg die Umsetzung einstimmiger mittelalterlicher oder auch frühneuzeitlicher Musik, die von mir jedoch durch den Einsatz von Borduninstrumenten[5] sowie durch improvisierte Gegenstimmen immer wieder auch in eine einfache Mehrstimmigkeit hineingeführt wird. Eine polyphone Mehrstimmigkeit, wie sie sich seit dem Hochmittelalter allmählich verbreitete, zunächst in Form von Bicinien[6], zunehmend komplizierter und kunstvoller, bis hin zur ars nova und ars nova subtilior[7] oder zu den vielstimmigen Lied- und Instrumentalsätzen, wie sie sich am Hof Maximilians etablierten, würde meine Möglichkeiten als Einzelmusikerin bei weitem überschreiten. So geht es mir also auch in dieser Epoche allein um im Grunde einstimmige Musik.

Lieder, ebenso Lyrik, aber auch epische Texte und Prosa trage ich also singend vor und gestalte sie möglichst lebendig. Gerade die einstimmige Gesangskunst bietet eine äußerst breite Palette an Gestaltungsmöglichkeiten, wobei der agogische Spielraum sowie die Freiheit zur Improvisation nur einige Aspekte darstellen. Jedes meiner Programme soll unterhalten, aber es soll auch berühren oder mitreißen, es soll an Lebenswirklichkeiten von Menschen teilhaben lassen, die vor langer Zeit in einer ganz anderen Welt und einem ganz anderen sozialen und kulturellen Umfeld gelebt haben. Dabei bemühe ich mich, Musik, Lieder und auch Dichtung einer Epoche so darzustellen, wie sie einmal wirklich geklungen haben könnten, sie gewissermaßen wieder zum Leben zu erwecken, zu einem Leben, das sie vielleicht einmal wirklich hatten oder zumindest gehabt haben konnten. Text, Melodie, Instrumentarium und auch das, was man über Aufführungspraxis und Musizieranlässe einer Zeit weiß, muss für mich zusammenpassen.

Wichtig ist mir somit immer ein behutsamer, ja, ehrfürchtiger Umgang mit diesen Zeugnissen vergangener Epochen. In gewisser Weise übernehme ich mit meiner Wiedererweckung der alten Texte und Melodien Verantwortung für sie.

Natürlich war niemand von uns Heutigen damals dabei. Keine Tonträger, keine Zeitzeugen geben uns gesicherte Hinweise. Außer in der katholischen Liturgie gibt es bei uns auch keine durchgehende Musizierpraxis mit mittelalterlicher oder frühneuzeitlicher Musik. Es ist zu einem Jahrhunderte andauernden Bruch gekommen. Und somit ist die Beschäftigung mit Musik dieser Epochen immer eine höchst schwierige Spurensuche, eine Spurensuche aber, die ich so ehrlich und so gewissenhaft wie irgend möglich betreibe, um dieses vage Pflänzchen „Alte Musik" zum Sprießen zu bringen und ihm nicht „modernistische Gewalt" anzutun.

Die lange Tradition des Singens und Sagens

Die bis heute sprichwörtliche Wendung vom „singen unde sagen" besticht schon durch ihre Alliteration. Außerdem ist sie durch die Häufigkeit der Nennungen in den verschiedensten Kontexten von geistlich-religiöser Dichtung bis hin zur Spielmannsepik sozusagen omnipräsent in der deutschsprachigen mittelalterlichen und frühneuzeitlichen Literatur. Somit ist davon auszugehen, dass sie nicht nur einen bloßen Topos darstellt, sondern wohl durchaus eine gewisse Realität abbildete.

Grundsätzlich dürfte im Mittelalter Literatur in einem viel größeren Maß auch gesungen worden sein, als man landläufig annehmen möchte: Schon im Begriff Minnesang ist das Singen ja inkludiert. Aber auch Epen wurden mit an Sicherheit grenzender Wahrscheinlichkeit gesungen, nicht umsonst heißt das wohl bedeutendste Epos des deutschsprachigen Mittelalters Nibelungenlied. Und warum sollten denn auch höfische Romane nur gelesen worden sein? – wobei beim Lesen im Mittelalter immer ein lautes Lesen angenommen werden muss, das also auch Zuhören möglich machte. Aber auch deklamatorisches Rezitieren und natürlich ein gesungener Vortrag waren ebenso denkbare Darbietungsformen, ja sogar wahrscheinliche.

Die Tatsache, dass nur relativ wenige Melodien aus dem deutschsprachigen Mittelalter[8] überliefert sind, spricht keineswegs gegen diese Annahme. Töne, wie man die Melodien damals nannte, wurden selten exklusiv für einen einzigen Text geschaffen, sondern immer wieder verwendet, mitunter leicht abgewandelt, um sie dem jeweiligen Text anzupassen. Dieses Einrichten von Melodien auf Texte war z. B. die Aufgabe der Cantores in der liturgischen Musik, aber auch weltliche Spielleute verstanden sich darauf. Es war sozusagen ihr Handwerk.

Kontrafaktur nannte man die Methode der Wiederverwendung von Melodien. Sie war gängig das gesamte Mittelalter hindurch, aber auch noch lange in die Neuzeit hinein. Die Reformatoren nutzten die Melodien des katholischen Ritus, die Gegenreformatoren verwendeten wiederum Melodien der Reformatoren. Der Vorteil war, dass neue Texte, auf bekannte Melodien gesungen, sich leichter verbreiten ließen. Gerade bei Liedern, die mit einer religiösen, politischen oder anderweitigen propagandistischen Intention geschaffen und verbreitet wurden, war das von enormem Vorteil für die Rezeption.[9] Denn die neuen Texte prägen sich mit den bekannten Melodien viel schneller ein.

Die Praxis der Kontrafaktur war also ein weitverbreitetes Phänomen und wurde auch auf das Singen längerer Dichtungen angewendet, wobei dort jeweils eine meist relativ kurze, eher einfache Melodie, die in der Regel über einen geringen Ambitus (Tonumfang) verfügte, so oft wiederholt wurde, bis die Geschichte schließlich zu Ende erzählt war. Eine besonders kunstvolle oder gar virtuose Melodie hätte den Erzählfluss gestört, hätte die Textverständlichkeit eingeschränkt und zu viel Aufmerksamkeit auf sich gezogen. Die Melodie, um bei einem einfachen Bild zu bleiben, war bei dieser Art des gesungenen Geschichtenerzählens nicht Selbstzweck, sondern sie diente dem Text als eine Art Schlitten, auf dem dieser dahingleiten konnte, der ihn trug und beförderte.

Acht Epenmelodien[10] sind uns aus dem Mittelalter und der Frühen Neuzeit überliefert, die sich für das Singen langer Dichtungen hervorragend eignen. Und dass dieses Singen nicht stundenlang monoton vonstattenging, sondern interessant und abwechslungsreich gestaltet werden musste, versteht sich von selbst. Man konnte Passagen singen, andere hervorheben, indem man sie sprach, indem man rief, die Stimme hob oder senkte etc., „singen unde sagen" eben. Die Menschen hatten schließlich ein hohes Bedürfnis nach Unterhaltung in einer Welt, die sehr wenig mediale Abwechslung bot.

Wenige Belege für das Singen und Sagen aus der reichhaltigen Fülle mittelalterlicher Quellen mögen genügen:

Bereits Frau Ava, die von ca. 1060 bis 1127 lebte und als die erste deutschsprachige Dichterin gilt, verwendet in ihrem Werk „Das Leben Jesu" in Vers 96 f. die Wendung: „Si (Maria)… sanch Magnificat. si sagete und sanch gote gnade unde danch."[11]

In seiner Dichtung „Tristan" schreibt Gottfried von Straßburg ausführlich vom Singen und Sagen, vom Musizieren auf Saiteninstrumenten, das der junge Tristan so trefflich beherrschte,[12] und später auch davon, dass der „Spielmann" Tristan die junge Königin Isolde unterrichtete im Singen und Sagen und im Saitenspiel.[13] Die darstellende Kunst nimmt in diesem Werk also einen breiten Raum ein.

In der „Kudrun" wird berichtet von den besonderen Tugenden und Fähigkeiten des jungen Helden Hagen. Und da heißt es auch wieder: „… des hôrte man in dem lande von dem helde sagen unde singen."[14]

Die Schwankdichtung „Der Pfaffe Amis" vom Stricker, die Anfang 13. Jh. entstand und die sich, wie auch alle anderen hier genannten Dichtungen, sehr gut singend vortragen lässt, beginnt folgendermaßen:

Hie vor was zuht und ere
geminnet also sere,
wo ein man zu hove quam,
daz man gerne von im vernam
seitenspil singen unde sagen.
Daz waz geneme in den tagen.[15]

Der Stricker stellt hier den fahrenden Spielmann, der singend eine umfangreiche Versdichtung vortrug, als Repräsentanten alter, im Verschwinden begriffener Werte dar. Das Publikum wird schließlich indirekt aufgefordert, den hergebrachten höfischen Wertvorstellungen entsprechend, die Dichtung des Strickers wohlwollend aufzunehmen. Offenbar, so will uns der Prolog glauben machen, ist die Kunst des Singens und Sagens schon zur Zeit Strickers eine allmählich aus der Mode kommende.

Wie sieht es also mit dem Singen und Sagen am Hof Maximilians aus, also noch einmal ca. 250 Jahre später? Ist das Singen und Sagen als Darbietungsweise für Texte um 1500 noch zeitgemäß?

Ich meine ja. Auch wenn sich in dieser Zeit ein Stil- und Modewandel ankündigt, der hin zu polyphoner Instrumental- und Vokalmusik führt, die sich am Hofe Maximilians schließlich zu voller Blüte entfaltete, hatten Solosänger, die erzählende Texte singend und sagend vortrugen, noch immer ihren Platz.

Natürlich hat man sofort die Abbildungen von prunkvollen Wagen mit Musikern und Musikinstrumenten in Maximilians Triumphzug vor dem geistigen Auge, wenn man an das Musikleben am Hof Kaiser Maximilians denkt: Instrumentalisten, die im Consort auftraten und mit beispielsweise vier oder fünf Blockflöten oder Gamben musizierten. Instrumentalensembles mit ausgezeichneten Musikern kamen zum Einsatz, um die mehrstimmige Musik bei Empfängen, Umzügen und anderen repräsentativen Anlässen zum Klingen zu bringen. Aber auch Lieder, die bis dahin wohl einstimmig gesungen worden waren, wurden zu vier- bis fünfstimmigen Liedsätzen auskomponiert[16] und von hervorragenden Sänger-Ensembles zur Aufführung gebracht. Namen von berühmten Komponisten, wie Heinrich Isaak oder Ludwig Senfl und Paul Hofhaimer, um nur einige zu nennen, stehen für mehrstimmige Lied- und Instrumentalsätze, die das höfische Musikleben bereichert, kunstvoll und elegant gemacht haben.

Und so lag der Fokus der Musikwissenschaft mit ihren zahlreichen Publikationen anlässlich des Jubiläums des 500. Todestags von Kaiser Maximilian insbesondere auf der mehrstimmigen Instrumental- und Vokalmusik: Das Althergebrachte, das vielleicht auch weniger Schillernde, geriet etwas aus dem Blickfeld, zumal es auch weniger leicht fassbar ist[17]. Aber gerade die Kunstform des einstimmigen Gesanges bietet deutlich mehr Gestaltungsspielraum und mehr künstlerische Freiheit als die starren mehrstimmigen Liedsätze, die nicht aus Partituren, sondern aus einzelnen Stimmbüchern gesungen wurden, was ein akkurates und daher einengendes Einhalten der rhythmischen Grundstruktur erforderte.

Abb. 2:
Hans Burgkmair der Ältere, Wagen mit Musikanten

Dabei war Maximilian bei aller Fortschrittlichkeit auch Herkömmlichem, mit dem er aufgewachsen war, verbunden. Diese Verwurzelung in der Tradition kommt in verschiedenen Bereichen zum Ausdruck.

Nicht umsonst wird der Kaiser als der „letzte Ritter" bezeichnet, als ein Mann also, der nicht nur die ritterlichen Kampfweisen noch beherrschte, sondern der sich auch den ritterlichen Idealen und dem ritterlichen Ehrenkodex verpflichtet fühlte.

Zu dieser Traditionsverbundenheit gehört aber natürlich auch, dass er den Innsbrucker Zollschreiber Hans Ried für einige Jahre von seinem regulären Dienst freigestellt hat, mit dem besonderen Auftrag, Epen, Geschichten und Romane aufzuschreiben, die im 12. und 13. Jahrhundert entstanden waren, Werke also, die Maximilian für wertvoll erachtete und deren Vergessenwerden er offenbar befürchtete. So entstand zwischen 1504 und 1516/17 das sog. Ambraser Heldenbuch. Dass Maximilians Befürchtung nicht unberechtigt war, zeigt sich schon darin, dass etliche der Werke im Ambraser Heldenbuch singulär erhalten sind, z. B. die „Kudrun", aber auch alle vier epischen Werke des Herrand von Wildon, die Schwankdichtung „Daz buoch von dem übeln wîbe" u. v. a. Ohne Maximilian wären sie aller Wahrscheinlichkeit nach dem Vergessen anheimgefallen.

An dieser Stelle möchte ich wieder auf das Singen und Sagen und damit zu meinem ersten Programmpunkt für den Literarischen Salon kommen.

„Got gnad dem großmechtigen Keyser frume, Maximilian ..." Mit diesen Worten beginnt ein Preislied auf Kaiser Maximilian, das wahrscheinlich um 1519 entstanden ist. 1530, also über 10 Jahre nach dem Tod des Kaisers, ist es in der Offizin (Druckerei) von Kunigunde Hergotin in Nürnberg in den Druck gegangen. Dies und die Tatsache, dass das Lied auch sonst noch oft gedruckt wurde, zeigt, dass es die Menschen noch weit ins 16. Jh. hinein interessiert und bewegt hat, auch und gerade abseits der höfischen Welt.

Maximilian lebte bekanntlich in einer Umbruchzeit. Einerseits wurde er – wie bereits erwähnt – verehrt als der „letzte Ritter", als ein Mann also, der noch für den ritterlichen Zweikampf stand. Andererseits entschieden zu Maximilians Zeit längst neue Waffensysteme und neue Kampfweisen, die seit dem 14. Jahrhundert überall in Europa zunehmend an Bedeutung gewonnen hatten, über Krieg und Frieden. An die Stelle der alten Ritterheere, die aus Vasallen und Lehnsträgern bestanden, traten Söldnerheere, die von ihrem jeweiligen Kriegsherrn angeheuert waren und im Sold standen, was den Staatskassen große Belastung brachte. In Frankreich waren das die Jaqueries, in Italien die Condottieri und in Deutschland die Landsknechte. Maximilian schuf erstmals gezielt solche stehende Landsknechtsheere, das waren Fußsoldaten, im Normalfall einfache Leute, nicht von ritterlicher Abstammung also, die – wie schon der Name sagte – mit Piken, also mit langen Lanzen kämpften, die aber auch mit Büchsen (Arkebusen oder Hakenbüchsen)[18] umgehen konnten.

Ein solcher Landsknecht war der Verfasser des Liedes „Got gnad dem großmechtigen Keyser frume ..." gewesen. Er hieß Jörg Graff, stammte aus dem mittelfränkischen Dachsbach und lebte später, nachdem er bei einem Zimmerbrand das Augenlicht verloren hatte, als blinder Musiker in Nürnberg, wo er 1542 im Heilig Geist Spital verstarb.

Abb. 3:
Titelbild; Ein newes Liede von dem Lantzknecht auff der steltzen. Hier Druck von Georg Wachter.

Das Lied ist also das Preislied eines einfachen Menschen, des ehemaligen Landsknechts und blinden Sängers Jörg Graff, auf den großen Kaiser einerseits, es erzählt aber gleichzeitig vom Leben weit unten, vom Alltag der Landsknechte, die unter Kaiser Maximilian dienten und die trotz aller Strapazen doch auch stolz auf ihren Stand waren. Es schildert den Alltag der Landsknechte in all seinen Facetten und mit den Problemen eines Lebens im Freien bei jeder Witterung, sommers wie winters. Es berichtet von Plünderungen, dieser oft brutalen Form der Selbstversorgung, weil häufig Sold und Verpflegung ausblieben, aber auch vom Familienleben mit Frau und Kind, die mit in den Landsknechtslagern lebten, und nicht zuletzt von schweren Verletzungen und vom Tod.

Der Titel auf dem fliegenden Blatt lautet: „Ein newes Liede, von dem Lantzknecht auff der steltzen, In des schütensamen thon." Es handelt sich also um ein Textblatt mit Melodieangabe. Die Melodie selbst ist, wie damals üblich, nicht mit abgedruckt worden. Franz Magnus Böhme hat dem Text, da der Schüttensamen-Ton sonst nicht bekannt ist, eine psalmodierende Melodie unterlegt, die er handschriftlich im sog. Dresdner Codex aus der Mitte des 16. Jahrhunderts zu diesem Liedtext gefunden hat.[19] Es ist eindeutig ein Lied, das, schon allein wegen seiner psalmodierenden Struktur, einstimmig konzipiert war.

Abb. 4: Franz Magnus Böhme. Volkslieder der Deutschen nach Wort und Weise aus dem 12. bis zum 17. Jahrhundert. Leipzig 1877. S. 518 ff.

Soweit also Jörg Graffs Preislied auf Maximilian, das mit 1519 als vermutetem Entstehungsjahr möglicherweise sogar tatsächlich als eine Art Nachruf auf den von ihm verehrten Kaiser gedacht war.

Aber wie war der Anfang?

Aus der frühen Kindheit Maximilians ist – im Gegensatz zu den meisten anderen mittelalterlichen Herrschern – eine sehr aufschlussreiche und berührende Begebenheit als literarisches Zeugnis überliefert.

Im Herbst 1462 war es infolge massiver Besitz- und Vormachtstreitigkeiten zwischen Maximilians Vater, Kaiser Friedrich III., und dessen jüngerem Bruder Herzog Albrecht VI. – also Maximilians Onkel – zu einer neunwöchigen Belagerung des Kaisers mit seiner Familie und etlichen Getreuen in der Wiener Hofburg durch die aufgehetzte und mit Albrecht verbündete Wiener Stadtbevölkerung gekommen. Dies war für die Belagerten eine äußerst schwierige Zeit der Bedrohung und der Entbehrung. Angst vor einem ungewissen Schicksal für den Fall, dass die Hofburg nicht zu halten war, und Hunger plagten die Eingeschlossenen.

Michel Beheim – er war ursprünglich Tuchmacher, gelernter Kriegsknecht und vor allem ein ausgezeichneter Sänger und Schriftsteller, der seit 1459 am Wiener Hof wirkte – hat die Belagerung miterlebt und darüber sowie über die Ereignisse in den Jahren nach der Belagerung bis 1465 ein Gedicht verfasst, eine Reimchronik – 13.000 Verse umfassend – mit dem Titel „Buch von den Wienern".[20]

Ich habe für den Literarischen Salon daraus eine Sequenz zusammengestellt und vorgetragen, die vom Hunger in der belagerten Hofburg erzählt. Hunde und Katzen waren schon aufgegessen, sogar ein Geier, der seit dreißig Jahren in der Burg gewohnt hatte, hatte sein Leben gelassen und in den Kochtopf wandern müssen. Hülsenfrüchte und dürres Brot waren die einzigen Speisen, die noch zur Verfügung standen. Das Kleinkind Maximilian – damals ungefähr dreieinhalb Jahre alt – mochte aber keine Erbsen und forderte daher, man solle sie den Feinden geben.

Eines Tages luchste ein hungriger Knecht dem kleinen Maximilian ein Stück Brot ab, an dem dieser eben nagte, und pries dann scheinheilig die Freigebigkeit des Kindes. In normalen Zeiten hätte dem Knecht eine harte Strafe gedroht. Mundraub war immerhin ein todeswürdiges Vergehen. Aber Kaiser Friedrich hätte auf keinen Mann seiner kleinen Truppe verzichten können, und so kam es, dass der Knecht nicht bestraft wurde.

Bezeichnend ist, dass Michel Beheim seine Dichtung dezidiert für den gesungenen Vortrag vorgesehen hat, obwohl er durchaus konzediert, dass man sie auch einfach lesen könne. Im Vorspann heißt es: „Dises sagt von den wienern und stet das man es lesen mag als ainen spruch, oder singen als ain liet, und Michel Peham hat es gemacht, und es haisset in seiner angst weis, wann er vieng es an zu wien in der purg do er in grossen angsten waz. Wer daz singen well der heb es in disen noten hie unden also an."

Und auch in der Dichtung selbst weist Beheim wiederholt darauf hin, dass er seine Verse singend vortrug. Wendungen wie „von dem ich denn wil singen"[21]

Abb. 5: Buch von den Wienern; Kapitel "Von dem hunger". Strophe 666 in der Angstweis. Unterlegung Ulrike Bergmann

oder „als ich dann var gesungen hab"[22] oder „auch wers in disem gsange gar allez vil zu lange."[23] – um nur einige wenige zu nennen – finden sich über die gesamte Reimchronik hindurch in einer beachtlichen Dichte.

Während der Belagerung wurde Michel Beheim immer wieder zur Kaiserin gerufen, um ihr durch seinen Gesang aufzuwarten:

> Et wa unser fraw kaiserin
> ain paten zu mir schiket hin,
> offt ich vor irn genaden sang,
> etwa must ich peleiben lang.
> wann ich dann var ir stunde
> und singen pegunde,
> Da trug man mir ain sidln her
> und sprach ‚daz ich da siczen wer.'
> und auch ain pecher valler wein,
> den hiess man mir da schenken ein,
> auss der kaiserin vasse,
> wann sust kain wein da wasse.[24]

Das bedeutet, dass die Kaiserin am Gesang des Hofchronisten großen Gefallen fand. Dafür spricht nicht nur die Tatsache, dass er am Abend in die Kemenate gerufen wurde, um für sie das, was er am Tag in Verse gesetzt hatte, zu singen, sondern auch, dass ihm dort ein Sitzplatz und vor allem trotz der herrschenden Not Wein von den Vorräten der Kaiserin angeboten wurde. Lange musste er jeweils bleiben, berichtet er. Auch das ist als Zeichen großer Wertschätzung zu verstehen.

Wir dürfen annehmen, dass der kleine Maximilian die Gesänge des Michel Beheim am Abend, vielleicht auf dem Schoß der Mutter sitzend, gehört und auf diese Weise den einstimmigen Gesang dieses Berufssängers kennen gelernt hat. Somit war ihm von frühester Jugend an diese Art des Musizierens vertraut. Wenn er später als erwachsener Mann in seinem eigenen Werk „Theuerdank" davon schreibt, dass man das singend vortragen könne (siehe unten), dann mag dafür durchaus Michel Beheim Pate gestanden haben, auch wenn Maximilian später noch weitere „Singer", also Sänger, die allein mit erzählenden musikalischen Darbietungen auftraten, beschäftigte.[25] Und gerade auch die Tatsache, dass solche Sänger in offenbar gar nicht geringer Zahl am Hof ihrer Kunst nachgingen, dass darunter sogar auch Sängerinnen[26] vertreten waren, spricht für die Akzeptanz dieser Kunstsparte. Letzteres, nämlich den Hinweis, dass ebenso Frauen in diesem Metier tätig waren, nutze auch ich, um skeptischen Fragen aus dem Publikum zu begegnen, ob es denn legitim sei für eine Frau, mit Programmen aufzutreten, die doch – so die landläufige Meinung – reine Männerdomäne seien.

Maximilian war nicht nur Förderer der Kunst, sondern er war auch selbst ein künstlerisch ambitionierter Mensch, der etwas schaffen und weitergeben wollte.

Eines seiner literarischen Werke ist „Theuerdank"[27], ein umfangreicher Versroman. Maximilian hat diesen Roman zumindest initiiert und konzeptioniert. Inwieweit er selbst auch dichtend beteiligt war, lässt sich nicht sicher sagen. Die Arbeit des Reimens hat nämlich weitestgehend der aus Nürnberg stammende Melchior Pfintzing, ein Geistlicher und hoher Würdenträger im Gefolge Maximilians, für ihn übernommen. Auch Maximilians vertrauter Sekretär Marx Treitschsauerwein war involviert. 1517, also noch zu Lebzeiten des Kaisers sind 40 Pergamentexemplare erschienen sowie 300 Papierdrucke, die als eine Art persönliches Vermächtnis an Personen, die Maximilian nahestanden bzw. wichtig waren, verteilt werden sollten.[28]

Hintergrund der Erzählung ist Maximilians Reise zu seiner Braut Maria von Burgund im Jahr 1478. Die Handlung stellt im Grunde eine Biografie Maximilians im Gewand einer Allegorie dar. Der Kaiser tritt im Roman als Ritter Theuerdank auf, seine Braut Maria von Burgund als das Fräulein Ernreich, ihr Vater ist im Roman König Romreich (Ruhmreich). Theuerdank muss auf dieser Reise unzählige Abenteuer bestehen – ganz in der Tradition der Aventiuren der großen mittelalterlichen höfischen Ritterromane.

Dass Maximilian selbst daran gedacht hat, dass die Geschichte vom Ritter Theuerdank zu singen wäre[29], geht aus einer Stelle des Versromans hervor. Da heißt es:

Unnfalo sich heimlich begundt
Zu khümeren von hertzen seer
Dann Erwest schier khein gefer mer
Darein Er mocht den Helden bringen
Wie Ich Eüch will weyter singen.[30]

Drei Ausschnitte habe ich für den gesungenen Vortrag ausgewählt, die ich zum sog. Winsbeckenton, einer der acht überlieferten Epenmelodien, vorgetragen habe.

Maximilian lässt sein „Ritterepos" Theuerdank nach biblischer Zeitrechnung im Jahr 6444 Jahre nach der Erschaffung der Erde beginnen, und zwar am Hof von König Romreich. Dieser regiert nach dem Tod seiner Gattin zusammen mit seiner lieblichen Tochter Ernreich. Viele junge Männer halten um Ernreichs Hand an. König Romreich legt auf Druck seiner Räte testamentarisch fest, dass der kühne Ritter Theuerdank Ernreich einst heiraten solle, um dem Königreich auf diese Weise den Frieden zu erhalten. Theuerdank macht sich auf an den Hof Ernreichs. Jedoch drei widerspenstige Hauptleute im Gefolge Ernreichs, mit den sprechenden Namen Fürwittig, Neidlhart und Unfallo, bringen den edlen Ritter auf der Reise zu seiner Braut in zahllose lebensgefährliche Situationen mit dem Ziel, ihn tödlich verunglücken zu lassen.

All die „Abenteuer" – in Wirklichkeit sind das jedoch stets Hinterhalte, die ihm die drei falschen Hauptleute gestellt haben – kann Theuerdank aufgrund seiner Geschicklichkeit, seines Kampfesmutes und seiner Unerschrockenheit ausnahmslos überwinden. Das Grundmuster wiederholt sich in jedem der „Abenteuer", darunter sind – ganz Maximilians Neigung entsprechend – unzählige Gefahrensituationen auf der Jagd nach Bären, Löwen, Wildschweinen oder Hirschen. Aber auch in einstürzende Gebäude, Treppenhäuser, auf morsche Schiffe, über brüchige Eisflächen, neben explodierende Kanonen etc. wird Theuerdank gelockt.

Eines dieser „Abenteuer" habe ich exemplarisch für den gesungenen Vortrag ausgewählt. Es handelt sich um eine Gämsenjagd, bei der sich Theuerdank und sein Begleiter, ein an sich erfahrener Jäger, in einer Karstwand so in gefährlich brüchige Regionen verstiegen haben, dass sie sich vor drohendem Absturz in Hohlräume nur dadurch in Sicherheit bringen können, dass sie sich im Fallen an Sträuchern und Büschen festhalten. Als sie entgegen aller Planung schließlich doch wohlbehalten zurückkommen, ist ihr Widersacher Unfallo – wie auch jeder der beiden anderen Hauptleute nach jedem weiteren „Abenteuer" – scheinbar erleichtert über den guten Ausgang, in Wirklichkeit sehr zornig darüber, dass es ihm nicht gelungen ist, den verhassten edlen Ritter tödlich verunglücken zu lassen.

Den Abschluss meiner gesungenen Erzählung bildete – wie könnte es anders sein? – der Schluss des Versepos. Theuerdank kommt also endlich am Hof von Königin Ernreich an und wird ehrenvoll und herzlich empfangen. Theuerdank muss vor der Eheschließung noch etliche Turniere bewältigen, die er jedoch alle siegreich besteht. Die drei bösen Hauptleute werden mit dem Tod bestraft. Der Ehevertrag wird ausgehandelt und die Ehe geschlossen, jedoch nicht vollzogen. Denn Königin Ernreich hat sich noch ausbedungen, Theuerdank solle ihr Land vor der Bedrohung durch Ungläubige schützen und auf Kreuzzug gehen. Mit dem Abschied Theuerdanks sowie einer allgemeinen Lobpreisung seiner ritterlichen Tugenden endet schließlich die Dichtung.

Man hat Maximilian eine ausgeprägte Neigung und Begabung zur Selbstdarstellung nachgesagt, nicht zu Unrecht, wie das Versepos Theuerdank deutlich macht, obwohl es, wenn man es nur liest, für den heutigen Leser relativ spröd, streckenweise ungelenk und unbeholfen wirkt. Das macht zum einen der oft in der Fachliteratur kritisierte leicht provinzielle Stil von Melchior Pfintzing aus, der ja von seiner Profession her eben auch kein wirklicher Dichter war. Zum anderen ist der enorme Umfang des Buches für uns actiongewohnte, moderne Mediennutzer nicht wirklich kompatibel mit der nach modernen Kriterien „dünnen inhaltlichen Suppe". Denn wenn man schließlich von der achten oder neunten Wildschweinjagd gelesen hat, ist der Spannungsbogen beim heutigen Leser nicht unbedingt zum Reißen gespannt. Es wiederholt sich sehr vieles immer wieder. Aber das mag von Maximilian aus Gründen der Nachdrücklichkeit durchaus intendiert gewesen sein. Je mehr „Abenteuer" er besteht, desto deutlicher wird seine Kampftauglichkeit wahrnehmbar, umso mehr zeigt sich auch, dass er nicht nur zufälliges Glück beim einen oder anderen Gefahrenmoment hatte, sondern dass er beharrlich siegreich ist und damit echte ritterliche bzw. königliche Tugenden aufweist.

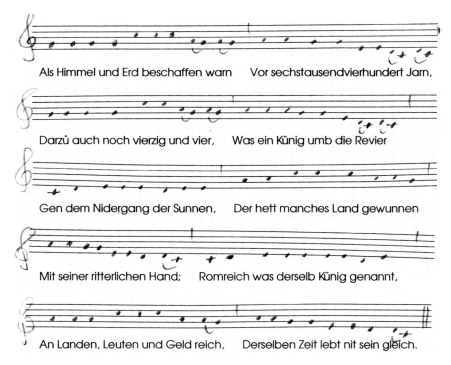

Abb. 6: Der Beginn des "Theuerdank" im Winsbeckenton; Unterlegung Ulrike Bergmann

Einige Male habe ich mittlerweile das Programm von und über Maximilian mit Singen und Sagen zur Aufführung gebracht und jedesmal war das Publikum erstaunt und fasziniert.

Für mich selbst hat die intensive Beschäftigung mit Maximilian und seinem „Theuerdank", wie schon so oft auch bei anderen Programmen, gezeigt, dass sich durch eine gelungene Symbiose aus Text und Melodie ein interessantes neues Gesamtkunstwerk ergeben kann, das auch ein modernes Publikum in seinen Bann zieht. Handwerkliches Können ist die erste Grundvoraussetzung für diese Arbeit. Das bedeutet zunächst, eine für den Text geeignete Melodie zu suchen und zu finden, die man anschließend geschickt unterlegen muss, wobei oft jede einzelne Strophe Maßarbeit ist, bei der es darauf ankommt, die Silbenverteilung möglichst organisch und geschmeidig vorzunehmen. Das alles bedarf einer gewissen Erfahrung. Auch Wissen um richtige Betonungen und das Finden der jeweils zentralen Sinnsilben gehört dazu, um einen Text – singend oder sprechend – wirklich überzeugend vorzutragen.

Außerdem ist es gerade heutzutage von eminenter Wichtigkeit, mit Bedacht interessante Textausschnitte zusammenzustellen, damit ein modernes Publikum nicht durch schwer verständliche oder zu umfangreiche Passagen abgeschreckt wird, denn man nimmt sich in unseren Tagen für Dichtung aus früheren Jahrhunderten nicht mehr so viel Zeit. Alles ist schnelllebiger geworden, somit darf auch die Beschäftigung mit Kultur nicht mehr so viel Zeit in Anspruch nehmen und soll zudem nicht zu mühsam und anstrengend sein. Das heißt, man muss bei aller Seriosität Spannung erzeugen und auch auf ein gewisses Maß an Kurzweil achten.

Und schlussendlich gilt es für den „Singer" oder die „Singerin", all die Möglichkeiten auszunutzen und mit Fingerspitzengefühl und Geschmack zur Anwendung zu bringen, die uns das Singen und Sagen bietet. Liebe zum Detail und die künstlerische Umsetzung aller Stilmittel, eine Prise Kreativität und ein Quäntchen Spontaneität machen dann aus einem alten Text und einer einfachen, schlichten Melodie ein neues hochinteressantes Gesamtgebilde, das erdig und kernig aus der alten Zeit herüberwachsen und für kurze Zeit in Zauberwelten entführen kann.

Anmerkungen

1 „Hof" während der Herrschaft Maximilians meint nicht ein festes Zentrum, von dem aus Verwaltung und Regierungsgeschäfte ausgeübt wurden, sondern mehrere Zentren bzw. auch wechselnde. Außerdem waren der Kaiser – und mit ihm ein Teil seines Hofstaates, zu dem auch die am Hof beschäftigten Musiker gehörten – „mehr oder weniger ständig auf Reisen". Vgl. Keith Polk. Musik am Hof Maximilians I. (S. 629 – 651). In: Kurt Drexel und Monika Fink. Musikgeschichte Tirols. Band 1. Von den Anfängen bis zur Frühen Neuzeit. Schliern-Schriften 315. Innsbruck 2001. S. 631
2 Mein Beitrag anlässlich des Literarischen Salons in Edelstetten am 10. Mai 2018 war eine konzertante Aufführung von einigen Passagen aus Hadamar von Labers „Die Jagd" sowie zwei Jagdszenen aus dem Nibelungenlied und dem Falkenlied des Mönchs von Salzburg.
3 In dieser Abhandlung möchte ich mich auf eben diese drei gesanglichen Themen beschränken. In der praktischen Umsetzung hatte ich noch das Lied „All mein gedenken die ich han" aus dem Lochamer Liederbuch (1460) im Programm und außerdem zwei Tänze des frühen 16. Jahrhunderts, die ich auf dem Nachbau (von Stefan Beck) eines Krummhornes aus dem 16. Jahrhundert gespielt habe, das heute in Wien im Kunsthistorischen Museum liegt. Es stammte ursprünglich aus der Instrumentensammlung des Schlosses Ambras, das Maximilian als Jagdschloss gedient hatte. Das Instrument in Tenorlage ist aus Buchsbaum gefertigt und in der Form ungewöhnlich, da es unten einen tulpenförmigen, abnehmbaren Schallbecher hat.
4 Live Action Role Playing (LARP), eine Art Rollenspiel, bei dem die Mitspieler selbsterfundene Szenarien einer bestimmten Epoche (z. B. Mittelalter oder Fantasy) „durchleben", indem sie „ihre" Personen möglichst intensiv darstellen.
5 Bordun leitet sich von frz. bourdon (Brummbass) ab. Einer oder mehrere gleichbleibende, tiefe Töne bilden das ganze Stück hindurch ein konstantes Fundament, während darüber die Melodie brilliert. Drehleier und Dudelsack sind solche Borduninstrumente. Borduntöne sind für das Musizieren mittelalterlicher und frühneuzeitlicher Melodien charakteristisch. Sie heben den horizontalen Charakter dieser Melodien besonders klar hervor, da alle Härten und dissonanten Reibungen bestehen bleiben. Bei einer General-

bassbegleitung, wie sie erst ab ca. 1600 üblich wurde, werden diese Reibungen nämlich möglichst vermieden.

6   Bicinium heißt Zwiegesang. Es handelt sich um eine Kompositionsform, die seit dem Mittelalter gepflegt wurde. Zwei gleichrangige, in Melodie und Rhythmus eigenständige Stimmen tändeln – gesungen oder instrumental gespielt – miteinander, sie umranken sich, manchmal streiten sie (lat. concertare heißt „streiten, wetteifern"). Die beiden Melodien sind horizontal angelegt. Man hat damals keine Partituren verwendet, in denen beide Stimmen exakt untereinander gesetzt waren, sondern jede Stimme hatte – Stichwort Eigenständigkeit der Stimmen – ihr eigenes Stimmbuch.

7   Als ars nova (neue Kunst) bezeichnet man die Musikepoche des 14. Jhs., in der in Frankreich mit Paris als Zentrum eine komplizierte mehrstimmige Vokalmusik entstand. Ars nova subtilior bezeichnet etwa die Zeit von 1377 (Tod von Guillaume de Machaut) bis 1420 (Auftreten von Guillaume Dufay). Diese Zeit ist musikalisch vor allem geprägt durch Verfeinerungen und Erweiterungen hinsichtlich der Rhythmik und des Tonmaterials, der Kompositionstechnik und der Notationsmöglichkeiten.

8   Ganz anders ist das in Frankreich, wo zahlreiche Melodien der Troubadour- und der Trouvère-Zeit erhalten sind.

9   Auch die sog. Bänkelsänger ab dem 16. Jahrhundert bedienten sich Jahrhundertelang der Praxis der Kontrafaktur. Sie verkauften ihre Liedblätter, auf denen die Texte der Balladen und Moritaten, die sie dem jeweiligen Publikum vortrugen, abgedruckt waren mit Hinweis auf die zu benutzende Melodie. Das ersparte teuren Notendruck, und da jeder die gängigen Melodien kannte, war auch gesichert, dass die Käufer die Lieder nachsingen konnten, was einen entsprechenden Umsatz sicherte.

10 Vgl. Horst Brunner: Strukturprobleme der Epenmelodien.In: Schriftenreihe des Südtiroler Kulturinstitutes. Band 7. Deutsche Heldenepik in Tirol. König Laurin und Dietrich von Bern in der Dichtung des Mittelalters. Beiträge der Neustifter Tagung 1977 des Südtiroler Kulturinstitutes. Hg. Egon Kühebacher. Bozen 1979. S. 300 – 328

11 Zitiert nach: Die Dichtungen der Frau Ava. Hg. Friedrich Maurer. In: Altdeutsche Textbibliothek Nr. 66. S. 13

12 Gottfried von Straßburg. Tristan. Verse 3486 bis 3755

13 ders. Verse 8132 bis 8141

14 Zitiert nach: Kudrun. Hg. Karl Bartsch. Fünfte Auflage. Überarbeitet und neu eingeleitet von Karl Stackmann. Wiesbaden 1965. S. 39, Str. 166,4 („normalisierte" mittelhochdeutsche Übertragung, nicht der im Ambraser Heldenbuch von Hans Ried aufgeschriebene Originaltext)

15 Zitiert nach: Der Stricker. Der Pfaffe Amis. Mittelhochdeutsch. Neuhochdeutsch. Stuttgart 1994. S. 4

16 Die Hauptstimme lag dabei im Tenor und nicht, wie später und auch heute noch, im cantus firmus. Wenn man also die vier- oder fünfstimmigen Liedsätze auf ihre ursprüngliche Melodie zurücksetzen will, bildet die Tenorstimme dafür die Basis.

17 Vieles von dem, was die Sprecher und Singer vortrugen, war wohl Stegreifdichtung und wurde daher nicht verschriftlicht.

18 einfache Vorderlader

19 Siehe dazu: Franz Magnus Böhme. Volkslieder der Deutschen nach Wort und Weise aus dem 12. bis zum 17. Jahrhundert. Leipzig 1877. S. 518 ff.

20 Von Michel Beheim sind insgesamt 452 Liedtexte verschiedenen Inhalts erhalten, dazu 11 Originalmelodien. Außerdem hat er zwei weitere Reimchroniken verfasst. Das heißt, er war ungemein produktiv. Vgl. Ulrich Müller. Booklett der CD „Das Buch von den Wienern aufgeschrieben von Michel Beheim vorgetragen von Eberhard Kummer". Wien 1995

21 Zitiert nach Michel Beheim's Buch von den Wienern 1462 – 1465. Zum ersten Mahle nach der Heidelberger und Wiener Handschrift herausgegeben von G. V. Karajan. Str. 154, Zeile 6

22 a. a. O. Str. 166, Zeile 2

23 a. a. O. Str. 363, Zeile 5 und 6

24　a. a. O. Str. 708 und 709
25　Vgl. Nicole Schwindt. Maximilians Lieder. Weltliche Musik in deutschen Landen um 1500. Kassel 2018. S. 271 ff. Leider geht diese Publikation wenig auf die einstimmige, gesungene Musik um 1500 ein.
　　Keith Polk. Musik am Hof Maximilians I. (S. 629–651). In: Kurt Drexel und Monika Fink. Musikgeschichte Tirols. Band 1. Von den Anfängen bis zur Frühen Neuzeit. Schlern-Schriften 315. Innsbruck 2001. S. 634.
　　Genannt wird in beiden Publikationen ein gewisser Jorig Sayler, der zunächst als „Sprecher des Römischen Königs" im Gefolge Maximilians aufscheint, später – genauer nach 1490 – als „Singer" bezeichnet wird.
26　In den beiden Totengeläutbüchern von St. Sebald und St. Lorenz in Nürnberg wird verzeichnet, dass Anna Nuserin verstorben sei. Am 13. Mai 1491 seien für sie die Totenglocken in St. Lorenz und in etwa wohl zeitgleich auch in St. Sebald geläutet worden. Sie sei „deß rumischen kunigs singerin" gewesen.
　　Nürnberger Totengeläut-Bücher. St. Lorenz 1454 –1517. Bearbeitet von Helene Burger. S. 144
　　Nürnberger Totengeläut-Bücher. St. Sebald 1439 –1517. Bearbeitet von Helene Burger. S. 122
27　Ein weiteres wichtiges, ebenfalls ausgeprägt autobiographisch angelegtes Werk ist Maximilians Buch „Der Weiß Kunig. Eine Erzehlung von den Thaten Kaiser Maximilian des Ersten. Von Marx Treitzsaurwein auf dessen Angaben zusammengetragen nebst den von Hannsen Burgmair dazu verfertigten Holzschnitten. Herausgegeben aus dem Manuscripte der kaiserl. königl. Hofbibliothek. Wien 1775".
28　Vgl. Helga Unger (Hg.). Kaiser Maximilian I. Teuerdank. München 1968. S. 330 ff.
29　Dass er selbst den „Theuerdank" gesungen hätte, darf bezweifelt werden, auch wenn im „Weiß Kunig" (a. a. O. S. 78) genau beschrieben ist, wie der junge Weiß Kunig, der für Maximilian steht, im Singen und Saitenspiel ausgebildet wurde, genau nach der traditionellen Art der Epensänger.
30　Zitiert nach: Kaiser Maximilian I. „Theuerdank". 151. In der Reihe: Die bibliophilen Taschenbücher. Dortmund 1979. S. 304

Ulrike Bergmann hat ursprünglich ein Lehramtsstudium für Germanistik und Geschichte abgeschlossen, nach dem Referendariat etliche Jahre in diesem Beruf gearbeitet und außerdem noch Musikpädagogik studiert. Seit Ende der achtziger Jahre tritt sie mit (Volks-)Musik vom Mittelalter bis ins frühe 20. Jahrhundert auf. Ihre große Liebe gilt Liedern, Balladen sowie Epen und ähnlichen Dichtungen, die sie entsprechend den Erkenntnissen der historischen Aufführungspraxis singend und sagend wieder zum Leben erweckt. Vorzugsweise begleitet sie sich mit Drehleier oder Schoßharfe, aber auch andere historische Instrumente wie Flöten, Gemshörner, Fidel, Dudelsack u. ä. kommen zum Einsatz. Sie hat etliche CDs eingespielt; von denen insbesondere ihre Hildegard-von-Bingen-Interpretation internationale Beachtung gefunden hat. Seit 2013 leitet sie den Verein Kultur in der Scheune e. V. im mittelfränkischen Ermetzhof (Ortsteil von Marktbergel), der jedes Jahr eine exquisite Konzertreihe mit Alter Musik und wertvoller alter Literatur veranstaltet.

Verena Gawert, M.A.

Rezension zu „Geistliche Spiele der Barockzeit aus Oberbayern" von Klaus Haller und Wilhelm Liebhart (= EDITIO BAVARICA Band IV).

„Klöster und Stifte im alten Bayern nahmen bis zur allgemeinen Säkularisation von 1803 geistliche, geistig-kulturelle, wirtschaftliche und soziale Aufgaben wahr."[1] Zum Zwecke der Schule und Bildung, Wissenschaftspflege, der Kirchenmusik und der Publizistik bildeten sich seit dem Mittelalter zunächst im Rahmen der Liturgie geistliche Spiele unterschiedlicher Art heraus, die bekanntesten sind wohl die zahlreich überlieferten Passionsspiele. Aber auch Weihnachts- und Osterspiele zählen zu deren Art. Einen besonderen Platz nehmen für den süddeutschen und nach der Reformation katholisch gebliebenen Raum die Jesuitendramen ein. Diese beeinflussten nicht nur das Volksschauspiel ihrer Zeit, sondern nahmen auch Einfluss auf andere geistliche Spiele. Dieser geistlichen Spiele, exemplifiziert an Spielen aus dem Birgittenkloster in Altomünster, dem Zisterzienserkloster Fürstenfeld, dem Augustiner-Chorherrenstift Indersdorf sowie dem Augustiner-Chorherrenstift Weyarn, nehmen sich in einer beeindruckenden Edition Klaus Haller (†2011) und Wilhelm Liebhart an.

In einer übersichtlichen und gut nachvollziehbaren Gliederung sortieren sie die Spiele zunächst nach ihrem Entstehungsort. Innerhalb dieser Kapitel gehen sie chronologisch vor und beginnen jedes Kapitel zunächst mit einer Einführung, in der der Leser etwa über die Geschichte des mittlerweile aufgehobenen Birgittenklosters in Altomünster informiert wird. Auch den Einfluss der Jesuitendramen, ohne den die „in Altomünster entstandenen, erhaltenen und aufgeführten geistlichen Schauspiele […] nicht denkbar [sind]"[2], belegen Liebhart und Haller in präziser Weise. Im Gegensatz zu den Jesuitendramen, die überwiegend in lateinischer Sprache abgefasst sind, finden sich bei den hier edierten geistlichen Spielen teilweise nur noch lateinische Regieanweisungen und Namen von handelnden Personen, was durchaus auf den durch das Lateinische vermittelten Bildungshintergrund der Verfasser hinweist. Interessant erscheint aber auch die Übernahme der sogenannten Periochen aus dem Jesuitendrama. Denn trotz des deutschen Textes findet sich eine solche Inhaltsangabe etwa bei dem Birgittenspiel von 1677. Im Sinne eines geistlichen „Volks"-Schauspiels war die Sprache der Spiele aber Deutsch. Nicht zuletzt aus sprachhistorischer Sicht ist es somit ein glücklicher Umstand, dass vier der im Birgittenkloster entstandenen Spiele erhalten sind. Auch hierzu geben die Autoren einen kleinen Einblick in die Zeugnisse des Schriftbairischen, „das sich bis in die Mitte des 18. Jahrhunderts gehalten hat". Anhand von Beispielen aus den Altomünsterer Spielen werden weiterhin Reimschema und Verse anschaulich erläutert und in zwei weiteren Kapiteln der häufig gewählte Typus der Heiligenvita sowie deren handelnde Personen und ihr innewohnenden Allegorien und Personfikationen anschaulich zusammengefasst. Zuletzt gehen die Autoren auch auf die Musik der geistlichen Spiele ein. Denn wie auch in den Jesuitendramen war Musik „in Form von Arien, Duetten und Chören" ein wesentlicher Bestandteil der Spiele, „wenngleich in den seltensten Fällen die Noten erhalten sind." Jedoch hatte die Musik im Birgittenorden eine eher untergeordnete Bedeutung und es mussten wohl teilweise Musiker und Sänger aus dem nahegelegenen Aichach gewonnen werden. Anhand der übersichtlichen und gut gegliederten Einleitung gewinnt der Leser einen gut verständlichen, inhaltlich genauen und nicht zu ausufernden Überblick zur Entstehung und den Aufführungsmodalitäten der geistlichen Spiele aus dem Birgittenkloster in Altomünster.

Daran anschließend werden sieben der Spiele näher besprochen, die aus einem Zeitraum von 110 Jahren (1651–1761) stammen. Mit Ausnahme zweier Spiele handelt es bei diesen Spielen von Heiligen, „die eng mit der Geschichte des Klosters und des Marktes Altomünster verbunden sind."[3] So wird hier genauer auf das Birgittenspiel von 1677 eingegangen, aber auch, und damit liegt ein beeindruckendes historisches Zeugnis vor, auf das Alto-Spiel von 1730. Anlass für dieses Spiel war die Tausendjahrfeier des *Gothauß, Closters und Glaubens Sancti Altonis* im Jahr 1730. Die beiden eben genannten Spiele (sowie zwei Translationsspiele von 1688 und 1694) legen Liebhart und Haller anschließend in einer paläographisch-diplomatischen Abschrift, jedoch mit moderner Zeichensetzung sowie einheitlich Groß- und Kleinschreibung vor, und ermöglichen damit dem Leser eine angenehme Lektüre der geistlichen Spiele aus Altomünster. Ein weiteres Passionsspiel aus dem Markt Altomünster von 1753 liegt als Teiledition vor, denn dem Original wurden einige der letzten Seiten des Spiels von unbekannter Hand herausgerissen, weshalb der Leser hier auf einen Teil des ursprünglichen Spiels verzichten muss.

Das zweite große Kapitel widmet sich dem Markt Altomünster und dessen geistlichen Spielen, insbesondere den Passionsspielen, die dort gerne zur Darstellung gebracht wurden. Auch hier wird in einer Einleitung auf das anschließend edierte Passionsspiel von 1753 eingegangen. Dieses ist in einer Reinschrift unter dem Titel *Passion Domini nostri Jesu Christi*. Nach

Beschreibung der 4 Evangelisten im Klosterarchiv erhalten geblieben, es fehlen dem Spiel jedoch leider die letzten 14 Seiten, so dass der Text mitten in der Kreuzigungsszene abbricht. Die Grundlage des Spiels bilden das Passionsspiel des Augsburger Meistersingers Sebastian Wild und die „Dramata Sacra" des Jesuiten Andreas Brunner, womit zwei sehr unterschiedliche Werke dem Spiel zugrunde liegen. Der Text Sebastian Wilds ist dabei teils stark verändert worden, wohingegen die Vorlage Brunners häufig wörtlich übernommen ist. Dabei bleibt unklar, ob das Spiel „insgesamt von einer bestimmten Vorlage abgeschrieben ist oder ob manche Textpassagen eigens für die Aufführung in Altomünster abgefasst wurden". Trotz der Übernahmen von Wilds Textpassagen ist das Altomünsterer Passionsspiel ein typisch katholisches Passionsspiel, wie die Autoren anhand des Inhalts erläutern. Auch auf Reimschema und Sprache gehen sie exemplarisch anhand einiger Verse ein. Daran schließt wiederum die Textedition des Passionsspiels von 1753 an, das ebenfalls in paläographisch-diplomatischer Abschrift mit moderner Zeichensetzung und Groß- und Kleinschreibung gut lesbar vorliegt.

Auch mit den folgenden drei Kapiteln zum Zisterzienserkloster Fürstenfeld mit einer Textedition des Huldigungsspiels *Glaube, Gerechtigkeit und Stärke* zu Ehren Kurfürst Karl Albrechts von 1739 (das tatsächlich Bezug zu einem konkreten historischen Ereignis nimmt), zum Augustiner Chorherrenstift Indersdorf mit einer Textedition eines Singspiels zu Ehren des Probstes Gelasius Morhart von 1759 sowie zum Augustiner-Chorherrenstift Weyarn mit einer Textedition des Schulspiels „Edmundus" von 1646/49 legen Liebhart und Haller eine wichtige Edition der schwer zugängliches originalen Texte vor. Wieder beginnen die einzelnen Kapitel mit einführenden und erläuternden Worten zum Entstehungsort und den Entstehungsmodalitäten sowie Gliederung und sprachlichen Besonderheiten der jeweiligen Spiele.

Zur Edition sei noch angemerkt, dass die Autoren – abgesehen von der ohnehin gut lesbaren Edition – in den angemessen knapp gehaltenen Fußnoten dem Leser durch Erläuterung von einigen Versen und der Bedeutung einzelner Wörter, die für den Laien heute nicht mehr nachvollziehbar sind, den Text für Jedermann gut verständlich und leicht lesbar präsentieren. Damit ist das Verdienst von Liebhart und Haller eine für eine größere Bandbreite an Fachwissenschaften wertvolle Quellenedition. Nicht nur Religionswissenschaftler und Historiker, sondern auch Sprachwissenschaftler, Dialektologen und Theaterwissenschaftler können von diesen nun vorliegenden Texten aus Oberbayern gewiss profitieren.

Anmerkungen

1 Haller, Klaus, und Liebhart, Wilhelm, Hg. *Geistliche Spiele der Barockzeit aus Oberbayern.* Pustet, 2017, S. 7.

2   Haller und Liebhart, S. 12.
3   Haller und Liebhart, S. 21.

Verena Gawert absolvierte im Herbst 2016 ihren Master of Arts im Fach Germanistik mit dem Schwerpunkt Literatur und Sprache des Mittelalters und der frühen Neuzeit an der Universität Augsburg. Seit 2012 arbeitete sie an der Lehrprofessur für Deutsche Literatur und Sprache des Mittelalters und der Frühen Neuzeit mit dem Schwerpunkt Bayern bei Prof. Dr. Klaus Wolf als studentische und wissenschaftliche Hilfskraft, wo sie nun auch als Sekretärin beschäftigt ist. Im Herbst 2016 nahm sie die Arbeit an ihrer Dissertation auf (Edition und Kommentar des lyrischen Werkes Joseph Bernharts). Neben der Arbeit an der Universität ist sie erste Vorsitzende des theter ensemble e.V. und ist dort auch als Regisseurin und Schauspielerin tätig.

Bildnachweis

Vorwort Prof Dr. Wolf
Autorenfoto: privat

Geleitwort Martin Sailer
Autorenfoto: Julia Pietsch

Impressionen zum Geschlechtertanz in Mickhausen
Abb. 1: Geschlechtertanz Augsburg e. V.
Abb. 2: Geschlechtertanz Augsburg e. V.
Abb. 3: Geschlechtertanz Augsburg e. V.

Prof. Dr. Markus Wenninger: „Kaiser Maximilian I. als Jäger"
alle Abbildungen: Markus Wenninger

Prof. Dr. Wolfgang Wüst: „Maximilian I. aus landesgeschichtlicher Perspektive"
Abb. 1: Staats- und Stadtbibliothek Augsburg
Abb. 2: Kunsthistorisches Museum Wien
Abb. 3: Kunsthistorisches Museum Wien
Abb. 4: Julian Herzog, creative commons
Abb. 5: Bayerisches Landesamt für Digitalisierung, Breitband und Vermessung
Abb. 6: Städtische Kunstsammlungen (Graphische Sammlung) Augsburg
Abb. 7: Staats- und Stadtbibliothek Augsburg (Graphische Sammlung)
Abb. 8: Germanisches Nationalmuseum
Abb. 9.1: Wolfgang Wüst
Abb. 9.2: Wolfgang Wüst
Abb. 10: Stadtarchiv Pfullendorf
Abb. 11: Wolfgang Wüst: *Der Fränkische Reichskreis – ein europäisches Modell*, Nürnberg 2018, S. 6
Autorenfoto: Wolfgang Wüst

Prof. Dr. Franz Körndle: „Kaiser Maximilian I. und die Musik in Schwaben"
Autorenfoto: Franz Körndle

Dr. Wolfgang Wallenta: „Gedechtnus – Das Nachleben Kaiser Maximilian I. in den schwäbischen Städten vom 16. Jahrhundert bis zu Gegenwart"
Autorenfoto: privat

Dr. Tomas Engelke: „Skizzen zum Urkundenwesen Maximilians I."
Abb. 1: Bayerisches Hauptstaatsarchiv
Abb. 2: Bayerisches Hauptstaatsarchiv
Abb. 3: Staatsarchiv Augsburg
Abb. 4: Staatsarchiv Augsburg
Abb. 5: Staatsarchiv Augsburg
Abb. 6: Staatsarchiv Augsburg
Abb. 7: Staatsarchiv Augsburg
Abb. 8: Staatsarchiv Augsburg
Abb. 9: Staatsarchiv Augsburg
Autorenfoto: Thomas Engelke

Dr. Markus Würmseher: „Städtische Baukultur im östlichen Schwaben um 1500"
Abb. 1: Stadtarchiv Memmingen
Abb. 2: Stadtarchiv Lauingen
Abb. 3: Stadtarchiv Memmingen
Abb. 4: Stadtarchiv Nördlingen
Abb. 5: Stadtarchiv Memmingen
Abb. 6: Stadtarchiv Kempten
Abb. 7: Stadtarchiv Kempten
Abb. 8: Kurt Suchy, Rain
Abb. 9: Stadtarchiv Nördlingen
Abb. 10: Stadtarchiv Nördlingen
Autorenfoto: Markus Würmseher

Dr. Eberhard Birk: „Maximilian I. und die Landsknechte"
Autorenfoto: Eduard Wagner

Prof. Dr. Sieglinde Hartmann: „Kaiser Maximilian I. und die deutsche Literatur"
Abb. 1: Kunsthistorisches Museum Wien
Abb. 2: gemeinfrei
Autorenfoto: Sieglinde Hartmann

Ulrike Bergmann: „Die alte Kunst vom Singen und Sagen am Hofe Kaiser Maximilians"
Abb. 1: Ulrike Bergmann
Abb. 2: gemeinfrei
Abb. 3: *Zwickauer Facsimiledrucke No. 12: Zwei Landsknechtlieder.* Nürnberg, Georg Wachter Nachdruck Zwickau 1912
Abb. 4: Franz Magnus Böhme: *Volkslieder der Deutschen nach Wort und Weise aus dem 12. bis zum 17. Jahrhundert.* Leipzig 1877. S. 518 ff.
Abb. 5: Ulrike Bergmann
Abb. 6: Ulrike Bergmann

Verena Gawert: „Rezension zu *Geistliche Spiele der Barockzeit aus Oberbayern* von Klaus Haller und Wilhelm Liebhart (= EDITIO BAVARICA Band IV)"
Autorenfoto: Verena Gawert